◎教育部人文社会科学研究规划青年基金项目资助（项目批准号：19YJC860017）
◎山东省社会科学规划研究项目文丛·青年项目（项目批准号：17DXWJ02）

作为媒介的孔子学院

——媒介环境学的视角

矫雅楠 著

山东大学出版社
SHANDONG UNIVERSITY PRESS
·济南·

图书在版编目(CIP)数据

作为媒介的孔子学院:媒介环境学的视角/矫雅楠著.—济南:山东大学出版社,2020.12

ISBN 978-7-5607-6876-2

Ⅰ.①作… Ⅱ.①矫… Ⅲ.①中华文化-文化传播-研究 Ⅳ.①G125

中国版本图书馆 CIP 数据核字(2020)第 255276 号

策划编辑 陈海伟
责任编辑 唐 棣 张铭芳
封面设计 杜 婕

出版发行 山东大学出版社
社　　址 山东省济南市山大南路 20 号
邮政编码 250100
发行热线 (0531)88363008
经　　销 新华书店
印　　刷 济南巨丰印刷有限公司
规　　格 720 毫米×1000 毫米 1/16
　　　　 13.25 印张 262 千字
版　　次 2020 年 12 月第 1 版
印　　次 2020 年 12 月第 1 次印刷
定　　价 48.00 元

前言 Preface

孔子学院是中外合作建立的非营利性教育机构，主要目标是满足全球汉语学习者的学习需求，传播中国文化，加强国际教育文化交流与合作。[①] 2004年全球首家孔子学院设立以来，孔子学院发展已进入第二个十年。在完善教育功能的基础上，孔子学院推进中国同世界各国人文交流的独特作用更加显著，成为中国语言文化"走出去"的重要载体和世界认识中国的重要平台。从传播的视角看，孔子学院的"平台"定位以及"桥梁"和"纽带"的角色阐释，说明孔子学院在推动中华文化海外传播、践行多元文化理念方面已成为不可忽视的社会存在，建构了一个多元主体共同参与文化对话和文化共享的中间环境，成为中国语言文化传播的重要媒介。

媒介是传播活动的基本要素，也是分析传播现象的重要理论工具。在大众传播勃兴的年代，媒介多被理解为传输信息的载体或技术工具。随着文化世界化和社会媒介化的深入，媒介形态发生剧烈变动，以往以技术为主导的阐释框架已不能完全涵盖媒介对人类社会的多重变革。在学术研究领域，媒介环境学和普通媒介学的理论成果使我们认识到，人文性是传播与媒介的固有属性，媒介构成了联结全球社会中社会关系与社会交往的开放空间，本身具有宽泛的所指和丰富的内涵。

孔子学院是向世界推广汉语的专门机构，也是传播中国语言文化，参与多元

① 2020年6月18日，教育部发布《教育部关于孔子学院总部更名为教育部中外语言交流合作中心的通知》，孔子学院总部更名为"教育部中外语言交流合作中心"，不再对外使用"国家汉办（英文 HAN-BAN）"名称。同年7月5日，孔子学院总部网站发布《中外语言交流合作中心设立公告》，孔子学院品牌将由"中国国际中文教育基金会"全面负责运行。该基金会是由多家高校、企业等发起成立的民间公益组织。此前，孔子学院总部/国家汉办负责管理和指导全球孔子学院。下文提到"孔子学院总部""国家汉办"时不再赘述。

文化交流的重要媒介。由于机构性质和宗旨的不同,孔子学院有着区别于一般大众传媒的特殊性,它不以追求信息传递的速度和广度为首要目标,而更注重对中国语言文化知识和价值理念的阐释、转换与表达,在承认语言和文化不可通约性的基础上谋求文化共存共处。本书从传播的视角切入,以媒介环境学和普通媒介学为理论来源,运用基于结构和平衡的方法论路径,在对媒介概念进行再认识的基础上论证孔子学院的媒介属性,分析其媒介功能,并进一步探寻实现该功能、维护媒介定位的路径与方法。

围绕"孔子学院是媒介"这一核心假设,本书试图回答以下问题:(1)在媒介环境学范式下,应如何认识和理解媒介?(2)孔子学院是否具有媒介性质?(3)孔子学院的媒介功能是什么?(4)如何实现孔子学院的媒介功能?(5)当前孔子学院的媒介定位应如何维护?

本书认为,基于德布雷媒介学理论成果和媒介环境学研究范式,媒介概念应是物质与组织构成的生态系统,同时涵盖技术性与人文性。孔子学院具有一般意义上的媒介功能,即具备教育、告知、解释、传承文化和提供娱乐等基本功能,也作为"物质化的组织"符合普通媒介学对媒介属性与功能的相关论述,显示出整体关涉跨文化交流、植根当地社会文化环境、双向作用于中外社会发展、注重人文交流与民间交往的媒介特征。孔子学院的媒介功能是一个多层次、立体化的功能系统:在静态上,是以传播汉语和中国文化为基础,开展中外文化交流为主体,与政治、经济、生态等领域结合产生相应功能为延伸的功能体系;在动态上,是以媒介机构、媒介平台和媒介环境为形态,以传递、转换和整合为功能核心逐步推进的功能连续体。建构国际信息新秩序的时代诉求、媒介技术的文化本质与社会影响、地方性文化对自我格局的持续超越和中国重构大国形象的多元实践构成了外部动因。坚持交流互动和人性化的传播理念、加强传播主体的培育、传播内容的建设和传播渠道的完善构成了孔子学院媒介功能实现的内部条件。基于此,在功能的实现路径上,孔子学院应着眼于建构与受众的信任关系,强化媒介地位的独立性,走专业化、差异化和产业化的发展道路。

为进一步维护孔子学院的媒介定位,应遵循孔子学院媒介环境与整体社会环境互动融合的思路,从孔子学院的组织基础、技术支撑、生存空间和发展形态等方面探讨如何维护孔子学院的媒介定位。首先,孔子学院应加强组织制度化建设,通过对组织规范、结构和行为的制度化,实现外部规范逐步被主体内化、主体在协调与共享中对规范进行调整和改善的双向互动。其次,加强对数字网络技术的应用，通过运用互联网移动技术建构数据网络，实现虚拟平台与实体平台的协同，发挥技术对媒介功能优化的推动作用。再次，深化本土策略，通过个体参与社区信息交流，组织上支持社区资源共享，情感上参与建构社区共识，进一步发挥媒介接近性与便用性的优势。最后，推进形态融合，通过培育文化共同体，运用市场机制和建构多元评价体系推动孔子学院形成一个有机整体，实现可持续发展。

矫雅楠

2020 年 6 月 30 日

目录 Contents

第 1 章　媒介：一个宽泛而重要的概念

贝尔纳·米耶热（Bernard Miège）认为，“我们在媒体、传播技术和传播活动中最经常打交道的，正是（信息的）内容和传播交换介质之间的联合”①。作为传播过程的基本要素和传播研究的重要概念，媒介的可感性与易得性往往使其与人们的日常生活经验保持紧密联系。但“什么是媒介”却不是一个能让人轻易回答的问题。因为它的内涵与外延极其丰富，不仅可以被指认为信息传递的载体和工具，还涉及与政治、经济、文化等纷繁复杂的联系，在不同的时空和语境中又不断被协商和改造。

1.1　媒介、泛媒介与媒介环境

自 19 世纪传播进入公共话语以来，媒介作为传输信息、连接传受双方的中间介质始终占据不可忽视的重要地位。20 世纪 40 年代传播学成建制地自我发展后，前期主要沿着经验学派（Empirical School）和批判学派（Critical School）两条路线展开。虽然两者在研究范式上差别迥异，但对媒介的认识是相对一致的，即着重在大众传播领域对媒介进行理解与阐释，关注其大规模传递和扩散信息的效果与影响。不过随着传播研究对主体意识的日趋关注，加之媒介化社会影响的日益深化，媒介研究视阈逐渐开阔，人们对媒介的理解更加开放和多元。

其实，回溯“媒介”概念的产生与发展，我们可以发现另一条认识、描述和理解媒介的思维理路——媒介、泛媒介、媒介环境。具体而言，“媒介”一词在词源上本具有宽泛的所指；泛媒介论观点作为一种广义的、中介式的媒介观，延续了对媒介的宽泛理解，体现了人与人、人与物之间强烈的交互性和

① ［法］贝尔纳·米耶热：《传播思想》，陈蕴敏译，江苏人民出版社 2008 年版，中文版序言第 5 页。

同一性特征；“媒介环境”概念的提出则体现了“文化、技术和传播整合一体的跨学科研究取向”。这些媒介观念的产生、发展与传承孕育了媒介研究范式突破的可能，对它们的梳理与分析也构成了我们把握和拓展媒介认识的基础。

1.1.1 “媒介”概念的产生

英语中“medium”一词起源于拉丁语词根“mediu-”，与不同的词尾结合可作为形容词和名词使用，意为时间或空间的中间或中心，表示“不偏向任何一边的”，后引申为地理位置上的中部或中点，并被进一步引申为公共场所和社会大众等。[①] 根据雷蒙·威廉斯（Raymond Williams）的梳理，在16世纪末“medium”在英语中出现，起初也被作为一个表示中间量或中间程度的名词，后被引申为中间位置或中间状态，进而具有了将物质世界与人的感官相联系的中介物的意涵。1605年，培根（Francis Bacon）指出“思想并不必须以文字为媒介”（But yet it is not of necessity that cogitations be expressed by the medium of words）[②]，将媒介与文字联系了起来。在18世纪，随着现代报刊的兴起，“媒介”一词进一步与报纸等出版物相关联。在1791年的《君子杂志》（*Gentlemen's Magazine*）中，媒介已成为“承载有用信息以满足人好奇心的出版物”（Some useful information maybe hoped for through the medium of your curious publication）[③]。直至19世纪末20世纪初，作为复数的“media”在英语中出现，并逐渐作为大众交流和传播的工具为人们所熟知，它可以指代报纸、广播等面向大众的信息传播工具，也包含报社、广播电台、电视台等专业化传媒组织。1950年后，“media”被作为单数名词广泛使用。[④]

在雷蒙·威廉斯看来，“media”取代“medium”作为一个具有商业价值和学术研究价值的概念受到关注，是当时两股力量共同作用的结果：一方面，商业促销使广告大量出现，报纸作为刊载广告的媒介被大众熟悉；另一方面，受益于技术革新，广播和电视在人们的日常生活中逐渐普及。除此之外，作为现代国家第一次大规模的宣传活动，第一次世界大战的战时动员直接推动了现代报纸、广播等大众传播媒介的勃兴以及相关传播研究的进展。在战前，以大众报纸为代表的新兴大众媒介系统已现雏形，在美国，报纸发行量处于巅峰，

---

① Félix Gaffiot, *Dictionnaire Latin-Français*, Paris: Hachette, 1934, p. 959.

② Francis Bacon, *The Major Work*, Bain Vicker, eds., Oxford: Oxford University Press, 1996, p. 230.

③ Sylvanus Urban, *The Gentleman's Magazine, and Historical Chronicle for the Year Mdccxcv Part the Second*, London: John Nichols, 1975, p. 544.

④ 参见［英］雷蒙·威廉斯：《关键词：文化与社会的词汇》，刘建基译，生活·读书·新知三联书店2005年版，第299页。

电影也成为新闻和意识形态的重要传播媒介。①

在汉语中，“媒”最早指媒人②，后引申为使两者建立联系的事物；“介”是象形字，像人穿着铠甲，“介”即“际也”，有彼此之间之意。“媒介”二字合用的最早出处可追溯至西晋，学者杜预以“公不由媒介，自与齐侯会而成昏，非礼也”注解《左传·桓公十三年》的“会于嬴，成昏于齐也”。此处“媒介”指介绍结婚的对象，即媒人。另外在同书卷三十中亦有“言已，介达之，介音界，媒介也”，此处为人才引荐者之意。③

根据张振宇和张西子的考证，从晚清至民国，“媒介”一词在汉语语境中经历了“自‘名’而‘动’，由‘人’及‘物’”的意涵变化。其提供的史料佐证包括：

> 清代黄遵宪撰写的《日本国志》：第三百八十七条第四节关家资分散之罪……家资分散之际，有藏匿脱漏其财产，……或为其媒介者，减一等。④

此处“媒介”的词义由“媒人、引荐者”变成了“介绍、联系”，词性也从名词变成了动词。

> 晚清法律文献第一百八十二条：“……表意人用使人电报局及其他媒介机关而表示其意思，其媒介机关因而传达不实者……”⑤

此处将电报局视为“媒介机关”，与“媒介”的现代意义已非常相近。

可见在汉语中“媒介”一词古已有之，多指“连接或使双方发生关系的人或事物”，并具有一定通用性，但由于中国传统政治文化中缺乏现代传播观念，“媒介”一词并未进入学术话语成为一个内涵与外延相对清晰的学术概念。当前人们耳熟能详的“媒介”大多是在 20 世纪 80 年代以大众传播理论为代表的西方传播学研究引入后，由英语“media”翻译而来。

苏珊·朗格（Susanne Katherina Langer）认为，词语为人们提供思维的方式，即词语本身决定了思维的对象和模式。“媒介”一词出现在中西方语境中，说明人们对于能够关联两者的人或事物产生了兴趣，并借以讨论主客观之间的关系。同时，新词汇的产生也使得大量学术资源和知识精英在它身边聚集，“媒介”逐渐突破可观可感的层面，成为人们对传播现象进行理论思索和

---

① 参见刘海龙：《宣传：观念、话语及其正当化》，中国大百科全书出版社 2013 年版，第 25 页。

② 许慎：《说文解字》：“媒，谋也。谋合二姓，以成昏媾也。”

③ 参见张振宇、张西子：《自“名”而“动”由“人”及“物”——中国古代“媒介”的意义变迁》，《国际新闻界》2011 年第 5 期。

④ （清）黄遵宪撰：《日本国志》，上海古籍出版社 2001 年版，第 328 页。

⑤ 出自清廷 1911 年颁布的《大清民律草案》第一百八十二条。

思辨的工具。和“传播”“效果”“功能”等重要的传播概念一样，媒介作为一组相关的研究问题或一个与社会实践紧密联系的研究领域，被众多研究者投入了相当多的思考与关注。

从以上简单的词源回溯可以发现，“媒介”一词本身具有宽泛的所指，这与传播的双重意涵形成了对应关系。在《中国大百科全书·新闻出版》中，“传播”被解释为英语“communication”一词的汉译，主要指思想、观念、意见的相互交流。美国传播学者约翰·彼得斯（John Durham Peters）认为，“communication”是一个历史丰富的词汇，最初来源于拉丁语“communicare”，其意为告知、分享、使之共同。这个词在14—15世纪进入英语，词根为“mun”，和英语的“munificent”（丰厚）、“community”（共享）、“meaning”（意义）以及德语的“Gemeinschraft”（礼俗）等词有联系。从词义上看，作为动词的“传播”分别在14世纪和17世纪具有了“分享”和“传递”两层含义，前者指信息的大量交换，后者则侧重于传播应最终达到的分享和相互理解的理想状态。① 吴尔敦由此引申出传播的功能向度与规范向度，前者表征了现实，即通过信息的传输、发送和交换等服务，人类实现相互交流，不断加深相互依赖；后者反映了理想，即一种同“他者”共同分享、共同理解和共同交流的理念。② 无独有偶，同样作为对传播内涵的一种诠释，美国传播研究者詹姆斯·凯瑞（James W. Carey）通过对杜威（John Dewey）“在两种不同的意义上使用传播一词的分析”③ 入手，以“传递”与“仪式”比喻两种不同的传播观念（见表1-1）。

表1-1　传播的“传递观”与“仪式观”的基本对比④

	传递观	仪式观
原型	地理和运输	典礼和仪式
目标	实现对空间距离和人的控制	实现文化共享，维护社会团结
过程	空间上的信息扩散	时间上对一个社会的维系
典型	态度和行为变化，如：劝服	创造、修改和转变共享文化，如：参与宗教仪式

① 参见［法］多米尼克·吴尔敦：《拯救传播》，刘昶、盖莲香译，中国传媒大学出版社2012年版，第8页。

② 参见［法］多尼米克·吴尔敦：《另类世界化——基于传播学的思考》，尹明明、贾燕京译，中国传媒大学出版社2013年版，第23页。

③ ［美］詹姆斯·W. 凯瑞：《作为文化的传播》，丁未译，华夏出版社2005年版，第4页。

④ 参见［美］詹姆斯·W. 凯瑞：《作为文化的传播》，丁未译，华夏出版社2005年版，第4—7、27—28页。

与“传播”的双重意涵相对照，我们可以将对“媒介”的狭义理解，即将其界定为技术载体、工具或等同于大众传播媒介，与传播功能向度或传播的“传递观”相对应；将“媒介”词源上的宽泛所指，即处于“这个”和“那个”之间具有连接关系的中介物，与传播规范向度或传播的“仪式观”相对应。后者虽然在传播研究兴起后一直处于相对边缘的地位，但作为泛媒介论的主要内涵，同样在理论探索与传承中得到不断完善。

1.1.2 泛媒介论的内涵

顾名思义，泛媒介论延续了“媒介”在词义层面的宽泛所指。作为一种观念，不少学者在其著作或论述中表达了与之相近的媒介认识。如加布里埃尔·塔尔德（Jean Gabriel Tarde）在论述舆论定义、范畴及其对个人的影响时，提出现代报纸对公共“舆论”的形成具有决定性作用。不过他认为“把报纸放在优先的位置来研究，那是因为它最为明显”，从源头上看，“报纸来自私信，私信又来自交谈”，“交谈是一个经久不衰、无所不在的媒介，是一条看不见的涓涓细流，它渗透在一切时代、一切地方，虽然它未必很有规律”。[①] 将交谈、私信和报纸同列为媒介，可视为塔尔德“泛媒介”观念的表现。当前，鉴于媒介化社会对人类认知和思维的深刻影响，为保持理论与实践的同步，传播学界对媒介的认识也趋于开放和综合。尼克·库尔德利（Nick Couldry）将媒介界定为“一切制度化的、用于传播符号内容的结果、格式、形式和界面”，提出“当一切象征性内容已经数字化、许多平台既承载大众生产的内容又承载人际传播时，‘大众媒介’和一般‘传播’研究的旧式分割边界模糊起来”。[②] 亨利·詹金斯认为，媒介融合与融合文化的生成发展是一个相互交织的过程，“是一个自上而下公司推动的过程，也是一个自下而上消费者推动的过程”，因而媒介与人也更加紧密地结合在一起而难以分别。[③]

从中可以看出，在理论和实践层面，泛媒介论具有广泛的影响，渗透于相关学者的研究意识与学术论述中。但将其作为一种广义的、中介式的媒介观加以认识，则以哈罗德·英尼斯（Harold Adams Innis）和马歇尔·麦克卢汉（Marshall McLuhan）为主要代表。

---

① 参见［法］加布里埃尔·塔尔德著，［美］特里·N. 克拉克编：《传播与社会影响》，何道宽译，中国人民大学出版社 2005 年版，第 371 页。

② 参见［英］尼克·库尔德利：《媒介、社会与世界：社会理论与数字媒介实践》，何道宽译，复旦大学出版社 2014 年版，前言第 2 页。

③ 参见［美］亨利·詹金斯：《融合文化：新媒体和旧媒体的冲突地带》，杜永明译，商务印书馆 2012 年版，第 51 页。

1.1.2.1 代表观点

(1) 哈罗德·英尼斯的泛媒介观点

哈罗德·英尼斯是加拿大著名经济学家，也被认为是媒介环境学派的先驱，其代表作《帝国与传播》(*Empire and Communication*, 1950) 和《传播的偏向》(*The Bias of Communication*, 1951) 对该学派的生成与发展影响深远。作为一个政治经济学家和经济史学家，英尼斯并没有直接阐明自身所持的泛媒介观点，不过从其对传播媒介的基本分类和对传播现象的制度分析中，均可以看到他对“媒介”的宽泛界定和广义理解。

在《传播的偏向》一书中，英尼斯提出“时间偏向型媒介”与“空间偏向型媒介”两种不同的媒介类型：黏土和石头等因为笨重而耐久，不便于运输，更适合知识在时间上的纵向传播；莎草纸和软管笔等由于轻巧和便于运输，更适合知识在空间上的横向传播。[①] 这一分类实则是将各类与信息传递相关的客观事物均纳入媒介范畴，扩大了媒介涵盖的领域和范围。在该书中，英尼斯同时强调了口语作为媒介在原始社会中的积极作用，认为口语具有绵延不绝的特征，是标准、道德和社会制度的创造者，并维护了社会的连续性。[②] 他对口语地位的推崇，是将人的主体性与语言的工具性相融合的结果，也从一个侧面表明了其对媒介的宽泛理解。

英尼斯的泛媒介观点主要来源于其对制度影响媒介的深刻洞察。英尼斯认为，制度基本等同于维系社会运行和行为体互动的规则的集合，包含正式制度和非正式制度两部分，这与凡勃伦 (Thorstein B. Veblen) 将制度本质上视为人类思维习惯的观点类似。[③] 从传播的角度看，制度是人通过符号对社会意义的探寻与阐释，是人类传播行为的自然结果，就像英尼斯在《帝国与传播》中所表述的，人运用符号而非物体进行思考，该过程超越了人们具体的经验世界，处于概念的世界中。在这里，时间和空间均被放大，超出了人们熟悉的范围[④]，强调了制度是人类思维的结晶，也是关系互动的产物。在制度形成的过程中，媒介可以由具体的符号载体或技术工具充当，也涵盖以政府和大众传媒

① 参见 [加] 哈罗德·英尼斯:《传播的偏向》，何道宽译，中国人民大学出版社 2003 年版，第 48 页。

② 参见 [加] 哈罗德·英尼斯:《传播的偏向》，何道宽译，中国人民大学出版社 2003 年版，第 85 页。

③ 参见 [美] 凡勃伦:《有闲阶级论：关于制度的经济研究》，蔡受百译，商务印书馆 2004 年版，第 149 页。

④ 参见 [加] 哈罗德·英尼斯:《帝国与传播》，何道宽译，中国人民大学出版社 2003 年版，第 7 页。

为代表的权力组织。他强调，正是由于后者的存在产生了传播的偏向和文明的偏向。因而英尼斯在评述古希腊、阿拉伯和古罗马等多种文明形态的兴衰时，一再强调平衡的重要性，即理想的媒介应该在时间偏向和空间偏向之间维持平衡，使人们能够平等交流和自由表达，进而实现文化的互动和共享。该思想与传播的"共享"和"参与"内涵相契合，进而与对媒介的宽泛理解形成对应关系。在他看来，传播和媒介并不单纯是工具或者手段，而是主体加入社会系统、并与其他主体及社会制度相互作用的基础，换言之，是主体间的交互关系本身。

（2）麦克卢汉的泛媒介观点

20世纪60年代，加拿大学者马歇尔·麦克卢汉以一个"怪人"的姿态登上北美传播研究舞台。面对当时方兴未艾的电子技术浪潮，他以支持泛媒介论、泛技术论和泛文化论的鲜明姿态，及不断抛出的"媒介即信息""媒介是人的延伸"和"地球村"等论断在西方学术界和思想界引起轰动。

对于"何为媒介"这一问题，麦克卢汉认为"媒介"是"事情所以然的动因"而并非"使人知其然的动因"。简言之，媒介不只是储存和运输信息的手段、信息流通的渠道和介质，媒介构成了世界本身。从对媒介本质的认识上来说，这一界定方式既不同于经验学派以科学主义的媒介观强调媒介的技术本质，也不同于批判学派将媒介以思辨的方法演绎为一种传递、维持意识形态的压迫性结构，而是从媒介的中介和表征功能出发，将其等同于它所呈现的世界本身，点明泛媒介论本质上是一种广义的、中介式的媒介观。

在具体论述中，麦克卢汉对媒介的关注与讨论也显然超出了技术层面的媒介意涵，语言符号、实物资料、交往工具及其操作方式方法均被纳入媒介考察的范围。在《理解媒介——论人的延伸》一书中，他用大量篇幅分析了服装、住宅、货币、时钟、照片、报纸、武器等26种形态功能各异的工具和机器，将其视为"人类表达领域里一系列变异形态"[①]。需要说明的是，麦克卢汉并没有将媒介局限于"技术"和"人造工具"的范畴内，尽管他谈到"以前作为技术来理解的东西，现在应当作为媒介来理解"[②]，但从具体论述来看，很多技术以外的东西也被他纳入了媒介的考察范围。同时，尽管为方便理解，麦克卢汉多选取了人造工具加以分析，但就像该书的书名一样，只要能够延伸人的感官体验或思想的事物均被他视为一种媒介。

---

① ［加］马歇尔·麦克卢汉：《理解媒介——论人的延伸》，何道宽译，商务印书馆2000年版，第4页。

② 张法：《麦克卢汉的媒介哲学与美学》，转引自王岳川编：《媒介哲学》，河南大学出版社2004年版，第232页。

1.1.2.2 理论内涵

泛媒介观点包含技术与文化两种解读视角。如前文所述，传播不仅可理解为信息在空间范围的传递和扩散，也可视为一个“共处空间”或“汇合开放社会各种理念的机制”①。不过，由于信息技术革新的巨大催化作用，传播的信息传递功能实现了不断优化和自我超越，而其促进人类共存共享的价值理念虽已得到多学科的重视，但仍需进一步拓展。如果说作为一个“技术事实”的传播需要发挥媒介的技术工具属性，通过对信息的收集和获取实现人对外在空间的认知，那作为一个“文化事实”的传播则需要有相对应的媒介对信息进行转换和重组，实现传者与受者、信息生产与接收、物质设备与精神状态之间的关联和和解，达成传播功能与价值的统一。在这一点上，泛媒介观点通过开放媒介边界和主客体交融，为我们重新思考和认识媒介提供了启示。

泛媒介观点与马克思主义的媒介观有一定相似之处。在马克思、恩格斯关于人类精神交往和物质活动关系的论述中提出，思想意识的产生最初直接与物质活动和物质交往相互交织，精神交往是物质活动的直接产物。② 该论述表明了精神与物质整合一体的关系，因而无论报纸还是服装，作为人物质活动的直接产物，只要运行于交往主体之间，促成人与人之间的连接，均可被纳入媒介的范围。换言之，媒介的地位和连接功能是第一位的，可不拘于一定的形式或样态。

所谓“泛媒介”（pan-media）中，与“pan-”对译的“泛”字不仅具有“宽泛”“广义”之意，同时具有“分散化”“全景化”“扩展化”及“一体化”的含义。以麦克卢汉为例，在《理解媒介——论人的延伸》一书的前言和第一部分，他对自己的思路和论述方式进行了说明：他提示电力塑造的环境“不是一个分割肢解的世界，而是一个整合模式的世界”，因而“我们的时代渴望整体把握、移情作用和深度意识”。③ 在论述中他以电子时代非线性、非连续以及类比推理的言说方式阐述这种“正在兴起的分散的、无头领的整体性”④，他说自己“没有透视的观点，只有一个万花筒似的全景……在任何时

① ［法］多米尼克·吴尔敦：《拯救传播》，刘昶、盖莲香译，中国传媒大学出版社 2012 年版，第 23 页。

② 参见《马克思恩格斯全集》第 1 卷，人民出版社 2012 年版，第 151 页。

③ 参见［加］马歇尔·麦克卢汉：《理解媒介——论人的延伸》，何道宽译，商务印书馆 2000 年版，第 22 页。

④ ［加］马歇尔·麦克卢汉：《理解媒介——论人的延伸》，何道宽译，商务印书馆 2000 年版，第 13 页。

候，都有一个整体的视野”①。从中可以看出，麦克卢汉在认识论和方法论层面，亦尝试将媒介置于“整合-分散”的理论张力中进行概念重构：首先，不同于传统线性传播模式中将传者—媒介—受众三分而治的方式，他提出“大众媒介所显示的并不是受众的规模，而是人人参与的事实”②。强调媒介的“人人参与”，实则以一种整合一体的方式将人纳入自身，投射为整个传播过程，凸显了媒介的全景性与一体化特征。其次，他认为“一种媒介的内容总是另一种媒介”，如“报纸的内容是文字表述，书籍的内容是言语，电影的内容是小说”。③ 这说明新媒介的产生并非具有完全不同于已有媒介的性质，而是以一种聚合的方式将原本分散的媒介形式叠加并加以扩展。最后，他提出“我们自身变成了我们观察的东西”，“我们塑造了工具，而工具又塑造了我们”④，说明媒介不仅是一种物理实在，也是一定历史文化背景下社会心理的产物，体现出人与物之间强烈的交互性和同一性特征，即媒介本身构成了人生活世界的一部分，并不断被人的思维领域生成和再造。

1.1.3　媒介环境的隐喻

1967 年，麦克卢汉在与昆廷·菲奥里（Quentin Fiore）合著的《媒介即按摩：效果一览》中提出“媒介环境”（media ecology）概念，以突出媒介对文化的“生态式影响”。⑤ 其实，将媒介作为“人造环境”加以理解并非麦克卢汉首创，作为柏拉图《理想国》中的著名段落，“洞穴隐喻”广为人知并反复被传播学者引用。至 20 世纪，刘易斯·芒福德（Lewis Murnford）对大众传播、城市和现代科技关系的批判，提出与“真实”相对立的是媒介建构的世界，而不是人们所认为的“虚假”，生活在现代都市的人们也生活在图像构建的世界中，他们既远离外部自然，也远离内在本性，失去了独立存在的目标。⑥

---

①［加］菲利普·马尔尚：《麦克卢汉：媒介及信使》，何道宽译，中国人民大学出版社 2003 年版，第 5 页。

②［加］马歇尔·麦克卢汉：《理解媒介——论人的延伸》，何道宽译，商务印书馆 2000 年版，第 429 页。

③ 参见［加］马歇尔·麦克卢汉：《理解媒介——论人的延伸》，何道宽译，商务印书馆 2000 年版，第 376 页。

④［加］马歇尔·麦克卢汉：《理解媒介——论人的延伸》，何道宽译，商务印书馆 2000 年版，第 14 页。

⑤ M. Mcluhan and Q. Fiore, *The Medium is the Massage: An Inventory of Effects*, Co-ordinated by Jerome Agel, New York: Bantam Books/Random House, 1968, p. 26.

⑥ 参见［美］刘易斯·芒福德：《城市发展史》，宋俊岭等译，中国建筑工业出版社 2005 年版，第 60 页。

不同于芒福德的技术批判论观点，麦克卢汉更多以中性眼光看待“媒介环境”，将其视为“一套对人类的社会结构和心理结构产生深刻影响的隐蔽的服务环境”①。具体而言，他认为媒介环境通过设置和改变人的“感知阈限”，改变人们的观点和期望②，作为仅次于自然环境的第二环境，媒介环境能够“对人的各种感知系统产生全面的、深刻的、潜移默化的影响”③。在方法论层面，麦克卢汉一直坚持“不带观点的观察方法”。一方面，他声称自己对媒介的兴趣“完全是人文主义的”，与经验学派的实证主义方法拉开距离，同时又强调批判学派的道德批判是“非常蹩脚的向导”，自己“不再担任卫道士，而是成为小学生”。④ 因而有研究者认为，麦克卢汉实则是以一种本质直观的现象学方法阐述了对媒介的整体性认识，以“反思着的自我成为它的纯粹意识生活的无兴趣的旁观者”的超脱姿态最大限度地接纳和考察人们所能感知的一切经验，帮助人们理解媒介环境对社会文化的影响。另外，麦克卢汉也将对媒介的动态理解蕴于“媒介环境”概念中，认为环境不是一层外壳，而是一个过程；媒介是行为，它作用于神经系统和我们的感知生活，并进一步改变这种生活。⑤

总体而言，麦克卢汉在“媒介环境”概念下所强调的“文化、技术和传播整合议题的跨学科研究取向”对媒介环境学派产生了深远影响。

1.2 媒介环境学范式的建构与发展

在麦克卢汉提出“媒介环境”概念后，作为后继者的尼尔·波兹曼（Neil Postman）、约书亚·梅罗维茨（Joshua Myrowitz）和保罗·莱文森（Paul Levison）等人，在挖掘前人思想传统的基础上，结合当代媒介环境巨变的时代背景，形成媒介环境学派，并直接推动了媒介环境学范式的建构与发展。在研

① ［加］斯蒂芬妮·麦克卢汉等编：《麦克卢汉如是说：理解我》，何道宽译，中国人民大学出版社2006年版，第163页。

② 参见［加］埃里克·麦克卢汉等编：《麦克卢汉精粹》，何道宽译，南京大学出版社2000年版，第17页。

③ ［美］丹尼尔·戴扬、伊莱休·卡茨：《媒介事件》，麻争旗译，北京广播学院出版社2000年版，第17页。

④ 参见［加］马歇尔·麦克卢汉：《机器新娘——工业人的民俗》，何道宽译，中国人民大学出版社2000年版，第Ⅸ—Ⅹ页。

⑤ 参见［加］斯蒂芬妮·麦克卢汉等编：《麦克卢汉如是说：理解我》，何道宽译，中国人民大学出版社2006年版，第62页。

究取向上，媒介环境学以人、技术和文化之间的关系为研究重心，以媒介对人社会心理的长效影响为研究旨趣。[①] 在研究视角与方法论的选择上，媒介环境学从强调全局性和统整性的生态视野出发，着重分析媒介形态与媒介变迁，倡导文化技术共生。在学术地位上，虽一度处于被漠视或失语的边缘地带，但伴随几代人的持续建构，自 20 世纪 50 年代以来，媒介环境学在欧美学界异军突起。在中国，2015 年媒介环境学被纳入《新闻传播学名词》，标志其正式出现在中国的新闻传播学学科体系中。

1.2.1　媒介环境学派的范式建构

媒介环境学派是麦克卢汉媒介思想的主要继承者和媒介环境学范式的主要建构者。该学派以多伦多学派和纽约学派为主要分支，兼及部分欧洲学者的媒介观点，形成以媒介为中心，关注媒介对人类影响的思想网络。由于地缘和学缘关系复杂，该学派媒介思想呈现庞杂、多元的特征。本书认为，相较于具体观点，该学派对媒介研究方法论上的贡献与突破更具有范式建构上的深远意义。

1.2.1.1　媒介环境学派的形成与理论建构

何谓一个学派？德国哲学家罗尔夫·魏格豪斯（Rolf Wiggershaus）将其归纳为：一个研究机构；一个思想上的超凡人物；一份宣言；一种新范式；学派研究工作的杂志和其他出版物。[②] 媒介环境学派的建立与兴起，也基本遵循这一轨迹。1951 年，在哈罗德·英尼斯《帝国与传播》出版之际，麦克卢汉即给他写信，认为该书以媒介为中心的研究视角“有成为一个学派的可能”。此后，他作为福特“传播与文化”项目的主持人，以《探索》杂志和“麦克卢汉文化与技术研究所”为阵地组织和推动了围绕媒介展开的各类跨学科研究。1971 年，尼尔·波兹曼听从麦克卢汉的建议，于纽约大学设立“媒介环境学”专业。1998 年“媒介环境学会”在纽约成立，直接推动该学派的成建制发展。

从组织架构上看，媒介环境学派在整体上并非一个正式的理论家群体，而是一个以媒介为中心、关注媒介对人类影响的思想网络，学术视野的多维和学术观点的多元是其主要特点。多伦多和纽约是媒介环境学派的两个主要阵地。前者围绕麦克卢汉这一中心人物，包括埃德蒙德·卡彭特（Edmund Carpenter）、埃

---

① 参见何道宽：《媒介环境学：从边缘到庙堂》，《新闻与传播研究》2015 年第 3 期。

② 参见［德］魏格豪斯：《法兰克福学派：历史、理论及政治影响》，孟登迎等译，上海人民出版社 2010 年版，导言。

里克·哈弗洛克（Eric Havelock）以及保罗·莱文森（Paul Levinson）等加拿大学者；后者以尼尔·波兹曼为中心，包括尼斯特罗姆（Chistine L. Nystrom）、路易斯·福斯戴尔（Louis Forsdale）等来自纽约大学、哥伦比亚大学、福德哈姆大学等纽约地区多个高校的学者。[①] 在欧洲，法国哲学家雅克·艾吕尔（Jacques Ellul）以及当代学者雷吉斯·德布雷（Règis Debray）也常被作为该学派的理论先行者和继承者被关注与讨论。由于加入其中的研究者学术背景各异，兴趣多样，涉及的问题、视野和观点也各不相同，所以有学者将对基本概念没有严格而明确的规定视为媒介环境学的疏忽与缺陷之一。[②]

从对媒介的理解与阐释看，媒介环境学派的理论建构经历了一个从形态论到结构论再到方法论的认知发展历程。麦克卢汉采用“泛媒介”视角，提出“媒介环境”隐喻，将人对媒介的理解从地缘政治的世界推进到人的经验世界，凸显了媒介改变人生活尺度的重大意义。尼尔·波兹曼、约书亚·梅罗维茨、保罗·莱文森等后继者因循此思路，结合具体的社会历史环境和时代语境，描摹了不同历史时期主导媒介对个体认知和社会环境的诸多影响，并试图进一步梳理传播、技术、社会和文化等因素日益复杂的互动关系，厘清媒介作用机理。随着媒介技术革命的兴起与发展，网络联系的复杂性与深刻性成为当前媒介环境的重要特征。媒介环境理论在观点上也呈现多样化，方法上则逐渐走向整合。研究者们围绕对媒介环境的生态认识，尝试建构一套中观的概念，将基于媒介使用、围绕媒介实践的真实传播经验与媒介理论相对接，关注现代媒介对实现社会整合与理念共享的关键作用。

笔者认为作为学派的媒介环境学由于地缘、学缘和个人学术志趣的差异，显示出枝蔓丛生的特点。作为研究范式的媒介环境学则通过共有一套相似的理论基础、理论视野和问题领域呈现出相对清晰和统一的研究理念和思想主线。“泛技术、泛媒介、泛环境、泛文化”是媒介环境学范式的主要理论特色。在此基础上，围绕“作为环境的媒介”这一核心概念，媒介环境学提出以下理论命题：①生物结构、技术和符号系统共同塑造了人类的经验；②媒介并非中立传播信息，而是能够限制和组织人的感觉、表达和思维；③人类的文化世界是一个依赖传播并能独立发挥作用的复杂系统，传播能够改变整个文化生态。[③]

---

① 参见王冰：《北美媒介环境学的理论想象》，光明日报出版社 2010 年版，第 22—23 页。

② 参见李明伟：《知媒者生存——媒介环境学纵论》，北京大学出版社 2010 年版，第 229 页。

③ 参见单波、王冰：《西方媒介生态理论的发展及其理论价值与问题》，《新闻与传播研究》2013 年第 3 期。

1.2.1.2　媒介环境学的方法论特征

如果说每一个学科或者学派都是沿着特定的入射角介入人类生活，并通过呈现不同的入射截面获得身份特征，那有时入射角度的选择或入射截面的截取，相较于所推演出的稳定结论可能具有更强的启发性。笔者认为，与理论话语的严谨性和确定性相比，媒介环境学全局性的生态视野、行动主义立场和人文主义情怀对于我们结合当下认识、理解媒介具有更强的指导意义。

（1）全局性的生态视野

媒介环境对应英语中的“media ecology”一词，其中“ecology”既可译为“环境”，也可译为“生态”，因在中国学术语境下已有学者将“媒介生态”视为“媒体生存的社会环境及其互动关系”[①]，为避免概念上的混淆，故译者将其译为“媒介环境”。如果说麦克卢汉最初提出“媒介环境”一词，意在提示人们注意到媒介对人类社会隐蔽而强大的影响，那么自媒介环境学派有意识地自我建构以来，则更多侧重于从整体角度思考和阐述如何维持媒介生态均衡的问题，促进人与媒介的共生共存。

从思想源流上，媒介环境理论可以被视为是对 20 世纪 70 年代兴起的生态后现代主义话语的回应。如前所述，生态后现代主义主张以生态学的眼光超越僵化的机械论世界观和思维方式，用整体有机论和非二元论的方法解决现代性危机。其强调世界整体性、关联性和共生性的认识论观点被媒介环境学吸收与借鉴。麦克卢汉曾指出，所谓媒介环境“意味着让不同的媒介能够共存共生，而不是彼此消亡”[②]。波兹曼在对“ecology”进行解释时也强调，该词并不是将我们的注意力导向自然环境，其最初含义有“家园”“家庭”之意。[③] 在主要理论的建构中，英尼斯、麦克卢汉和梅罗维茨等也自觉或不自觉地运用了生态后现代主义的观点与方法，试图在“偏向-平衡”的张力中寻求理论突破点。凡勃伦对英尼斯影响至深，作为经济学制度学派的开创者，他反对现代性核心假设之一的“经济人”假设，强调在广阔的社会变迁图景中分析心理、习俗、制度和经济行为之间的关系及其变化，认为社会是一个完整复杂的有机体，人类的风俗、习惯和文化特征对制度的形成有重要作用。[④] 受这种强调宏大叙事和整体考察的研究视野影响，英尼斯从媒介与权力机构关系的角度，将媒介划分为“时间偏向型”（陶土、石块、纪念碑等）和“空间偏向型”（莎

---

① 邵培仁：《论媒介生态系统的构成、规划与管理》，《新闻与信息传播研究》2008 年第 1 期。

② H. M. Mcluhan, *Understanding Me: Lectures and Interviews*, Massachusetts: MIT Press, 2004, p. 271.

③ N. Postman, *Teaching as a Conserving Activity*, New York: Delacorte Press, 1979, pp. 17-18.

④ 参见张广生：《媒介与文明：英尼斯传播理论的政治视野》，《中国人民大学学报》2007 年第 3 期。

草纸、电报、广播等）。这些具有不同偏向的媒介促使权力、知识在宗教组织和政治组织之间流动，形成了帝国之间的权力冲突和社会结构变化。西方现代性危机则表现为媒介“时空偏向”的失衡，因为真正的文明应是在时间上延续并在空间上延展，媒介的长期失衡必会影响一个社会的稳定。与之相较，麦克卢汉回到人体自身，提出“感官偏向论”。他认为“媒介是对人的延伸和截除”，即不同媒介的感官偏向被植入人的认知逻辑中，进而在宏观上塑造每个时代的文化特质和社会结构。因而，媒介环境也应当朝向促使人类各感官平衡参与的方向发展。作为后继者的梅罗维茨从英尼斯和麦克卢汉的“偏向论”中得到启发，他在社会变化的微观层面提出“场景偏向论”，即媒介具有场景偏向性，不同的媒介环境将影响交往场景的融合和分离，进而导致人日常交往行为的变化，因而媒介环境的发展需要考虑维持恰当的社会关系与社会行为。

（2）行动主义立场

用动态演化的视角描述不同历史时期和社会环境下的媒介演进过程，是媒介环境理论建构的另一个重点。那么，媒介演化的动力何在？在英尼斯看来，传播与文化具有同一性，即传播的过程也是一个文化的过程，而后者作为一个整体范畴，又可表现为制度与技术两个方面，两者发生关系的链条是由技术改变物质条件，进而改变人生活和思维的方法与模式，最后产生制度后果。这其中蕴含了一个行动者的逻辑，即在媒介与制度之间，人的主动性和能动性作为关键环节，是构成推动和维持媒介环境变革的根本动力。

承认技术因素背后的行动者逻辑，是媒介环境学一以贯之的理念，只是对不同研究者而言，行动者所指代的具体对象也有所不同。由于擅长对传播研究展开一种结构的、历史的、宏观的分析，英尼斯关注与媒介相关联的团体、阶层和组织的力量。在他看来，所谓“行动者”不是个人，而是处于不同社会和文化环境中的团体、阶层或组织，他们围绕媒介工具或媒体彼此作用，利益消长，引发社会机构变革和组织关系重塑，进而塑造了丰富复杂的制度环境和社会关系。麦克卢汉将个体和组织均纳入了“行动者”范畴，他把人类社会看成由众多部分结合而成的整体，通过传播不同的信息，个体和组织构成整体依存的结构。基于此，传播不仅是一切交换和人际交往，更是个人和群体联系的总体格局。

（3）人文主义情怀

从以上论述中我们也可以看到，尽管长期以来媒介环境理论与媒介控制、技术垄断等问题相互纠缠，但在认识论和方法论层面始终以全局视野关注媒介环境的均衡问题，关注行动主体的能动作用，并试图超越二元对立的机械论科学观的局限，从而体现了传播研究整体趋势——人的回归。

克服技术与人割裂的局限和理论困境，将媒介环境作为一个统一整体进行综合性思考是媒介环境学的思维原点，也是它的最终指向。对此，作为奠基者之一的芒福德早有论述。他提出，在人类社会早期，技术归属于身体的文化框架，人存在于整个文化体系中，工业生产和高雅艺术从未被分割。因为在最初的阶段，技术既不以工作也不以权力为中心，而是以生活为中心。在该背景下，技术作为人类生态复合体的一部分，作为人类文化的一部分，不可能"单兵突进地片面发展"①。

波兹曼在回忆与麦克卢汉的交往中也曾提到，"我清楚地记得他的一个观点，即学校只不过是文化借以传播其思想的媒介之一，而且我理解，在文化中扮演其他的角色还有其他媒介"②。该观点不但将学校作为媒介纳入了媒介环境学的研究视野，体现了一直以来其所秉承的泛媒介观点，也直接阐明了麦克卢汉和波兹曼对媒介与文化互动的关切。总体而言，在媒介环境理论的相关表述中，媒介本身被视为一种环境结构，而非中性、透明、价值无涉的信息传递渠道，它外显为技术和物化的信息传递工具，但绝不仅仅等同于此，其中必然包含人或相关组织、群体作为行动者的主体性功用。

1.2.1.3　媒介环境学的范式突破

相对于传播经验学派对媒介技术短期效果的关注，批判学派对传媒背后意识形态宰制的洞察与批判，媒介环境学范式更多是从方法论层面进行了范式革新与突破，显示出不同于主流学派的研究旨趣和宏观视野，体现了强烈的人文关怀、道德关怀和社会关怀。具体包括：

（1）对"媒介在场"置换"生活在场"的洞察

林文刚在对媒介环境学的理论沿革进行梳理时，提出 20 世纪 60 年代是"应该注意的媒介环境学派出现的时机"：在这被称为"躁动、紧张和混乱"的十年中，一方面通信技术的革新和扩散引发了媒介产业变革，电视机对文字和印刷业形成挑战，相应的，在社会环境中图像处在日益上升的主导地位。③这段论述实则暗合了麦克卢汉"鱼与水"的比喻，即人之于媒介环境就像鱼儿在水中一样——日用而不知其所在。其实，自文字诞生以来，人类的生活世

---

① ［美］林文刚：《媒介环境学：思想沿革与多维视野》，何道宽译，北京大学出版社 2007 年版，第 61 页。

② 转引自［美］林文刚：《媒介环境学：思想沿革与多维视野》，何道宽译，北京大学出版社 2007 年版，第 10 页。

③ 参见［美］林文刚：《媒介环境学：思想沿革与多维视野》，何道宽译，北京大学出版社 2007 年版，第 17—18 页。

界和媒介世界就无时无刻不处于变动之中，媒介经验与生活经验渐行渐远，最终人可以仅通过“媒介在场”建构自身的生活世界而不需“身临其境”地进行接触与感受。对“生活在场”与“媒介在场”之间的转换甚至倒置关系的洞察，构成了媒介环境学派主要的范式突破。

历史学家布罗代尔（Fernand Braudel）曾写到，15 世纪末之前，人类的生活一直分割为“不同的星体，各据地球一隅，并无有效接触”①。在原始社会和口语文化主导的社会里，人们聚集在一起吟唱英雄故事，庆祝节日，进行布道与忏悔，通过在场聆听或面对面交流的方式完成对自身生活世界的建构。由于声音、图像和口语的非便携性，媒介在场经验以人的身体在场为条件，“生活在场”与“媒介在场”相差无几。随后，15—17 世纪欧洲的“印刷革命”使“完全不同的图像、地图、图标可以让分散的读者同时阅览”②，同时，文本数量急剧增长，17 世纪的学者静坐书房里几个月阅读的书籍比此前文人游学一生所能目睹的还要多。当然，这种广泛阅读需要建立在一定的识字和思维能力之上，即如波兹曼所言，“当语言受到印刷文字的严格控制的时候，一个思想、一个事实、一个宣示必然随之产生……作家和读者围绕语义苦苦思索时，他们参与的是对心性最大的挑战”③。至 20 世纪六七十年代，电视作为一种影像叙事媒介逐步嵌入日常生活，掀起了对传统印刷符号和书籍文化的图像革命。尽管有学者认为，和印刷文字相比，图像是一种“认识上的倒退”④，不过却也以最直观的方式拓展了人对世界和自我的认识，人的生活经验与媒介经验进一步分离，人对世界的认知不断溢出日常生活世界的范围，实现了“媒介在场”与“生活在场”的转换。当前，互联网无限储存、高效传输和实时连接的特点，使得这一趋势愈演愈烈，甚至走向了它的反面。极端表现之一是人以虚拟的网络生存完全代替现实的日常生活，不停地从一种新奇跳到另一种新奇。在每一次停留时又仅仅满足于“在场”本身，不加以领会和思索，进入一种“向着所见之事存在”的麻痹状态。

当然，在传播研究兴起的 20 世纪 30 年代，人们并不能完全预见电子媒介崛起所产生的规模效应和连锁反应。特别在学术研究领域，一种研究视角或理论的解释力，往往适用于特定的时期和对象。在当时印刷媒介方兴未艾，电子

---

① 转引自［英］尼克·库尔德利：《媒介、社会与世界：社会理论与数字媒介实践》，何道宽译，复旦大学出版社 2014 年版，第 1 页。

② ［美］伊丽莎白·艾森斯坦：《作为变革动因的印刷机：早期近代欧洲的历史》，何道宽译，北京大学出版社 2010 年版，序言第 6 页。

③ 转引自单波、王冰：《媒介即控制及其理论想象》，《新闻与传播研究》2010 年第 2 期。

④ ［美］尼尔·波兹曼：《娱乐至死》，章艳译，广西师范大学出版社 2004 年版，第 105—106 页。

媒介未显峥嵘，经验学派和批判学派依旧用一种“生活在场”的视角解读和理解传播。对于经验学派而言，在“传者—媒介—受者”所构成的封闭的传播系统中，主要关注“传者—媒介”一侧的媒介效果，以经验观察和实证调查的方法构筑起理论研究与经验研究的桥梁。与之相对应，批判学派从“媒介—受者”一侧关注媒介对受者的异化、控制和操纵。尽管被归入批判学派麾下的法兰克福学派、政治经济学派、垄断学派、“社会—文化”学派等讨论问题的视角与方法大相径庭，但所追问的问题大多均集中于“由谁控制”“控制与支配为何存在”“为谁的利益控制”等，将经验学派“如何控制”的问题延伸至“为何控制”的层面。

不同于以上两者，媒介环境学试图抛开传播的线性逻辑，以媒介为顶点建构传播、社会和文化的立体框架。在该框架中，人的“生活在场”相对隐没，媒介直接作用于人的感知系统和社会环境，成为整个研究的中心和重心。换言之，在一个以媒介为主导的理论视野中，一切发挥相近功能的人或物都可被纳入媒介范畴进行审视与分析，它们的集合也就构成了作为整体存在的媒介环境。相应的，人从政治、经济和文化多个方面控制媒介的理论命题也被反转，媒介对人的控制形成了技术理性与人性相对峙的新的理论场，从中亦生发出关于技术垄断、媒介生态平衡以及媒介研究的人文关怀等相关命题，使人们注意到此前被遮蔽或引而不发的媒介效能，也促使我们重新审视人与媒介的共栖格局和共处关系。

（2）对媒介重置时空观念的揭示

时间和空间是人类生存的基本范畴，也是考察传播活动、分析传播现象的主要坐标。就起源看，“时间是人类几种最初经验中最难以捉摸和最为神秘的一种”①，空间作为一个相对具象的物理情境，又常常需要依附于时间而获得进一步体认，在不同的认识论视角下存在诸如“空间体现为时间在物理环境中横向并列和扩张的可能性”等不同理解。借助媒介，“用时间压缩空间”是人们的一般认识，即倚仗不断更新的媒介技术，提升信息传递的速度和效率，最终实现物理学意义上距离的终结。

从微观看，提升信息传输效率是以畅通的传播渠道、高效的传媒运作和先进的传播技术为保证的，这也构成了经验学派最初研究媒介的目的论视角。特别在特定历史时期受到政治与经济因素推动，商业和技术的结合被奉为一切价值的圭臬，将信息传输等同于传播，将媒介简化为信息通道，并形成一套切实

① ［美］丹尼尔·布尔斯廷：《发现者——人类探索世界和自我的历史》，严撷英等译，上海译文出版社 1992 年版，序言第 2 页。

可行的操作模式，显得势在必行。2001 年，哥伦比亚大学召开了以“作为测量的理论和作为理论的测量”为题的拉扎斯菲尔德百年诞辰纪念会议，指出拉扎斯菲尔德传播研究的重要特征是将社会理论理解为规范化的变量推导，将数学方法理解为一种描述社会实体与关系的特殊语言。① 在该理论路径和方法论逻辑的影响下，经验学派的研究结论往往具有直接的现实指导意义，但也难以避免失之系统与全面、包含较强的功利倾向等弊端。在对待传播时空关系的问题上，批判学派作为对经验学派的校正，选择在宏大的时空基础之上引入意识形态，批判和反思使个体异化、使通俗文化商业化的大众传媒，其特点可归结为“对大众传媒的政治经济学和文化病理学的宏大批判”②。另外，尽管批判学派的相关论述均立足于对当前社会和文化的观察与分析，但其目标大多指向了对未来社会的期许与再造，即努力寻求政治改革的新策略、新机构和新模式。③

媒介环境学派将媒介置于对人时空观念重置中进行考察。芒福德在《技术与文明》中谈及钟表取代人对时间的感知时写道：“抽象时间变成了生存的新媒介。有机功能本身被调节：一个人吃饭是因为到时间了，而不是因为饿了。一个人睡觉也是因为时间到了，而不是因为疲倦了。”④ 麦克卢汉在谈及钟表时认为，钟表作为一项技术和机器，通过统一生产秒、分、时等单位，将时间从人的经验节律中分离出来。⑤ 因循此思路，波兹曼通过对电视的分析将时间参考标准的媒介化进一步引向深入，提出电视广告所宣扬的瞬时、即时和重复解决问题进一步压缩了人们的时间观念，加速了快餐文化的流行，对人类生活产生了深层影响。⑥ 在空间维度上，麦克卢汉提出了“地球村”这一著名的空间隐喻，梅罗维茨借助戈夫曼的社会场景理论，提出电子媒介的介入改变了人们对社会交往场景的定义，而人们出于印象管理的需要，会根据社交场景的融合或分离调整交往行为。尽管这种对媒介变革期的截面分析仍过于空泛和零散，但媒介环境学派放弃类似于经验学派对节点完美的追求，抑制与批判学派相仿的进行宏大叙事的理论野心，使人们意识到不论在人类初始阶段还是在全球化的当下，人类的时空观在不断流变，并影响着人类心理和社会结构，开

---

① J. Cole, “Paul F. Lazarsfeld: His Scholarly Journey”, Keynote Address at “An International Symposium in Honor of Paul Lazarsfeld”, Brussels, Belgium, June 4-5, 2004.

② 罗钢、刘象愚主编：《文化研究读本》，中国社会科学出版社 2000 年版，第 23 页。

③ 参见孔令华：《论媒介文化研究的两条路径——法兰克福学派与英国文化研究学派媒介文化观差异之比较》，《新闻与传播研究》2005 年第 1 期。

④ L. Mumford, *Technics and Civilization*, New York: Brace and Company, 1934, p. 17.

⑤ 参见［加］麦克卢汉：《理解媒介——论人的延伸》，何道宽译，商务印书馆 2004 年版，第 288 页。

⑥ 参见李晓云：《尼尔·波兹曼的媒介生态学研究》，四川大学博士学位论文，2007 年，第 83 页。

拓和延展了传播研究的理论空间。

（3）对“文化技术共生”的期许

将文化与技术分而置之的思想传统可以追溯到古希腊时代理性与非理性的对立。柏拉图在《理想国》中将人的灵魂分为理性（reason）、激情（spirit）和欲望（appetite）三类。其中，理性地位最高，激情次之，欲望地位最低。在《斐德若篇——论修辞术》中，他又用“灵魂马车”比喻三者的关系：“我把每个灵魂划分为三部分，两部分像两匹马，第三部分像一位御车人。……两匹马之中一匹驯良，一匹顽劣。”前者是人的激情，“它爱好荣誉、谦逊和节制”，后者代表欲望，“不规矩而又骄横”[①]，两者均需要人的理性加以驾驭和控制。此后，理性不仅成为对内控制人情感与情欲的工具，也成为对外征服自然、改造社会的手段。科学作为确定性的标准披上了理性的外衣，技术成为理性主义的物质化身。在传播领域，基于早期服务经济组织和政治权力的目标，媒介的工具化倾向尤为明显。虽然经验学派和批判学派均尝试兼容传播研究的理论思辨和科学生产，但基本延续了技术与文化对立的既有思路。

众所周知，作为奠基性思潮之一，控制论模式将媒介界定为信息和已知要素有序流通的物理渠道。它的提出者维纳在阐述其思想时，曾提出了“传播人”的构想。“传播人”是“一个既无内在也无躯体的存在，它生存在一个没有秘密的社会中，是一个完全面向社会的存在。在一个由于‘新的传播机器’而变得透明的社会中，它只能通过信息和交换而存在”[②]。显然，所谓“传播人”是对人完全理性化的一种乌托邦式的想象，它被抽离了人的非理性因素和有机体行为，成为与外界进行信息传输和交换的技术装置。“传播人”构想的产生可被视为当时技术主义唯灵论在思想上的极端表现。当然，并不是所有的研究者都将理性完全诉诸技术逻辑，他们相信人类依旧能通过自身的理性力量获得对世界的确定性理解，但这种能力并非遍及社会中的每一个人，而是被一部分处于社会较高阶层的“专业人士”所独有，剩下作为分子式存在的大众则常常处于被蒙骗、操纵和奴役的地位。从理论溯源上看，这一思想萌发于传统社会向现代社会转型过程中的社会原子化危机，即如马克思和恩格斯所谈到的：“生产的不断变革，一切社会状况不停的动荡，永远的不安定和变动，这就是资产阶级时代不同于过去一切时代的地方。一切固定的僵化的关系以及与之相适应的素被尊崇的观念和见解都被消除了，一切新形成的关系等不到固定下来就陈旧了。一切等级的和固定的东西都烟消云散了，一切神圣的东西都

---

① ［古希腊］柏拉图：《柏拉图文艺对话集》，朱光潜译，重庆出版社 2016 年版，第 122—123 页。

② 转引自［法］贝尔纳·米耶热：《传播思想》，陈蕴敏译，江苏人民出版社 2008 年版，第 6—7 页。

被亵渎了。人们终于不得不用冷静的眼光来看他们的生活地位、他们的相互关系。"[①] 由于对大众是否具有理性存疑，在传播研究领域，李普曼（Walter Lippmann）认为大众所接受和谈论的信息均受到记者、传媒组织和管制机构的编码和处理，另外其本身也不具有辨别和意识自身认知盲点的能力，没有能力参与民主社会的治理，也不具有“公众”的资格，因而“必须让公众适得其位，这样他们就可能行使权力，起码是如此，我们每个人才可能得以摆脱那帮懵懵懂懂的乌合之众的蹂躏，而得以自由自在地生活”[②]。批判学派将马克思主义和弗洛伊德理论相结合，认为大众传媒作为一种强大的宣传机器，被统治阶级用于对被统治阶级的精神奴役和欺骗，进而使后者丧失反叛的斗志与激情。在大众文化的形成上，菲斯克（John Fiske）曾指责以霍克海默、阿多诺和马尔库塞为代表的法兰克福学派无视大众的抵抗，而单纯认为是外部统治阶级强加于大众的结果[③]，批判了后者轻视大众力量的精英主义立场。

同样作为思辨性质的研究，媒介环境学派以媒介为中心，对媒介社会影响的关注决定了其无法回避和悬置对技术与文化关系的思考和探讨。在媒介环境范式形成早期，英尼斯和麦克卢汉曾尝试采用一种客观中性的视角考察媒介与社会和文化之间的互动。麦克卢汉曾声称要避免价值判断，称“价值判断可能会堵塞我们的道路，使我们不能准确理解正在发生的事情”[④]。不过作为其后继者的尼尔·波兹曼在媒介环境学会成立的第一次大会上即以“The Humanism of Media Ecology”为题，强调从人性化的观点去思考媒介，并倡导人们去探究媒介背后的道德命题，进而提出“我们在理解媒介时应该考虑什么样的人性关怀问题”。[⑤] 此后，保罗·莱文森沿着“人文-技术”的研究视角，构建人性化的媒介进化观，尝试统筹人的理性选择与技术进步的自主力量。至林文刚，则进一步提出了“文化-技术”共生论的研究视角，“认为人类文化是人与技术或媒介不间断的、相互依存、相互影响的互动关系”，因而媒介环境学派的研究“既不会对媒介/技术抱偏见，也不会对人的因素抱偏见”[⑥]。

---

① 《马克思恩格斯选集》第1卷，人民出版社1995年版，第275页。

② ［美］罗纳德·斯蒂尔：《李普曼传》，于滨等译，中信出版社2008年版，第191页。

③ 参见［美］约翰·费斯克：《解读大众文化》，杨全强译，南京大学出版社2001年版，第2页。

④ ［加］菲利普·马尔尚：《麦克卢汉：媒介及信使》，何道宽译，中国人民大学出版社2003年版，序言第XII页。

⑤ 参见［美］林文刚：《媒介环境学：思想沿革与多维视野》，何道宽译，北京大学出版社2007年版，第47—49页。

⑥ ［美］林文刚：《媒介环境学：思想沿革与多维视野》，何道宽译，北京大学出版社2007年版，第32页。

总体而言，在人类理性与非理性分割之初，理性代表了人控制、规范自我的一种精神力量。在世界的理性化过程中，技术或精英群体均曾被寄予了人类达到理性彼岸的期望，但现实所呈现的则是人类的真实本质被进一步区隔，技术的单一逻辑与文化的多样性之间亦形成了强烈的对立，反而增加了人认识自我与世界的难度。媒介环境学试图在人性化和机械化之间建立一种具有描述性、正常化的和可以理解的关系，为我们反思此前的媒介进路，解决当下媒介化社会进程中出现的种种问题，提供了一个从“和”的角度理解技术与文化共栖关系的视角和路径。

1.2.1.4　媒介环境学派范式建构的局限

媒介环境学派着重从整体上描绘和分析媒介生态环境，解析技术、社会与文化之间的复杂互动，但由于学派组成和思想来源的庞杂和多元，对作为核心话语的“媒介”“媒介环境”等重要学术概念和理论体系缺乏一以贯之的系统阐述和建构。同时，在具体研究中也存在宏观理论视角与微观务实难以兼容的尴尬。即宏观上，媒介环境理论能够提供关于媒介与文化共栖的理想状态的描述，或媒介技术变革过程中对媒介发展规律和人类社会变动的洞察，但对于一些具体问题的策略性研究或前瞻性研究则常常处于尴尬的失语状态。特别在当前媒介化社会日趋成型，本土传播特殊因素日益凸显的背景下，如何通过概念澄清和理论梳理进一步描述媒介、社会和文化的互动关系，通过对具体传播案例的分析探寻媒介与文化共存共生的策略和方法，应成为对媒介环境学范式持续建构、实现理论突破的着力点之一。

1.2.2　普通媒介学对范式的补充

在《媒介学宣言》开篇，德布雷在回顾自己介入媒介研究的历程时谈道：“这是一条交叉的道路，它从当代媒介者（médiateur）——以现代法国知识分子的面貌出现——出发，进而上升到具有逻辑必要性、永不过时的媒介行为（médiation），最后落回到媒体（médias）或说当代影响大众的手段。”[①] 给予知识分子以“媒介者”的身份定位，可以说是德布雷结合个人经历，从人文视角关注传播现象和媒介研究的起点，随后“媒介行为”的提出即转向了理论层面对“媒介学”的建构，最后落脚于“媒体”，则代表了他在伦理和哲学层面对多元文化背景下当代传播实践的审视与分析。

① R. Debray, *Manifestes Médiologique*, Paris: Gallimard, 1994, p. 11.

1.2.2.1 普通媒介学的研究主题

在研究主题上，“人”构成了德布雷媒介学研究的起点和探寻线索。在他看来，媒介者的形象包括抄写人、教士、知识分子等多种，这些“懂得传承的人”在不同历史时期肩负群体使命，发挥沟通上帝与国家、连接理念与行动的作用。正是这些人的存在，使得传播的逻辑与组织的逻辑不可分割地交织在一起，构成了媒介学的核心假设。

（1）传承：思维主体与物质客体交织的历史

德布雷初涉媒介研究时即提出并不想囿于已有的传播研究框架，因为在他看来，现代语境下的“传播”包含着双重矛盾：一方面，人们将传播延伸到一切事物和任何现象；另一方面，传播自身含义具有不确定性，使得人们倾向于孤立地看待传播事实，使传播像癌细胞一样具有飞速转移和无法控制的特点。[①]

为了实现对现有研究范式的跨越，德布雷首先区分了广义传播与“信源—发送者—信号—接收者—目的地”的线性传播模式。他认为线性模式强调“发送极与接收极二元点状关系”，只有一种代码被两端共有，是一种侧重人际信息即时传递的“传播行为”，整体上呈现中性平和的特点。现实中的“传播”则“如同一条不断变化的锁链，是一个历史的、暴力的集体过程”[②]。其中，“历史的”强调了时间是传播现象的组成部分、动力和存在理由，“集体的”则突出了个体之外社会组织的功用，它们构筑了传播实现的背景和个人认知的稳定结构。

也许是意识到当下学术语境中“传播”与“线性模式”之间已经建立了难以打破的强链接关系，德布雷进而在《媒介学引论》中提出“传承”（transmettre）的概念，试图从“传播”之外寻求突破。他认为两者虽有一定的共同之处，即都表示一种中介化行为和时空过程，但如果将“传播”（communiquer）视为同一时空范围内信息发出者与接收者之间通过话语行为进行的信息流通，而“传承”则属于历史范畴，以技术性能为出发点。在功能上，“传承”一方面将这里和那里连接起来，形成网络（社会）；另一方面，将以前的和现在的连接起来，形成（文化的）延续性。[③] 这既是德布雷对早期基于共享的传播意涵的深化，也是他对一味注重技术与商业属性的现代传播观念的批判。在他看

---

① R. Debray, *Manifestes Médiologique*, Paris: Gallimard, 1994, p. 61.

② R. Debray, *Manifestes Médiologique*, Paris: Gallimard, 1994, pp. 61-62.

③ 参见［法］雷吉斯·德布雷：《媒介学引论》，刘文玲译，中国传媒大学出版社 2014 年版，第 5 页。

来，以大众媒体全球化为表征的现代“传播社会”的形成，使得人们在征服空间上具有越来越完备的现代性，而在时间掌握上却越来越弱，其具体表现为共享信息变得越来越容易，感受共同的历史却变得越来越困难；可移动的领域越来越大，而历史意识领域却越来越小；技术联结越来越强，象征性的联结却越来越弱……因而当前人类所面对的文明危机就是文明传承的危机。①

在社会文化层面阐释“传播”及其核心观念，反映技术、社会和文化间的日趋复杂的互动关系，可以被看作是法国传播研究的主题之一。起源于欧洲的批判学派将经济统治和社会统治的相关概念和论断应用于文化领域，对传媒研究进行意识形态分析，意在打通历史与传播。在涂尔干、韦伯等对人类现代性的分析中，大众媒介也被认为是分析当代社会的关键问题，是社会失序或人的异化的导火索之一。吴尔敦在《拯救传播》《信息不等于传播》和《另类世界化：基于传播学的思考》等多本著作中也提出了类似观点，认为传播关乎联系、分享和“相通”的理念②，社会与文化空间是传播在时间上最为重要的层面③，因而“信息不等于传播”，“传播”的旨归是促进多元文化的相互承认和平等共处。

德布雷将“传承”而非“传播”作为媒介学的关键词，也显示出了他建构媒介学研究的意图与主题。和“传播”的时空同一性不同，“传承”强调时间维度，是一个由抽象理念和技术手段结合的历史过程。在这一过程中，理念与思想蕴藏在一定的地理场所、机构组织和社会心态当中，不仅是技术平台的物质流动过程，也是思维主体聚合与重组的过程。以此为参照，德布雷认为“媒介学”的研究对象是“与传播的技术结构息息相关而又比之高级的社会功能”，主要包括“各种高级社会活动（宗教、政治、意识形态和心态）与信息传播技术结构之间的相互关系”。④

（2）媒介者：物质性的组织与懂得传承的人

在《媒介学宣言》的开篇，德布雷即给出了自己对媒介的界定——媒介是“使符号具有效力的途径与工具”。在随后的论述中，他进一步解释在信息的传播过程中，媒介可以有四种既不自相矛盾也不互相混淆的含义：①符号化

① 参见［法］雷吉斯·德布雷：《媒介学引论》，刘文玲译，中国传媒大学出版社2014年版，第7页。

② 参见［法］多米尼克·吴尔敦：《信息不等于传播》，宋嘉宁译，中国传媒大学出版社2012年版，第9页。

③ 参见［法］多米尼克·吴尔敦：《拯救传播》，刘昶、盖莲香译，中国传媒大学出版社2012年版，第7页。

④ 参见［法］雷吉斯·德布雷：《传媒学的创立、内涵及意义：雷吉斯·德布雷一席谈》，马肇远译，《国际新闻界》1997年第2期。

行为的普通方法，例如言语、书写等；②传播的社会编码，例如语言；③记录和存储的物质载体，例如纸、磁带、屏幕等；④与某种传播网络相对应的记录设备，例如手抄本、印刷物、电视、电脑等。[①] 至于通常意义上被关注的大众媒介，他认为“只不过是一种特别的、膨胀的变量，一个总体的、永久的原则性问题的衍生”。

在媒介的构成要素上，德布雷将制度化的组织机构纳入媒介范畴。在他看来，媒介并非仅指信息的发送工具，而是“组织性的材料”（matière ouvragée）和“物质性的组织”（organisation matérialisée）的结合体，其中“组织性的材料”是包括电视、电脑在内的“传播的机器”，而“物质性的组织”则指诸如学校、教会等制度化的组织或机构。两者的整合互动构成了现实传播情境中的媒介形态，因而“没有一种价值的创造不是物体和行为的产物或是再循环，没有一次思想运动不是人力和物力的运动，没有一种新的主观性不带有新的记忆工具”[②]。以咖啡馆为例，其中既包含餐具、装饰装潢材料、杂志报纸等物质性资料供人们使用，也能够聚合人群进行讨论、写作和争辩。

德布雷认为作为媒介的“物质性的组织”在文化传承层面发挥了相对重要的作用。“传承是一个整体性的‘我们’，而不是简单地将两个或者是几个‘我’拉上关系就行了。它是一种相互联系、具有认同感的结构，重点是由‘是’而不是‘有’多个个体组成的。……这需要群众亲身努力，也需要全体成员的共同努力来保证知识、价值和技术，在没有任何遗传成因担保的情况下，通过在过去和现在之间的多次循环往来，奠定一个团体的个性化特色。”[③] 其中，组织机构是“载体的载体”和“隐形的传承者”，能够“将贮存物变成载体，同时也包括它自身的延续”[④]。例如在谈及 18 世纪的法国思想运动时，他认为应该关注的是俱乐部、沙龙、社团等“社会思想的结缔组织”，它们“是非正式的中间地带，是起到关键作用的场所，是社会的磁极，是知识设计的中心”[⑤]。

（3）媒介圈：物质与组织构成的生态系统

为了进一步说明技术因素与文化价值的交互作用，德布雷从载体技术进化的角度提出了“媒介圈”（médiasphère）概念。所谓“媒介圈”，在他看来可宽泛界定为在人类文化历史的发展过程中具有某一时代集体特性或风格特征的

---

① R. Debray, *Manifestes Médiologique*, Paris: Gallimard, 1994, pp. 22-24.

② ［法］雷吉斯·德布雷：《媒介学引论》，刘文玲译，中国传媒大学出版社 2014 年版，第 11 页。

③ R. Debray, *Manifestes Médiologique*, Paris: Gallimard, 1994, pp. 22-24.

④ ［法］雷吉斯·德布雷：《媒介学引论》，刘文玲译，中国传媒大学出版社 2014 年版，第 13 页。

⑤ R. Debray, *Manifestes Médiologique*, Paris: Gallimard, 1994, p. 31.

宏观范畴，是一个涵盖技术逻辑、符号逻辑和组织结构的集合。根据人类社会发展进程，德布雷划分了话语圈、图文圈和视频圈三个相继出现又相互交叉的媒介圈，其中“话语圈”以言语为主要交流和传承手段，“图文圈”以印刷术和印刷书籍的普及为标志，“视频圈”则是当下以电子信息技术为支撑，以图像和声音为主要交流符号的媒介圈层。

乍看之下，该观点与1962年麦克卢汉在《古登堡群英》中提出的“媒介历史分期”极为相似，两者均注意到了以技术工具因素为主要催化的媒介演化过程，但德布雷在论述“媒介圈”作用机理时，并没有一味强调技术因素的主导地位，而是主张对媒介圈的分析应立足于集体心理之间的界限，将技术与文化整合后加以理解。他认为协同性与浸入性是媒介圈的主要结构特征，尽管当处于新旧媒介交接的边缘地带时，媒介圈的技术变化最易引人注目，但媒介圈并不能单纯理解为“技术圈”，作为一个“设备-载体-方法”的集成系统，其自身包含了多种文化生态系统和文化小团体，技术变化会引起专门从业者或相关团体社会地位的变化，使得相应的经济团体、知识机构在权力博弈中产生力量偏移，进而与社会政治层面的宏观环境相互作用导致“媒介革命”的发生。同时，每一个有形的介质背后都存在赋予该体系以意义的无形网络，例如“书籍不可与国民教育相分离，国民教育不可与公共图书馆相分离，公共图书馆不可与日报相分离”，这种相互依赖的关系使媒介圈呈现为一种相互包裹和围绕的状态，使人难以把技术心理情结分割成一些互不相关的单位，也不会把这些单位与他们的补充成分和使用背景隔开。

在媒介圈的更替与转换上，德布雷承认媒介技术处于发展演化中，但媒介圈之间并不会彼此替代，而会在相互激活中变得更加复杂。对于部分学者所持的“媒介进化论”观点，他认为，一方面，由于媒介圈的浸入性特点，使得人们处于非媒介圈剧烈变动时期难以意识到它的存在，“就像一个近视眼的人，只有在他丢失或者打碎眼镜的时候，才会认识到自己戴眼镜”[①]，因而研究者只能以一种“反身回顾”的姿态比较性地反思媒介变化问题，使人们产生了媒介圈遵循同时间一样“飞逝而过”的线性逻辑的错觉。另一方面，他也明确表明“媒介圈”的提出是对理想类型的概括，目的是阐明文化中的重要极点作为典型和原型的价值，但也不可避免地与真实情况产生了距离，省略了媒介圈之间相互交错和不断协调的细微变化。

① ［法］雷吉斯·德布雷：《媒介学引论》，刘文玲译，中国传媒大学出版社 2014 年版，第 50 页。

1.2.2.2 普通媒介学的理论目标

对于“媒介学”是否能够成为一个具有学术合法性的独立学科，学者们仍心存疑惑或持保留态度，贝尔纳·米耶热在论及德布雷的普通媒介学构想时，认为这是一个新的学科，需为其保留一个单独的位置，但在肯定“德布雷的论证中有很多特别之处，革新了研究的视角”外，仍认为“其他的是极其有争议的”，鉴于“研究对象的不确定”，“拒绝对方法论上的选择做出明确说明”，而“不应去追随媒介学流派或者被它所完全控制”①。

对此，德布雷提出应将“媒介学”置于人文学科的范畴内，以“辅助学科”的姿态，致力于发现和解释技术与文化在过去和当前的互动结构；打破不同领域和学科内部的区隔，从多学科“对角线和横切线”上汲取方法论营养；以“和”的观点看待机体与环境、思想与形式、人性化与机械化的关系，最终走向技术伦理。

（1）立足人文学科，发现并阐释技术与文化的互动结构

在学科归属问题上，德布雷在创设媒介学之初即将其归入人文学科的麾下，“媒介学警惕以一副‘科学’的姿态出现，当然更不会说是‘新’科学。它不要求权威的地位，多少有些偏离‘社会科学’”②。他也进一步强调，即使在人文学科领域，媒介学也仅作为一种辅助学科存在，无意加入学科之争，并通过进一步厘析其与符号学、心理学、社会学、语用学和历史学等相关学科的关系，指出媒介学安于并乐于作为一个正在组建的研究领域，处于多学科交叉的边缘地带。③

之所以将媒介学定位于此，与其说是对提出学术研究新名词的严谨与慎重，不如说是德布雷在思考和权衡媒介学的界定方式和研究特征后的理性选择。德布雷认为目前精细化的学科分类具有“将分散定为知识的高级面貌，将尖端作为风格的指标，将随便作为可靠性的格式和印记”的弊端，按此思路只能提出一个“浮夸的抽象概念”，不能描摹媒介的全貌。在他看来，媒介并非一个内在一致的标准化归纳，而是包括机构、技术物件、物质载体、社会符码、身体器官和传播方式在内的多种形式与元素的混合体，如果仅用“载体”“关系”和“运输手段”等词语来指涉，只会流于模糊机械的表达，有悖

① ［法］贝尔纳·米耶热：《传播思想》，陈蕴敏译，江苏人民出版社2008年版，第80—81页。

② ［法］雷吉斯·德布雷：《普通媒介学教程》，陈卫星、王杨译，清华大学出版社2014年版，第41页。

③ 参见［法］雷吉斯·德布雷：《媒介学引论》，刘文玲译，中国传媒大学出版社2014年版，中文版序第1页。

于媒介学追求研究普遍性和统整性的决心。在具体案例方面，通过分析基督教的产生与发展，分析宗教普及的媒介手段和战略，以个人经历探讨其著作与拉美革命的关系，均是德布雷践行“不讨论本体”，而在“许多通常是封闭领域的对角线和横切线上汲取营养”的方法论探索。

这种选择既体现了现代传播研究的多学科性，也符合媒介学的核心假设与研究主题，即依托于包含技术史的文化史与文明史的结合，发现和解释技术与文化在过去和当前的互动结构。其中，技术与文化既是媒介学关注的焦点，也是其质疑的问题，因为将两者分而论之是二元论思维的产物，是“传统上具有危害性对立的领域”，并不符合传播实际。特别在当下物联网作为互联网的延伸，进一步将网络变为物质化和象征化的空间，文化的物质性与技术的文化性已难以分割。这也验证了德布雷的论断：“技术发明能够形成自己的系统，而一个系统永远都不只是技术的，而是‘技术—文化’的。”①

（2）结合时间维度与组织逻辑，研究历史转化

在将媒介学与符号学、心理学等学科进行区分时，德布雷以“为什么我们不是（不全是或还不全是）历史学家”② 的谨慎表达，试图说明媒介学与历史学的相似和差异。在他看来，之所以给予历史学“特殊待遇”，一方面是因为历史学同样以历史文化现象为研究对象，将人类生活条件、生活方式、自我表现与自我陈述均囊括其中，具有“帝国主义”的学科特性；另一方面也说明时间是媒介学研究的重要维度之一，强调了研究的连续性与动态性。

对于媒介学研究者的职能，德布雷提出了一个形象的比喻——“一个好的媒介学者是一只狗。它得意于盯着地面，在角落中嗅到线索”③，意在点明媒介学以对微观历史文化现象的描述与分析为起点。不过，不同于历史学主要关注历史年表或观念谱系的梳理，媒介学主要关注抽象理念、技术手段和社会群体运动如何结合、转化为现实实践。换言之，其所考察的是人们在媒介使用过程中观念与行动之间的运动和转换，它属于历史的范畴，但并非呈现为一个被动的历史过程。

这也反映了媒介学一再试图阐明的理念——物质化并非是对精神活动的贬低，而是其充满活力的动因。德布雷以福柯（Michel Foucault）《话语的秩序》为例，认为他的论述实际上“将言论力量的非物质性理论化”，即将言论抽象

---

① ［法］雷吉斯·德布雷：《普通媒介学教程》，陈卫星、王杨译，清华大学出版社2014年版，第8页。

② ［法］雷吉斯·德布雷：《媒介学引论》，刘文玲译，中国传媒大学出版社2014年版，第158页。

③ ［法］雷吉斯·德布雷：《普通媒介学教程》，陈卫星、王杨译，清华大学出版社2014年版，第65页。

为一个可以从内在自我生成、扩散并最终对人的思想产生影响的神秘力量，却忽视了外部言论载体、话语权机构和周围环境的力量，最终导致了内容与形式的割裂，也使原本构成整体的传播现象碎片化而使人难以全面认识。与之相对，传承的逻辑（包含时间维度的传播）和组织的逻辑构成了媒介学的核心假设。对此，德布雷以图书馆为例进行了较为形象的分析：图书馆不仅是人们阅读的场所，也是使观念实体化的媒介。在空间范畴内，它能够召集人们从事写作和传递活动，在时间维度上它促成代际的文化传承与交流。

（3）以“和”的视角统合二元对立，走向技术伦理

何处是媒介学的归处？德布雷称走向文化生态和技术伦理是媒介学最终的目标指向。这既需要研究理念和方法上的更新，也需要研究视角的转换。同媒介环境学派一样，德布雷也从生态学中汲取对媒介进行全局分析的灵感。在他看来，生态学方法论的主要规则之一在于互动，即没有任何生物可以独自存在，它总是同一个群落、一个环境相连，它改造着环境，也被环境改变。与之相对应，若将观念或象征现象视为一个有机体，则重要的是关系而非实体本身，他阐明媒介学的研究目标是“象征现象与物质技术间的互动”①。既然将关系作为研究对象，则不能用孤立或分解的方法对个体进行分析，而要用全局的眼光对整体进行关照，因而德布雷进一步提出了媒介研究的种群原则，即“要研究同一种类个体的集合，这样才能将它们重新置于一个生态系统中，即建立在交流和互动之上的平衡”②。

基于此，“一切与本质有关的事物都与技术无关”的古典人文传统成为媒介学需要突破的障碍或束缚。因为它使得“文化或政治生产的工具常常被排除在这些生产之外”③，人类的精神意志以“理性”之名被逐渐神圣化，与之相对，技术工具和技术体系则作为表达和实现思想意识的外部工具不断被“精神贬值”。但这种将主观与客观、形式与物质、内容与载体、内部与外部相对立的二元框架只是给人一种精神上的舒适感，并不符合实际。

同法国许多秉承人文视角关注社会文化实践的研究者一样，德布雷意识到“随着传播技术前所未有的飞跃，我们对文化资源的介入能力也引起了一系列的道德问题、社会问题、司法问题和经济问题”。他将其主要归结为文化价值与工业标准之间的分裂和冲突，“在全球范围内，技术标准和生活方式发生统

① ［法］雷吉斯·德布雷：《普通媒介学教程》，陈卫星、王杨译，清华大学出版社2014年版，第266页。

② ［法］雷吉斯·德布雷：《普通媒介学教程》，陈卫星、王杨译，清华大学出版社2014年版，第266页。

③ ［法］雷吉斯·德布雷：《媒介学引论》，刘文玲译，中国传媒大学出版社2014年版，第177页。

一化的同时，并没有出现相对应的集体梦想和宗教的统一化。地球村内，群体间传播的时限和距离被取消了，但这并不意味着国界的消失和心灵的融合。相反，设备的物质统一性再次激发了种族文化意图的多样性，仿佛地方记忆并没有溶解在利益和服务的标准化之中，反而收缩并坚硬起来，足以粉碎任何联邦与帝国”①。对此，德布雷回到了自己主要探讨的文化传承问题上，提出“技术时间不等于文化时间”，在设备工具大步前进的同时，文化则以一种倒退着前进的方式，给系统带来惯性和安全。因而尽管文化的传承问题并不能在短时间内进入经济和政治循环体系中，但能温和、缓慢地促使人类内部重新走向平衡。

因而，媒介学研究者需要理解技术发展的逻辑并尽可能预测它的影响，从盲目的技术乐观或技术悲观走向理性与平衡，驱散通过新技术解决一切人类发展问题的虚假希望，克服技术将使社会失去人性的恐惧，以反面代替对立面；同时，也应怀有对文化传承强烈的责任感，在人类能力日趋外置的同时，赋予人类进化过程一种人文特征。

1.2.2.3　普通媒介学的价值与启示

尽管媒介学在学科身份、专业合法性等问题上受到质疑，但德布雷提出的普通媒介学及相关构想在扩展媒介研究的理论空间、联系多学科研究成果、创新当代人文学科方法论上，提供了观察反思的新视角与新经验。

(1) 从“媒介即信息”到“中介即信息”，指出媒介的关系性本质

普通媒介学认为“唯一的媒介并不存在”，无论是语言、文字等社会符码，纸张、网络等物质载体，又或是口语、书写等传播方式，任何一种元素或者这些元素的综合都无法归纳出一个具有内在一致性的“媒介”概念。因为时间维度的介入使得信息传递只是“长期过程中的瞬间”和“广泛集合体中的片段”，而以往先辨认对象再分析关系、始于传递又终于传递的研究思路，最终建构的只是一个排他性的同一网络，缺乏对真实传播现象多样性与流变性的解释力。这也使得麦克卢汉“媒介即信息”的断语在哲学层面失去了理论阐释的空间和张力，因为任何信息必须以某一媒介为载体，进而才能存在、有效和发挥作用。②

对此，德布雷代之以“信使即信息”的结论，从媒介沟通思维与存在的

① R. Debray, *Manifestes Médiologique*, Paris: Gallimard, 1994, p. 226.

② 参见［法］雷吉斯·德布雷：《普通媒介学教程》，陈卫星、王杨译，清华大学出版社 2014 年版，第 13 页。

中介性本质出发，将对媒介的界定转化为一个对象性质的关系建构过程，并充分肯定了社会化组织的功用。他以基督教为例，认为信息（圣经）、弥赛亚（基督）和中间人（传教士）的关系构成了媒介学最原始的结构，即通过载体为信息找到社会化的组织形式。如果说媒介环境学派提出的行动者立场主要还是在主客二分的框架中提示和强调个体或组织的能动性，媒介学则对思维与实践的关系作了进一步整合。它指出行动者与所使用的媒介文本或技术工具之间是一个综合而连续的过程，并不存在时间上的先后关系，也没有谁决定谁的问题，而是始终处于不断的运动与转化中。在这一过程中，媒介载体和社会环境必然会产生一定的不适或冲突，需要通过象征现象与物质技术的互动、观念集群以及培育和庇护其延续的社会意识形态来调节，在整体上保持人的组织与信息传递的同步性。

（2）打破见物不见人的单一路径，强调媒介研究动态性

对于如何实现文化传承的问题，德布雷提出，“仅拉长发射器和接收器的连线，增强网络的多向性，或是使传播渠道工业化，比如印刷、广播、电视等这些手段是不够的”，因为传承是被机体理想化了的个人或团体之间的传播，其中所谓“机体”既指个人的躯体，又指作为个体集合的机构组织。该论述不同于人们对于媒介研究“见物不见人”的一般认识，一方面肯定了技术性能的前台作用，即无论传递或是传承都以媒介载体的使用为出发点。另一方面，在传承内部构建了“由不同外观符号所构成的象征形式”，“不同地域、民族、性别、阶级的集体组织”和“以技术知识区分的各种传播系统”三个相对独立又相互关联的子系统，强调人的组织和技术创新在保证文化传承中都扮演了重要角色。如果说“媒介环境”概念以一种隐喻的方式揭示了媒介的生态性特征，媒介学则进一步将媒介建构为一个抽象的范畴，并试图描述实践层面媒介的混杂和复合特征，阐释媒介的历史、社会和文化效果。

除了在宏观层面关注组织与技术的共生关系，在微观层面媒介学提出，任何媒介的生成都是一个实体化、知识化和工具化的过程。这也让我们对媒介的认识不再局限于静态的媒介形态分析，或仅关注因主导媒介更迭而引起的媒介环境剧烈变动。德布雷援引米歇尔·赛尔（Michel Serres）的相关论述，认为“客体是主体崛起的条件，是人性化过程中的‘客观超越性’”①。在他看来，坟墓、木乃伊和史前巨石建筑群等都是人类思想的凝结与固化，使得原本难以留存的理念得以延续和保存，具有了组织联合的能力，在时间维度上弥补了代际的断裂，但同时这些在人的记忆实践中凝结了思想和灵魂的材料要实现存续

---

① ［法］雷吉斯·德布雷：《媒介学引论》，刘文玲译，中国传媒大学出版社2014年版，第23页。

和更新，也需要物质化的组织在其背后予以支持。从这一视角切入，作为“信仰产品”的基督教也可被视为集体组织的手段和工具，即“基督教的奥秘是化身逻辑在人的世界中，通过教会的组织结构、仪式和教规形成一套有效的中介链条”①。

（3）深化对媒介研究范式的认知

德布雷强调以技术、文化和政治三个平面构筑“媒介学”的思维理路，并借由历史范畴内“传承”概念的提出，使人们对传播现象的认识跳出了同一时空关系的限制，在理论空间中构筑起一个技术、社会和文化因素交织的网络，进一步将人们对于传播的直接经验与理论建构相关联。

回归传播的人文属性，探寻技术与文化的互动关系，关注全球化语境下文化传承和多样共存问题是当前从社会文化视角进行传播研究的主要视点之一。对德布雷媒介研究思想的引入，包括其对“媒介”概念的创新与拓展，对媒介性质的把握以及在技术伦理层面的思想探讨和哲理性思考，将有利于扩大传播研究学术视野，在学科深度和社会发展上都具有建设性意义。正如吴尔敦所言，在当前这个开放且信息饱和的世界中，无所不在的技术还不足以减少传播活动的疑难问题，因为信息的速度也可能反过来成为致命武器，错综复杂的文化多样性需要时间和慢节奏，以期超越彼此的刻板印象，并最终构建起码的文化共处。② 与之相呼应，德布雷提出技术时间不等于社会时间，技术体系体现了每个社会时代配置内部的协调性；一个文化体系保证了在一定衡量传播现象的标准不应当是看人与人之间是否有机械化的接口，而是看是否有制度化的接口。

相对宽泛的媒介界定方式和整体式的媒介考察视角使德布雷与媒介环境学派在观点和方法上呈现出一定的相似性。对于麦克卢汉的媒介环境学思想，德布雷在认可其开创性和基础性价值的基础上提出，麦克卢汉将媒介视为信息传送的工具没有跳出“媒介实体论的陷阱”，并且认为麦克卢汉“媒介即信息”的论点“不仅反映了思想上的混乱（混淆了中介、渠道、规则、载体的概念，将这些概念拾之即用、简单化），而且是不合理的”，即该表述既没有将信息与一般的科学性论述加以区分，忽视了信息的实效性、实用性和主观性的特点，媒介与信息作为一个相互依存的整体，不存在谁决定谁的问题。另外，就两者切入媒介研究的视角来看，麦克卢汉充分肯定了媒介技术对社会的变革性

---

① ［法］雷吉斯·德布雷：《普通媒介学教程》，陈卫星、王杨译，清华大学出版社 2014 年版，第 14 页。

② 参见［法］多米尼克·吴尔敦：《拯救传播》，刘昶、盖莲香译，中国传媒大学出版社 2012 年版，第 4、58 页。

力量，并从技术延伸人的精神和感官的思路分析人与物质技术的关系；德布雷强调了媒介技术因素背后人的主体性特征，特别是媒介系统与通过某种社会组织来影响符号语义的环境系统间的相互作用。德布雷提出了与信息“传播”相对的文化“传承”，关注急剧变化的全球化信息技术环境，与缓慢发展的多元文化社会在时空参照上形成的脱节，延续了欧洲长期以来对大众传播领域的批判传统。他一再强调社会文化与传播间不可分割的整体性互动关系，他认为个体本身具有个人的躯体和全体成员的机构组织的双重含义，并将全体成员的机构组织纳入媒介研究视野，强调媒介作为文化条件对人类社会的象征性影响。①

1.3 对媒介概念的再认识

从理论溯源中可以看到，对媒介本体的探索贯穿整个传播研究不长的发展历史，以媒介为中心的学理探究亦构成传播研究重要组成部分。作为一种理论话语，媒介诞生之初具有相对宽泛的所指，但随着大众媒介的兴起和传播技术革新的加快，媒介所指涉的范围被人为限制和缩小，成为信息传递渠道、载体和技术的代名词。不过，随着传播渗入社会生活的大多数领域，在越来越多原本相互区别、互不了解的知识领域建立连接，人们对于媒介的认识再一次出现了“泛化”的趋势，媒介环境学派将“媒介作为环境”的研究主张，以及德布雷对普通媒介学的持续建构，试图提出一个总括的观点和整体性的研究范式，揭示以往被理论上的相互绝缘所掩盖的媒介与现实之间的对应关系。结合对当前媒介化社会背景下媒介内涵的体认和反思，我们可以得出对媒介内涵的以下认识：

1.3.1 媒介是形式意义与价值意义的统一体

媒介作为构成传播过程的基本要素和分析传播现象的重要概念工具，其内涵层次与传播的双重意涵应形成对应关系。特别是回归到传播发生的基本环境——人与人的交往联系中，媒介促进人类交流、理解与分享的功能更加明显。当人们试图脱离空间限制，克服信息匮乏的困境，把信息从一端传送至另一端，消除对不确定的恐惧时，需要技术在承载和传递信息时给予相应支持，

① 参见［法］雷吉斯·德布雷：《媒介学引论》，刘文玲译，中国传媒大学出版社2014年版，第6页。

此时媒介便是形式意义、工具意义的媒介。从传播维系社会，促进人们共同分享、共同理解和共同交流的理念出发，需要媒介在政治及社会文化层面激发人们对自由、平等和尊严的价值诉求，或者说要求媒介与人类的主体价值具有潜在的一致性，这使媒介具有了促进人身心解放的价值意义。

除了纯粹学理上的推演，对媒介形式意义和价值意义的双重探寻也符合当代媒介理论和传播研究发展的历史逻辑，以及当前文化世界化背景下人们的现实诉求。如前所述，20世纪七八十年代传播学研究开始呈现出较为强烈的主体意识和整体性特征。对经验学派而言，这种认识上的调整主要表现在逐渐肯定受众在传播活动中的主导地位，并在传播模式研究以及受众及效果研究上有所体现。1981年，丹尼斯·麦奎尔（Denis McQuail）在《大众传播模式论》中坦陈：不完整、过分简单和难以阐明全部假设是模式难以克服的缺陷，因而不存在适用于一切目的和分析层次的模式。[①] 随后，模式研究的思想不断淡化，社会文化视野和人文主义研究方法逐渐融入媒介研究领域[②]，使其不断向整体化和复合化迈进。在批判学派中，作为法兰克福学派第二代代表人物的哈贝马斯提出了“communication”的另一个层面——“交往”，将其定位为“两个或两个以上言谈与行为主体以达到理解为意向而进行的活动”[③]。施拉姆曾谈到，“传播”和“社区”（community）具有同一词根并非偶然，因为没有传播就没有社区，反之亦然[④]，指出了传播与社会关系互为表里的不可分割性。哈贝马斯也正是在这一视角下，提出交往应以“理解”为目的。在理想的话语环境中，所有参与话语活动的人均应该权力平等，并且互相尊重。[⑤]

由此可见，若仅将“媒介”视为信息传递或交往活动的“实物资料”，会忽视许多非物质形态媒介因素的重要性，难以全面体现主体交往的内在需要和参与意识。只有将媒介视为形式意义与价值意义相结合的有机体，从功能化和标准化两方面探寻其意义和内涵，才能有效回应理论探索和现实需求的期待。这也将给予传者与受众对等的地位，彰显传播平等尊重的价值内涵；使工具理性批判在微观层面得以深入，从行动者的视角阐述实现理想化交往的可能性。

---

① 参见［英］丹尼斯·麦奎尔、［瑞典］斯文·温德尔：《大众传播模式论》，朱建华、武伟译，上海译文出版社1985年版，第4页。

② 参见石义彬：《批判视野下的西方传播思想》，商务印书馆2014年版，第2页。

③ ［德］尤尔根·哈贝马斯：《交往行动理论·第一卷——行动的合理性和社会的合理化》洪佩郁、蔺青译，重庆出版社1994年版，第86页。

④ 参见［美］W. 施拉姆：《传播学概论》，陈亮等译，新华出版社1984年版，第69—89页。

⑤ 参见［德］霍尔斯特：《哈贝马斯传》，章国锋译，东方出版中心2000年版，第80页。

1.3.2 媒介是具有中介功能的交往环境

根据“媒介”的词源学分析，媒介可指代“地理空间上的中间位置”或“社会人际关系的联结者”，无论作为地点或人物，具有中介功能是媒介诸多所指的共同特征。所谓“中介功能”，具体可理解为具有居间的联系环节的位置和相应的性能，体现转换并促成系连双方的活化、增殖的功效。通过发挥中介功能，媒介构成了传播双方建立关系、进行交往的中间环境。技术工具、信息载体或相关组织机构是实现该环境的形式或手段，能够使参与传播的双方或各方突破时间和空间的限制，实现信息的流通、符号的转换和关系的建立。

交往环境是媒介存在和发挥作用的稳定状态，从时间和空间两个维度促成人的交往，以生成和实践人的主体间性为最终目标。交往如前所述，是人与人交互作用的基本形式，与传播形成一体两面的关系。从人类学思维范式看，交往对于传播具有本体论的价值，即通过交往可以生成一个与他人共生、具有主体间性的人。两者之间呈辩证统一的关系，主体间性需要在交往中生成，也需要在交往中得以实践和发展。从传播视角看，媒介通过技术或制度手段建构了交往环境，也为主体间性提供了生成空间与实践界面。不管是跨越空间障碍的同时空交流，还是超越时间限制的文化习得与传承，传播归根到底是人与人的互动和建立联系。在这一过程中，媒介提供了实现交流的渠道或条件，将参与传播的双方或多方纳入同一平面进行信息、知识、思想和情感的交流，最高目标是使主体体现出主体间性所要求的“类比统觉”“共感”“移情”和“视阈转换”。

交往环境包含工具与组织两个层面，以技术工具和组织机构为实现手段。德布雷在界定“媒介”时曾谈到，媒介不仅包括工具，还包括个人和集体的行为。他以字母书写为例提出，作为一个技术过程，字母书写需要纸张、书籍等物质载体的存在；另一方面需要学校、出版社、教育机构等组织机构的存在。[①] 他指出了媒介外在形态与内在结构的双重特性，即任何一种媒介都是物质性与组织性的统一体，那些通常意义上我们易于指认的媒介是物质层面外显的结果，组织性则隐含地发挥着支撑作用。以此为基础，我们认为媒介作为一种交往环境，也包含了物质和组织两个主要层面，两者相互作用，共同构成主体交往的特定空间和环境。以机构属性较为突出的学校为例，教材、教具和教学设施等可归于物质层面，教师、行政管理人员和教育教学规章制度等可归于组织层面，两者共同促进师生交往。当然，由于媒介的双重特性实在难以完全

---

① 参见［法］雷吉斯·德布雷：《媒介学引论》，刘文玲译，中国传媒大学出版社 2014 年版，第 129 页。

清晰划分，这也使媒介所构成的交往环境具有更加鲜明的协同性与浸入性特征，整体影响进入该环境的主体。

1.3.3　媒介承载、加工和转化象征符号

作为一种中介或中间态，媒介的最终指向是将一种思想或观念转换生成为物质力量，这种转化与变动需要通过象征符号来完成。要实现这些象征符号的实际功能，无法绕开物质性的承载工具和材料以及实现途径和方法问题。

根据索绪尔的观点，人是符号的动物，我们对世界的认识主要是通过象征符号完成的。特别在当前，借助发达的交通和通信工具，人所能了解的外部空间急剧膨胀，能够亲身经验的比例相对缩小，人们对世界的认知和判断在很大程度上并非源自现实世界本身，而是通过李普曼所提出的“拟态环境”——经过传播媒介进行选择、加工和重新结构化以后呈现的环境。[①] 在该过程中，媒介促使符号体系生产、维系、修正和转变，并常常在人不易察觉的情况下发挥潜移默化的作用。

之所以说媒介构成并维持了环境，是因为媒介作为符号系统的集合既被人们用来表征现实，也为人的进一步认识提供现实支撑，即人类生活在一个新的现实维度中。象征符号本身具有抽象性、模糊性和随意性的特征，是意义和现实之间对应的社会实践的产物，因而符号的所指和其所代表的意义之间并没有必然的联系，在不同的社会文化背景下人们常常会作出相异的选择。例如，在中华文化圈中红色是喜庆的象征，但在欧美国家，红色有时会具有流血和死亡的恐怖意味。因而符号“被现实表征但又同时表征现实”的功能具有不确定性，在不同的社会文化语境下时常会脱离现实的所指，生产出相异甚至相悖的含义，而媒介研究所要关注的也恰是考察各种有意义的符号形态被创造、理解和使用的社会过程。

由于符号与传播及媒介的天然联系，符号学也成为分析传播现象的主要理论视角之一。例如斯图亚特·霍尔著名的“编码-解码”理论，认为传播实为传者对意义进行编码和受者对编码后的符号进行解码的过程，并从批判的视角提出受众对媒介文化产品的解释，与他们在社会中的地位和立场相对应。不过需要注意到的是，在“编码-解码”理论中，从意义到符号的两次转换，媒介均作为符号的运输工具发挥着运载和传递的作用。应该说，这种将符号去物质化的思维方式在符号学研究中是必要甚至必需的，但用于分析解释传播现象，则脱离了真实的传播场景，削弱了理论的阐释力。因为即使是同一个词语，在

---

① 参见郭庆光：《传播学教程》，中国人民大学出版社 1999 年版，第 127 页。

书籍和在电视屏幕上出现，给人的感官冲击仍存在一定区别，也影响了人们对其意义的理解。若再考虑词语本身的感情色彩与媒介形式的组合，则会产生出更多相异的效果。与之相对，麦克卢汉“媒介即信息”的论断将符号的所指全部归结于媒介形式本身，认为媒介才是真正有意义的信息，实则将符号总体与媒介形式进行了置换，强调了媒介作为一个符号世界总和的独立性。不过，这一论断仅仅将目光聚焦于媒介所承载的符号世界，有失之过简的倾向。

媒介环境学派和普通媒介学关注的并非仅是构成符号世界的媒介本身，而是符号如何通过媒介实现自我传承、影响个体或群体的意识与行为，这也是探讨媒介功能的目的之一。在这一层面上，媒介并非仅仅是承载和运输符号的物质工具，媒介是一种符号交流和交换的渠道与空间。构建该空间离不开物质化的技术工具与手段，但同时也包括相应的群体和组织。人们平凡与世俗化的日常传播行为，包括寻求信息、对话交流、指示命令、分享观点、传授知识等，都需要参照已有的符号加工机制，而这些关乎世界重要程度、秩序和意义的机制恰恰是某些群体或组织赋予的，并在其参与下被持续建构。

1.3.4 媒介塑造人对现实的认知和人的认知方式

不论媒介以何种聚合形式或外在形态出现，最终将作用于参与传播的关系主体，引导人际或大众互动过程，最终达成人类传播行为的目标——借由媒介这个中间项对现实进行创造、分享、修正和保存。自李普曼提出“拟态环境”将“媒介塑造人对现实的认知”理论化和概念化以来，学界对该观点并无过大争议，但媒介作用于人类思维的哪一层面，则存在人言人殊的现象。

在传播研究成建制化发展初期，研究者主要将媒介影响定位于人短期内的态度和行为转变。20 世纪 30—40 年代对选举宣传和军队中新兵思想教育的研究，均试图证明媒介对人的态度和行为具有即刻的瞬时效应，但一系列的实证研究结果并不支持该假设。随着社会心理学的认知转向和社会科学研究方法的多元化，近年来的传播研究越来越强调媒介对人认知模式的影响。文化环境和公共思想作为人们认识世界的来源和参考框架，成为媒介发挥作用的主要界面。詹姆斯·凯瑞（James W. Carey）认为，思想主要是公共的、社会的，它首先产生于黑板、舞蹈和诗句中。所谓“公共的、社会的思想”，在雷蒙德·威廉姆斯（Raymond Henry Williams）看来是社会在历史发展过程中沉淀和固化的交际模式、交际规则或习俗。这些惯例与习俗本身变成了社会管理资源，对人的态度、交际范式和交际风格进行约束和管理，同时也在社会发展中得到不断修改和拓展。

媒介作用于人对现实的认知和作用于人认知模式的区别，可以借助语言学中“语言”和“言语”这对概念的辨析为参照。根据索绪尔的观点，语言是整个语言社团共有的静态的语言系统，也是超越个人的社会性语言系统，而言语则是单个言说者在社会生活里使用的系统。简言之，两者是一个人内在所知和外在所为的区别。不过，如果说人对语言的掌控是基于个体心智的内在逻辑，那对认知基模的塑造则无法排除社会文化背景的长期影响，这种影响既包括人们对现实认知的个体经验，也包括接受教育以及参与相关组织群体，实现对宗教思想、个人价值与情感以及学术观念的分享。后者作为媒介的一种非物质化组织形态，虽然可能并不产生短期的、外显的影响，如直接改变人对具体对象的看法，但能在潜移默化之中建构和改造人认知世界的模式。

总体而言，我们认为媒介是传播过程中联结双方、承载象征符号，通过技术手段和组织机构实现意义传递、转换与文化传承，影响个体或群体意识与行为的一种交往环境。双方通过在场或不在场的方式进入该环境，进行信息、知识、情感和观念的交流，最终目标是实现相互理解，达成非强迫性共识。

第2章　孔子学院的媒介属性分析

满足汉语国际市场需求是孔子学院设立的主要动因，外界对孔子学院的认知也与之基本相符，即“孔子学院成立的目的是推广汉语”，“（孔子学院）是一个学习汉语的地方”①。不过，随着文化世界化的拓展，文化交流促进不同国家、地区和族群共存共处的重要作用不断显现。在此背景下，孔子学院不仅作为一个国际知名的语言教育机构，同时作为一个综合性交流平台，在中国语言文化的传播实践中发挥着多元而复合的功用，具有显著的社会价值和文化意义。基于此，本章结合上文对媒介概念的认识与理解，在概述孔子学院属性与功能的基础上，分析孔子学院的媒介性质与外在呈现，解答“孔子学院是否是媒介”这一核心问题。

2.1　孔子学院的属性与功能

对孔子学院属性和功能的分析是认识孔子学院的基本路径，也是论证孔子学院媒介性质的实践起点。2004年，第一所海外孔子学院在韩国设立，实现了孔子学院的“从无到有”。随后，孔子学院通过数量上的快速增长，以及持续提供契合当地社会文化需求的汉语和文化教育服务，逐步成为“海外汉语教学中最正规、最主要的渠道之一”，实现“由少到多”的蜕变。近年来，基于外部环境变化和自身发展需要，孔子学院的语言文化传播实践日益深入，角色逐渐多元，功能不断拓展，成为中外交流的综合性平台。

① 张娟：《从“请进来”到“走出去”——访国家汉办国际推广领导小组办公室主任许琳》，《今日中国》（中文版）2006年第6期。

2.1.1　孔子学院的属性与功能分析

根据《孔子学院章程》的规定，孔子学院是非营利性教育机构，主要业务范围包含开展汉语教学；培训汉语教师，提供汉语教学资源；开展汉语考试和汉语教师资格认证；提供中国教育、文化等信息咨询；开展中外语言文化交流活动。其中，非营利性教育机构的属性决定了孔子学院是以海外办学为教育形式，以中外合作为依托，以汉语和中国文化为教育内容的国际语言教育机构，具有专业性和公益性的特征。孔子学院的直接目的是提高个体汉语技能和中华文化认知水平，主要任务是语言教学、文化传播和教育文化交流，这也构成了孔子学院的基本功能。

2.1.1.1　汉语教学功能

开展汉语教学是孔子学院的首要职能，也是使孔子学院稳定运营的基本保证。以汉语教学为中心，以满足学习者的实用性语言需求为起点，开设多样化的常规课程，是孔子学院设立以来特别是在起步阶段的运营重点。随着规模稳步扩大，孔子学院的汉语教学班次、课程数量和学员人数均呈逐年大幅增长趋势。2015 年孔子学院开办各类汉语教学班次约 7.2 万个，注册学员 139.4 万人，较 2014 年增长 25.6%。①

在汉语教学类型上，目前孔子学院的汉语教学兼及学历教育和非学历教育两大类别，根据学习需求和教学目标的不同，可大致分为专业发展、实用支持和兴趣培育三类。

专业发展型汉语教学以职业和学业需求为导向，通常与学分课程相对应，主要面向在校学生，以长期稳定的汉语知识教授和汉语技能训练为手段，具有系统性与专业性特征。孔子学院主要依托国内外高校合作的办学模式以及专业化、高水平的汉语教学，为其融入当地教育体系提供了便利与保障。目前，依托海外大中小学设立的孔子学院和孔子课堂绝大部分承担着本校及学区内的汉语必修或选修课程，并逐渐成为该地区可倚重的汉语教学力量。如：阿富汗喀布尔大学孔子学院承担该大学中文系的全部教学任务，全年共开设汉语学分课程 4536 课时。蒙古国立教育大学孔子学院为 350 名数学、教育学、心理学等专业学生开设汉语学分课程，推动汉语成为该校三种外语选修课（英语、汉

① 参见孔子学院总部：《孔子学院年度发展报告 2015》，2015 年，第 12 页。

语、俄语）之一。① 泰国吉拉达学校孔子课堂在幼儿园大班、小学部、中学部和职业技术部均开设汉语课，中学以上汉语成绩纳入学分制系统。②

实用支持型汉语教学以实用性汉语学习需求为导向，与孔子学院非学分课程和定制课程对应，主要面向有相关需求的各年龄段的社会人员，具有大众化、普及化、应用性特征。开设分级别、多层次的常规汉语课程，设置面向特定对象的定制类课程，以及提供各种形式的实用性汉语服务是孔子学院发挥实用支持功能的主要路径。当前，以汉语教学职能为主的孔子学院均设有面向不同水平学习者的初中高各级别汉语课程，其中基础汉语教学占较大比例。如：喀麦隆雅温得第二大学孔子学院面向政府官员、教师、记者、银行职员、企业员工及经理人等各行各业人员开展非学历汉语教育，全年开设各类班级 306 个。③ 美国迈阿密达德学院孔子学院所开设的 8 个班级 6 个级别的非学分汉语课程均为基础汉语。④ 此外，与常规汉语课程的重基础、全层次相对应，研发定制类汉语课程主要用于满足特定汉语学习群体的学习需求，相较于常规课程更加灵活，进一步凸显了孔子学院汉语教学的个性化特征。例如：新西兰奥克兰孔子学院 2015 年为新西兰初级产业部公务员开设了汉语课程培训班，为新西兰当地著名企业 Good health 的职员进行汉语培训。⑤ 澳大利亚墨尔本大学孔子学院 2014 年与墨尔本旅游局合作“新年汉语早餐系列课程”，并在 2015 年为所在州州长进行访问中国的行前培训。⑥ 奥地利维亚纳大学孔子学院 2015 年 6 月成立“职业发展汉语学习中心”，为来自政治、经济、学术等各领域的人才提供私人专属的定制课程。⑦

兴趣培育型汉语教学以激发、维持学员的汉语学习兴趣为目标，主要面向儿童、青少年、老年人和其他以兴趣为导向的汉语学习者，具有内容丰富、形

---

① 参见孔子学院总部：《蒙古国立教育大学孔子学院》，《第十届孔子学院大会交流材料（亚洲）》，2015 年，第 488 页。

② 参见孔子学院总部：《吉达拉孔子课堂》，《第十届孔子学院大会交流材料（亚洲）》，2015 年，第 845 页。

③ 参见孔子学院总部：《雅温得第二大学孔子学院》，《第十届孔子学院大会交流材料（非洲）》，2015 年，第 96 页。

④ 参见孔子学院总部：《迈阿密达德学院孔子学院》，《第十届孔子学院大会交流材料（美洲）》，2015 年，第 771 页。

⑤ 参见孔子学院总部：《奥克兰孔子学院》，《第十届孔子学院大会交流材料（大洋洲）》，2015 年，第 244 页。

⑥ 参见孔子学院总部：《墨尔本大学孔子学院》，《第十届孔子学院大会交流材料（美洲）》，2015 年，第 771 页。

⑦ 参见孔子学院总部：《维也纳大学孔子学院》，《第十届孔子学院大会交流材料（欧洲）》，2015 年，第 39 页。

式多样和趣味性强的特征。相对于其他两种主要在孔子学院教学空间内开展的汉语教学，兴趣培育型汉语教学采取“请进来”与“送出去”相结合，并利用广播、电视等多种渠道，教学形式更加灵活多样，以增强学习者对汉语的亲近感。如：约旦安曼 ATG 孔子学院每个周末设有免费的儿童语言课，给当地儿童提供更多的学习汉语的机会。[①] 尼日利亚达格斯大学孔子学院在所在社区设有 36 个教学点，并通过开设《广播汉语》，每天两次播放汉语教学节目，以激发当地市民汉语学习者的积极性。[②] 另外，由于该类型汉语教学通常具有趣味性和互动性强的特征，因而也常与孔子学院的社区服务功能合并，成为促进孔子学院积极融入所在地的措施之一。例如：韩国国立安东大学孔子学院通过与当地教育支援厅合作，为该市选拔的成绩优异、对汉语感兴趣的中小学生提供在孔子学院免费学习汉语的机会，在该孔院附属青少年教育中心利用周末时间授课。[③] 泰国岱密中学孔子课堂定期为社区有关人员进行中文培训，帮助社区委员会解决有关的咨询、中文翻译等问题。[④]

2.1.1.2　文化传播功能

文化传播功能与汉语教学功能一起构成了孔子学院“一体两翼”的传播格局，特别是当汉语教学功能持续、有序和稳定开展后，文化传播逐渐成为孔子学院功能拓展的着力点。在理论上，汉语教学也可归入文化传播，因为语言本身兼具交际工具与文化载体双重属性，脱离文化教授语言既不现实，也难以取得理想的教学效果。不过为体现孔子学院功能的层次性以及便于在实践层面操作和管理，孔子学院倾向于将语言与文化并置，“从语言入手，用文化交融”成为文化传播的基本策略。通过开设各类文化课程，举办各种形式的文化活动展现中国文化技艺和当代中国面貌，促进各类文化交流，孔子学院的文化传播实践收到了较为显著的成效，举办文化活动场次逐年增长，2015 年举办各类文化活动 3.6 万场，受众 1200 万人[⑤]，成为“中国文化‘走出去’的

---

① 参见孔子学院总部：《安曼 ATG 孔子学院》，《第十届孔子学院大会交流材料（亚洲）》，2015 年，第 1082 页。

② 参见孔子学院总部：《达格斯大学孔子学院》，《第十届孔子学院大会交流材料（非洲）》，2015 年，第 268 页。

③ 参见孔子学院总部：《国立安东大学孔子学院》，《第十届孔子学院大会交流材料（亚洲）》，2015 年，第 164 页。

④ 参见孔子学院总部：《岱密中学孔子课堂》，《第十届孔子学院大会交流材料（亚洲）》，2015 年，第 835 页。

⑤ 参见孔子学院总部：《孔子学院年度发展报告 2015》，2015 年，第 12 页。

成功范例和响亮品牌”[①]。孔子学院的文化传播也得到了合办机构和当地民众的认可，伊斯兰堡孔子学院巴方院长阿齐兹提出，需在传播中国文化层面思考孔子学院的建立与发展。[②]

与汉语教学相比，孔子学院的文化传播灵活性与多样性更强，在传播方式上主要以孔子学院总部（即今教育部中外语言交流合作中心）统筹安排和海外各孔子学院因地制宜举办两条思路，总体呈现文化教学与文化体验相结合、集成展示与特色发展相结合的传播特点。

（1）孔子学院总部统筹安排的文化传播

在统筹安排上，孔子学院总部通过长期稳定的项目运作，主要以资源支持和政策保证两种方式，实现中国文化传播的品牌化和规模效应。具有代表性的传播方式包括：

①支持海外各孔子学院设立“中国文化体验中心”。自 2009 年起，孔子学院总部开始通过提供中华文化体验软件和设备的形式，支持海外孔子学院建立中国文化体验中心或体验角。该中心将学习与体验相结合，在辅助教学的同时向当地社会公众开放，“旨在发挥孔院优势资源，加强孔院的文化传播能力，未来有望成为校际乃至区域文化交流的专业平台”[③]。就发展现状看，该机构的设立确实发挥了传播中华文化、促进中外交流的功能，得到外方支持和当地民众欢迎。韩国世翰大学孔子学院 2009 年建立可“全方位进行中国文化体验”的“汉语村”，占地面积 1300 平方米，设有 10 个体验馆，形成当地政府予以项目许可和经费支持，当地中小学校提供生源和孔院承办文化体验活动的三方合作模式。[④]

②组织“三巡”展演。“三巡”即文艺巡演、教材巡展和文化巡讲。自 2009 年开始，孔子学院总部委托国内高校或相关单位组织人员或协调资源，将国内文化资源与海外文化需求对接，以“送出去”的方式在某个国家或地区内的多个孔子学院进行巡回表演、展览或讲座。在 2010—2015 年间，孔子学院总部共组织 246 个团体分赴海外各孔子学院和周边地区开展“三巡”活

① 刘汉俊、翁淮南：《孔子学院：中国文化走出去的成功范例——访国务院参事、国家汉办主任、孔子学院总部总干事许琳》，《党建》2011 年第 11 期。

② 参见周戎：《孔子学院助力中国文化对外传播》，《光明日报》2008 年 12 月 5 日。

③ 《俄罗斯孔子学院“中国文化体验中心”举行揭牌仪式》，2015 年 11 月 20 日，http://www.hanban.edu.cn/article/2015-11/20/content_624552.htm。

④ 参见孔子学院总部：《世翰大学孔子学院》，《第十届孔子学院大会交流材料（亚洲）》，2015 年，第 266 页。

动2441场，累计观众251万人。[①] 从成效上看，该项目一方面提升了孔子学院在当地的知名度和影响力，特别对于一些刚刚投入运营的孔子学院而言，文艺展演等具有文化性、艺术性和欣赏性的传播形式，易于激发当地受众对中国文化艺术的兴趣和情感共鸣，助力孔子学院在当地的运营与发展。另一方面，该项目也进一步提升了孔子学院文化传播的层次，增进孔子学院与社会各界的交流与联系。作为一项大型文化交流活动，“三巡”项目往往能够吸引当地的政府官员和社会知名人士参与，让中国文化“走出去”和“走进去”的同时，进一步“走上去”，扩大其对当地社会各阶层的影响。2011年扬州大学师生艺术团赴美国中东部5所孔子学院进行“三巡”展演，吸引了包括乔治亚州幼教厅副厅长、乔治亚州公共广播网副总裁、亚特兰大公立学校系统主管、洛克希德飞机制造公司副总裁等知名人士到场。[②]

③持续举办“汉语桥”系列活动。“汉语桥”是孔子学院总部/国家汉办运营时间最长的品牌项目，主要包括中文比赛和来华项目两部分。中文赛事目前主要包含“‘汉语桥’世界大学生中文竞赛”“‘汉语桥’世界中学生中文竞赛”和“全球外国人汉语大会”三个子项目，其中“‘汉语桥’世界大学生中文竞赛”自2002年以来已连续举办15届，成为影响力最大的国际中文赛事之一。从运作方式来看，“汉语桥”中文比赛首先依托海外各孔子学院和驻外使领馆选拔选手来华，决赛阶段主要由国内知名电视台和相关机构承办，借助电视的丰富表现形式，将比赛呈现为融竞技性、文化性、表演性、互动性为一体的综合类文化节目，并借助大众传媒丰富、专业的传播渠道在国内外播出，以扩大影响。“‘汉语桥’世界大学生中文比赛”自2008年由湖南卫视承办以来，一直保持较高的收视率，2014年第十三届比赛以收视率0.6、份额4.12位列同时段全国第一。[③] 2016年第二届“汉语桥”全球外国人汉语大会由中央电视台中文国际频道（CCTV-4）承办，首播收视率超过同时段平均收视成绩。“汉语桥”中文比赛以竞赛形式激发海外汉语学习者特别是青少年的学习热情，以电视为渠道辐射国内外广大受众，使其能够对汉语和中国文化的海外传播情况有所认知，展示汉语和中国文化海外传播的成果，有力提升了孔子学院在海内外公众中的知名度和媒介形象。在访华项目方面，注重邀请对象的层次性、强调访华过程的体验性是其主要特征。2014年，孔子学院总部邀请各

① 据2010—2015年《孔子学院年度报告》相关数据整理。

② 参见方光耀：《中国文化艺术的魅力——扬州大学师生艺术团赴美国孔子学院“三巡”演出侧记与思考》，《扬州大学学报》（人文社会科学版）2013年第3期。

③ 参见《〈汉语桥〉收视创新高》，2014年8月8日，http：//news. sina. com. cn/c/2014-08-08/071030651188. shtml。

国教育官员、大中小学校长和师生共计 3 万人来华[①]，涉及海外各层次相关人士。在访问形式上，包含专家讲座、实地考察、与中国师生座谈交流等多种形式，有效利用中国的社会文化环境，使访问者在真实的体验和感受中把握中国。海外孔子学院也将来华访问作为吸引生源的优势项目，泰国朱拉隆功大学孔子学院开办的泰国王宫官员赴华中国语言文化研修班、泰国国家移民局警官赴华中国汉语培训班及泰国大学生中国文化夏/秋令营多年来运行状况良好，成为朱大孔子学院培训项目一大亮点。[②]

④组织全球联动的“孔子学院日”活动。为庆祝孔子学院建立十周年，自 2014 年起，孔子学院总部将每年 9 月 27 日设立为“孔子学院日”，当天全球孔子学院将同时举办形式多样的庆祝活动，形成全球联动的中国文化大规模传播。不同于以往大型活动由孔子学院总部策划、组织和实施的一体化方式，该活动在孔子学院总部统一组织和协调基础上，由海外各孔子学院根据自身情况自主策划和实施。由于在传播内容和方式上较为自由，海外各孔子学院能够根据所在地独特社会文化环境有针对性地进行中华文化推介与传播，既突出了大型文化活动的规模性和层次性，也兼顾了对多元文化环境的适应性与灵活性。在首个“孔子学院日”中，126 个国家的 1200 多所孔子学院和课堂举办了 3900 多场活动，包含文艺演出、汉语教学示范课、艺术展览、文化体验、学术讲座以及各类比赛等形式，吸引超过 1000 万人参与。[③] 鉴于“孔子学院日”活动取得的良好传播效果，孔子学院总部有意将其打造为一个新的文化品牌，2015 年第十届孔子学院大会以“创新‘孔子学院日’文化品牌”为院长论坛议题，就如何进一步促进中外交流和扩大媒体影响进行讨论互动。[④]

（2）海外各孔子学院因地制宜开展的文化传播

相较于孔子学院总部统筹下的整体布局和稳定运作，海外各孔子学院因地制宜所开展的文化传播在内容与形式上更加灵活、多元且具有针对性。首先，孔子学院本身以一种实体存在的形式，创设了有别于当地文化特色的中国文化空间，作为文化上的“他者”反映了多元共存的当代文化环境。其次，以正视文化差异，现实文化个性，探寻文化共性为主要思路，各海外科学院组织形式多样的文化传播活动，积极与当地文化展开多种形式的交流与互动。其主要采用的传播方式包括：

---

① 参见孔子学院总部：《孔子学院年度发展报告 2014》，2014 年，第 34 页。

② 参见孔子学院总部/国家汉办：《中方院校交流材料 · 北京大学》，《2014 亚洲孔子学院优秀案例集》，2014 年。

③ 参见孔子学院总部：《孔子学院年度发展报告 2014》，2014 年，第 34 页。

④ 参见孔子学院总部：《创新孔子学院日文化品牌》，《孔子学院》2016 年第 1 期。

①传授中国文化知识与传统技艺。开设常规文化课程，举办不定期的文化展示活动，教授中国文化知识与技能是孔子学院传播中国文化的常规做法。在文化课程上，目前主要包含通识型、应用型和专业型三类课程。通识型课程以普及中国文化基本知识、帮助学习者建构对中国文化的基本认知框架为目标，具有开设范围广、受众面宽、综合性强的特征。如：加拿大卡尔顿大学孔子学院面向卡尔顿大学高年级本科生、博士生和社会人士，以大学学分课形式开设《中国文化与社会》，系统介绍中国传统主流文化以及当代中国的热门话题。[①] 应用型课程侧重于书法、武术、剪纸等中国传统文化技艺的介绍与简单教授，旨在激发学习者对中国文化的兴趣，提高对汉语和中国文化的学习热情。如：加拿大布鲁克林大学孔子学院针对当地高中开设《中华面塑艺术》《中华剪纸艺术》《太极》《中华美食》等四门文化课程，课程设计精当、内容丰富、形式新颖，获得师生的一致好评。[②] 专业型课程主要依托特色孔子学院开设。目前，包括中医、武术、商务、音乐、舞蹈和体育特色孔子学院在全球相继建立，利用合办机构的专业优势和相关资源，孔子学院能够提供高水平、专业化的文化课程。如：挪威卑尔根孔子学院作为“武术特色”孔院，面向大中小学生和社会公众开设套路、散打、太极拳、健身气功等武术班，2015 年开设25 个教学班，提供 1094 课时的武术课程，学生人数 659 人。[③] 在不定期的文化展示上，该类活动多配合孔子学院举办的系列文化活动，通过简明的文化知识介绍和强调体验性的技能传授，吸引当地民众对中华文化的关注。如：英国利兹大学商务孔子学院为迎接习近平访英和庆祝中英文化交流年首度举行，在2015 年 9—10 月间举行系列“文化月”活动，包括中国书画展览、中国茶艺课堂、中国书法文化课堂、中文戏剧展演等内容。[④]

②组织传统节庆活动，进行集成性文化展示。传统节日通常被认为是汇聚一个民族文化精华，体现文化传承和发展的重要表现形式。对于中国文化而言，学者们也普遍认同中国传统节日具有承载文化底蕴、展示民间智慧、促进

---

① 参见《加拿大卡尔顿大学孔子学院融入大学和社区受欢迎》，2013 年 2 月 8 日，http://www.chinanews.com/hwjy/2013/02-08/4559692.shtml。

② 参见孔子学院总部：《布鲁克林大学孔子学院》，《第十届孔子学院大会交流材料（美洲）》，2015 年，第 253 页。

③ 参见孔子学院总部：《卑尔根孔子学院》，《第十届孔子学院大会交流材料（欧洲）》，2015 年，第 705 页。

④ 参见孔子学院总部：《利兹大学商务孔子学院》，《第十届孔子学院大会交流材料（欧洲）》，2015 年，第 1153 页。

人际沟通、增强文化认同的载体作用。[①] 基于传统节日与中国文化的紧密联系，利用春节、端午节和中秋节等主要节日开展节庆活动，进行集成性文化展示，作为凸显中国文化特色、维系与海外华人的情感联系、丰富当地社会文化生活的方式，被海外孔子学院广泛采用，并逐渐成为当地每年惯例式和标志性的文化景观。如：法国布列塔尼孔子学院每年春节都在市政府广场举办“中国美食街”等中国文化周系列活动，通过食品品尝、舞龙舞狮表演、传统手工艺品展卖以及后续中国烹饪文化讲座、中法现代音乐会、作家见面会、中国电影放映等活动，集中展示中国传统与当代文化，成为当地民众每年期待的文化活动之一。[②]

③提供跨文化技能培训与指导。文化全球化的表征之一是跨文化交际的普及与常态化，掌握一定的跨文化交际技能，具备相应的跨文化沟通能力也成为现代人所应具备的基本素质之一。孔子学院的语言与文化传播具有鲜明的跨文化传播特征，作为连接中国文化与当地文化的纽带与桥梁，通过挖掘、展现和阐释不同文化背景下人们在生活习惯、社会风俗、思维方式和价值理念上的共性与差异，为双方顺畅沟通提供建议与指导，成为海外各孔子学院因地制宜开展文化传播的途径之一。如：爱尔兰科克大学孔子学院与爱尔兰中资企业合作，对企业中国员工进行爱尔兰文化历史课培训，对本地员工进行中国文化培训。[③] 斯洛文尼亚卢布尔雅那大学孔子学院设置特色精品课程“如何与中国做生意”，向学生系统介绍中国的经济以及商务环境、中国文化的关键元素和特点、中国人的商务礼仪、中国人的谈判方式、中国市场营销的特点以及中国消费者的特点等。讲座课结束后，学生需实地考察中国在斯企业，合作完成一项实践模拟，并作公开报告。[④]

④对中外重大事件进行主题式传播。在全球化背景下，世界主要国家在政治、经济和文化领域的重大事件，均会在特定区域或全球范围内引起共振式的影响。由于人们所处社会文化环境的差异，对同一事件有时会持不同的看法和判断，其中既存在着产生误解甚至冲突的可能，也蕴含着实现沟通和达成共识

---

① 参见王安中、刘雪、龙明霞：《中国传统节日文化媒介呈现的实证分析——以〈中国青年报〉为例》，《新闻与传播研究》2008 年第 2 期。

② 参见《中华美食迎千客，龙腾狮跃闹新春——布列塔尼孔子学院猴年迎春活动之中国美食街》，山东大学孔子学院工作办公室，2016 年 2 月 8 日，http：//www. cie. sdu. edu. cn/getNews Detail3. site? newsId = 86c8e5f4-8ecf-4fcc-a014-1d3f5024e872。

③ 参见孔子学院总部：《科克大学孔子学院》，《第十届孔子学院大会交流材料（欧洲）》，2015 年，第 18 页。

④ 参见孔子学院总部：《卢布尔雅那大学孔子学院》，《第十届孔子学院大会交流材料（欧洲）》，2015 年，第 824 页。

的契机，因而积极利用中外重大事件，围绕一定主题进行有针对性的传递文化信息，阐释相关政策，也是各海外孔子学院进行文化传播的方式之一。如：2015年3月28日，中国国家发展改革委、外交部、商务部联合发布了《推动共建丝绸之路经济带和21世纪海上丝绸之路的愿景与行动》。以此为主题，各孔子学院根据自身资源举办了形式多样的文化活动，推动沿线国家的人文交流。韩国又石大学孔子学院成立“丝绸之路映像研究院”，拍摄《韩国里的中国》和《中国里的韩国》影像资料，寻找中韩交流的历史文化遗迹。① 保加利亚索非亚孔子学院举行《丝绸之路》国际学术研讨会，来自中国、俄罗斯、德国、匈牙利、乌克兰等11个国家的60多位知名专家参与研讨。②

2.1.1.3　教育文化交流功能

教育文化交流功能是汉语教学功能的自然延伸，也可视为文化传播功能在教育领域的集中，它由孔子学院国际语言推广机构的性质决定，并因孔子学院中外合作的办学模式得到进一步加强。同歌德学院、法语联盟和塞万提斯学院等其他国际语言推广机构一样，孔子学院在提供各类型汉语课程的基础上，还具有输送教师和教材等汉语教学资源，提供中国教育文化信息咨询等职能，因而与所在国家或地区进行包括人员、物质资源和信息等多种形式的交流也成为孔子学院维持日常运营、履行相应职能的保证。不过，不同于其他国际语言推广机构大多采用的在海外直接设立分支机构的直营模式，孔子学院采取直接合办的方式，以中外双方共建、共管、共享为特征，使中外教育文化交流本身即蕴含于孔子学院的建设和运营中，并成为一种常态化存在。在教育文化交流的规模上，以人才交流为例，2006年孔子学院总部向80个国家派出教师1004人。2014年该数字上升至139个国家1.55万人。2015年在岗中外专兼职教师4.4万人，培训外国本土汉语教师43322人次。③

相较于汉语教学和文化传播功能，孔子学院教育文化交流功能突出体现了人际交流双向性与互动性强的特征，以人才交流、学术交流、教育理念交流和教育资源交流等多种形式，不断丰富传播内容，扩展合作领域，对开创教育文化交流的新机制做持续努力。总体而言，孔子学院教育文化交流的主要路径包括：

---

① 参见孔子学院总部：《又石大学孔子学院》，《第十届孔子学院大会交流材料（亚洲）》，2015年，第313页。

② 参见孔子学院总部：《索非亚孔子学院》，《第十届孔子学院大会交流材料（欧洲）》，2015年，第74页。

③ 参见孔子学院总部：《孔子学院年度发展报告2015》，第5页。

①协调汉语师资派遣和教学资源共享，推进汉语教育教学合作。在全球汉语热背景下，汉语学习者数量的持续增长催生了对汉语师资和相关汉语教学资源的巨大需求。提高汉语教学质量，帮助学习者了解当代中国，是各国汉语教育急需解决的问题。孔子学院在师资、教材、教学方法等方面具有一定优势，具备协助当地学校和其他机构开展专业化、高水平汉语教学的能力。通过协调汉语师资和相关资源配置，实现区域内的汉语教学资源共享，是孔子学院参与国际教育文化交流最直接的形式之一。美国马里兰大学孔子学院与所在大学中文系开展合作，教授学分课程，同时与该州 20 余所私立学校保持联系，共同促进汉语项目的开拓与发展。[①] 目前该孔子学院下属孔子课堂和直接汉语教学点已经达到 16 个，每个学校都有完整的教师队伍，开办各类汉语教学班 100 多班次，拥有各类注册学员约 2570 人[②]，成为“当地教育国际化的重要标志”[③]。

②推动中外合作办学，联合培养汉语国际教育、汉学研究等各领域专业人才。以中外高校为代表的孔子学院合办机构，在资质对等的基础上往往具有实现教育资源优势互补的潜在价值，依托孔子学院的窗口和平台作用，将合作双方的优势资源汇聚于人才培养领域，是孔子学院教育文化交流的又一重要形式。在实践路径上，可主要分为依托孔子学院总部项目和校际合作两类。“孔子学院奖学金”和“孔子新汉学计划”是以孔子学院总部为主体实施的较有代表性的项目。“孔子学院奖学金”设立于 2009 年，以奖学金形式资助外国学生、学者和汉语教师到中国有关大学学习，旨在培养合格的汉语教师和汉语人才。截至 2015 年底，共资助来自 168 个国家近 3 万人来华学习。“孔子新汉学计划”设立于 2013 年，是孔子学院总部的重点项目之一，主要面向人文学科和社会科学，包含中外合作培养博士，来华攻读博士学位等六个子项目，“旨在帮助世界各国优秀青年深入了解中国和中华文化，繁荣汉学研究，促进孔子学院可持续发展，增进中国与各国人民之间的友好关系”。以上两个项目均致力于吸引外国学生来华留学深造，对扩充国内高校留学生数量和提升学校国际化水平起到促进作用。在推进校际合作方面，海外孔子学院利用熟悉所在地区社会文化环境和教育政策的优势，发挥搭桥引线的功用，促进双方高校或相关机构在增进了解、合理利用政策资源的基础上，达成人才培养协议。如：

---

① 参见孔子学院总部：《马里兰大学孔子学院》，《第七届孔子学院大会交流材料（美洲）》，2012 年，第 761 页。

② 参见孔子学院总部：《马里兰大学孔子学院》，《第十届孔子学院大会交流材料（美洲）》，2015 年，第 756 页。

③ 田延辉：《孔子学院：从文化之窗到心灵之桥》，《光明日报》2014 年 9 月 28 日。

2006 年厦门大学第一所海外孔子学院——泰国皇太后大学孔子学院正式成立。厦门大学师生有机会通过皇太后大学向泰国政府申请 GMS（大湄公河次经区域）奖学金，赴泰国进行交流学习以及从事科研活动。[①] 早稻田大学孔子学院面向早稻田大学本科生和研究生，以“学习汉语·了解中国”为主题，组织早大学生前往北京大学学习中文和内地考察。该项目被早稻田大学留学中心认定为正规课程。[②]

③举办双边或多边教育国际会议、研讨会和展览会。各种主题、形式的会议和会展在促进教育文化交流方面，具有双向互动、实时反馈、增进情感联系的优势。依托全球孔子学院网络，举办主题多样的国际会议或学术研讨，能够促进孔子学院和各协办、合作机构之间的经验交流、资源共享和国际合作。如：北京语言大学利用 16 所合作孔子学院的平台优势，举办三届“世界大学孔子学院论坛”，就孔院运营、汉语教育、服务社区、教材本土化建设等方面的经验与问题展开讨论，以促进孔子学院区域合作及其自身发展。该校通过孔子学院，与韩国启明大学联合举办的学术项目“中韩学术研讨会”已成功举办了五届，主题涉及中韩语言文化交流、外交与经济等，为中韩学者提供了一个高效沟通的机会。[③]

④推介校际合作项目，促进校际交流。除上文提到的形式外，以孔子学院为纽带和桥梁，双向或多向推荐、配合与沟通，能够推动中外高校多样化交流合作活动的开展，进一步提升合办机构的国际化水平，形成合办机构间共赢共享的良性互动。具体形式包括：在双方校园互办大（中）学日、国家日（周）活动；学校领导或相关负责人互访；交换留学或组织多种形式的师生校际交流；进行学术交流、巡回讲座或科研合作；共建研究中心，合作撰写报告，共同出版著作或其他出版物；互相进行重点学科及项目推介等。2016 年 5 月，由上海外国语大学和乌兹别克斯坦撒马尔罕国立外国语学院共建的撒马尔罕国立外国语学院孔子学院举行校际合作项目推进会。双方自 2014 年孔子学院揭牌以来，轮流举办学术研讨会，合作编写乌兹别克语教材，合作出版中国著作译本等等，开展了多种形式的校际合作。[④]

---

① 参见毛通文：《以孔子学院为平台的国际化之路——厦门大学国际化的新探索》，2014 年 10 月 23 日，http：//www. xmuci. com/training/201409/gy/2203. html。

② 参见孔子学院总部：《北京大学》，《2014 年亚洲孔子学院优秀案例集（中方院校交流材料）》，2014 年。

③ 参见孔子学院总部：《北京语言大学》，《2014 年亚洲孔子学院优秀案例集（中方院校交流材料）》，2014 年。

④ 参见《撒马尔罕孔子学院举行校际合作项目推进会》，2016 年 6 月 6 日，http：//www. hanban. edu. cn/article/2016-06/06/content_646304. htm

2.1.2 孔子学院的目标与功能拓展

《孔子学院章程》总则第一条即提出："孔子学院致力于适应世界各国（地区）人民对汉语学习的需要，增进世界各国（地区）人民对中国语言文化的了解，加强中国与世界各国教育文化交流合作，发展中国与外国的友好关系，促进世界多元文化发展，构建和谐世界。"换言之，以语言和文化为桥梁，加强中外交流合作，增进友好关系，推动多元文化交融是孔子学院的设立初衷与目标指向。这需要孔子学院在不断完善汉语教学、文化传播和教育文化交流功能的基础上，吸引多元主体参与孔子学院建设，进一步拓展和延伸孔子学院在经济、政治、教育和文化等多个领域的渠道和资源整合能力。

将孔子学院定位于综合性文化交流平台，并以此为方向进行功能拓展，是孔子学院实现以上目标的具体举措。2011 年，时任教育部长袁贵仁在孔子学院全国工作会上强调："（应）充分发挥孔子学院综合文化交流平台的重要作用。"2013 年发布的《孔子学院发展规划（2012—2020）》中指出，该规划的制定旨在"进一步加强孔子学院建设，促进中外教育交流与合作，充分发挥孔子学院综合文化交流平台作用，推动中华文化走向世界"。在实践层面，随着孔子学院功能的拓展，其综合性文化交流平台的定位得到包括国家高层在内的广泛认同。2015 年 10 月，习近平在出席全英孔子学院和孔子课堂年会开幕式时谈道："孔子学院是世界认识中国的一个重要平台。作为中外语言文化交流的窗口和桥梁，孔子学院和孔子课堂为世界各国民众学习汉语和了解中华文化发挥了积极作用，也为推进中国同世界各国人文交流、促进多元多彩的世界文明发展作出了重要贡献。"① 2015 年，刘延东在第十届孔子学院大会上谈道："孔子学院始终坚持开门办学、开放发展，为促进中外人文交流、世界多样文明共同繁荣搭建了广阔平台。"

2.1.2.1 孔子学院的平台属性分析

从广义上理解，平台是一个通用环境，打破以往不同主体间的区隔，连接多元而离散的主体，实现多元主体的互通、互动和互融。根据应用领域的不同，平台具有技术、协议、载体、空间等多种形式。微博、微信等社会化媒体是一种平台，它打破了信息传播者和接收者的界限，创设了所有用户均可参与信息生产与传输的网络空间；WTO 协定是一种平台，通过打破关税壁垒，它促使全球开放市场的形成；哈贝马斯所提出的"公共领域"概念也可视为一

---

① 符绍强：《不断提高孔子学院发展水平》，《人民日报》2015 年 11 月 26 日。

种平台，它创设了个体公民讨论公共事务、交流信息和观点的空间。对孔子学院而言，通过利用自身网络和外部社会资源，能够为政府、高校、企业、社会组织和个人等不同主体间搭建网络式交互渠道，形成一个具有联结性和中介性的中间环境，具有平台属性与功能。

从传播的视角看，孔子学院“综合性交流平台”的定位，是其语言文化传播实践不断深化、功能持续拓展的结果。孔子学院最初以非营利性汉语教育机构的身份进入公众视野和世界舞台，通过与国外大学等相关机构合作，建立海外实体机构，提供教师和教材等教育资源，结合当地实际情况开展汉语教学，进行文化传播和教育文化交流。随着孔子学院在教育、经贸、文化等诸多领域持续发挥影响，孔子学院所关涉的主体日趋多元，从功能相对单一的信息与资源传输渠道，扩展为多领域交叉的综合平台，成为“中国在海外推动汉语教学和文化传播的主要载体”“中外文化交流的桥梁”和“世界了解中国的重要平台”，传播的双向性与互动性特征也更加鲜明。

2.1.2.2　孔子学院作为平台的具体表现

孔子学院“综合性文化交流平台”的定位，目的是在宽泛离散的海外文化需求与集中多元的文化供给之间，搭建一个兼容开放的中间环境。对此，孔子学院总部总干事、国家汉办主任许琳将其形象表述为：“孔子学院就像是一条项链，把散落在各地的资源联系起来，众多珠子汇聚而成的项链，要比其中单独一颗珠子更有价值。”① 其具体表现在：

（1）参与主体：从点对点的连接到网络式交互

海外各孔子学院、中外合办机构、孔子学院总部和其他参与孔子学院建设的机构或组织是孔子学院的参与主体。中外合作设置、共同管理运营是孔子学院独具特色的办学模式，相对于直接在海外设立分支的语言推广机构，孔子学院的参与主体更加广泛和多元。在孔子学院设立初期，外国大学，中方合作院校和孔子学院总部是孔子学院建设的主要参与者。根据《孔子学院章程》的规定，外方机构应首先提出设立申请，具备“从事教学和教育文化交流并提供公共服务的资源”“用于孔子学院的教学场所、设施和设备”以及“必备的办学资金和稳定的经费来源”等条件。外国大学因拥有较为富集的教育资源，相对灵活的机构设置权限和稳定的资金来源，成为申请孔子学院设立的主要力

① 田延辉：《孔子学院：从文化之窗到心灵之桥》，《光明日报》2014 年 9 月 28 日。

量。另一方面，在国家汉办①和孔子学院设立之前，汉语国际传播主要由国内大学的对外汉语教学承担，相关院校在汉语师资、教材和教学方面积累了较为丰富的资源和管理经验，成为与外国大学相匹配、可对接的办学力量。孔子学院总部是全球孔子学院的最高管理机构，主要行使审批、管理、评估和资源调配职能。

以孔子学院建设为契机，中外大学以点对点、面对面的方式直接联系，形成了长期稳定的合作途径，也构建了一条资源、关系和情感的新“通路”：师资、教材等各种形式的教学和文化资源得以合理流动和配置；中外大学形成相对稳固的联盟关系，获得了一种语言教育与文化传播的“集体身份”②；直接合作的接近性和人际间的友好关系，为维系良性互动提供情感保障。阿克曼认为，“中外合作，共建共管”的办学模式是孔子学院迅速发展的关键，同时也创造了一个“有意义的交流模式”③。

近年来，海外孔子学院通过数量上的持续增长和结构上的不断调整，在全球范围内形成了一个多层次的互动网络。在规模与数量上，海外孔子学院不断设立，构建了全球范围内的孔子学院网络。到 2020 年，孔子学院将在近 500 个世界大型城市设点，届时将基本实现全球布局。在部分国家和地区，孔子学院地区中心相继建立。其职能主要包括改善总部服务学院的方式，公开透明向当地民众介绍孔子学院，促进该地区各孔子学院和课堂之间资源共享和信息交流，并与该地区其他力量共同提升汉语教学质量和汉语推广水平。④ 这些地区中心成为全球孔子学院网络的重要节点，所发挥的沟通和连接作用进一步加快了孔子学院网络的多层次、立体化发展。基于此，孔子学院总体上形成了多元参与的多层级网络式架构。在横向联系上，以海外孔子学院为节点，形成以中外合作方为主体的参与网络。在海外联系当地政府、大中小学、本土汉语教学

---

① 为帮助世界人民更好地学习汉语，了解中国文化，2006 年中国国务院成立国家汉语领导小组，并下设办公室（简称“国家汉办”），专门负责向外国提供汉语师资、教材、考试及质量评估等一系列服务。该机构前身为国家对外汉语领导小组，成立于 1987 年。由国务院各部委组成，负责统筹、协调、领导对外汉语教学工作。其成员包括教育部、财政部、国务院侨务办公室、外交部、国家发展与改革委员会、商务部、文化部、国家广播电影电视总局、新闻出版总署、国务院新闻办公室、国家语言文字工作委员会。2020 年 6 月 18 日，孔子学院总部更名为教育部中外语言交流合作中心，不再对外使用“国家汉办”名称。

② 赵跃：《孔子学院教育功能研究》，山东大学博士学位论文，2014 年，第 46 页。

③ 王其冰、李弘：《专访：孔子学院潜力巨大——对话德国汉学家阿克曼》，2013 年 6 月 13 日，http：//news. xinhuanet. com/world/2013-06/13/c_116133839. htm。

④ 参见德永健、张蔚然：《孔子学院首个海外地区中心在美成立》，2013 年 11 月 21 日，http：//www. chinanews. com/cul/2013/11-21/5530451. shtml。

机构、企业和社会知名人士等组织和个人，在国内包含政府相关部门、各类学校和教育机构、企业、基金会、文化团体等社会力量。在纵向组织管理上，孔子学院总部以配置资源和提供服务为主要方式，建立了总部与海外孔子学院以及各孔子学院间的信息与资源交互网络。

在孔子学院数量增长和结构调整过程中，孔子学院中外合作办学模式得到进一步推行，参与主体数量也随之扩容。在主体构成上，中外大学仍在孔子学院建设中发挥着主体作用，但随着民间力量以多种形式介入，孔子学院的参与主体身份更加多样。2015 年 2 月，安哥拉内图大学孔子学院奠基仪式举行，该孔子学院由中信建设出资捐建，是第一家当地中资企业参与建设的孔子学院。在第十届全球孔子学院大会的主旨发言中，孔子学院总部理事会主席刘延东提出，孔子学院发展应以“共建”为关键词，共建就是“多方参与，形成合力”“要进一步密切中外合作，充分发挥合作高校的主体作用，鼓励中外企业和社会组织通过捐资捐物等各种方式参与孔子学院建设，探索成立孔子学院基金或基金会，努力拓宽办学资金来源渠道”。[①] 另外，2006 年 7 月启动的汉语国际推广基地建设，目前主要依托国内大学展开，同时集成了包括政府、其他教学机构、企业等各类资源，通过集中调用各领域的优秀人才、先进技术，实现资源整合，对汉语国际推广的经验、模式和资源进行研发、改革和创新，成为支持孔子学院发展的又一支撑。

（2）承载资源：从教育资源输出到社会资源孵化

2016 年 5 月，俄罗斯总统普京要求在俄境外推广俄罗斯语言和文学时，提出应学习国际先进经验、传统，向中国孔子学院、西班牙塞万提斯学院、德国歌德学院等学习[②]，将孔子学院视为语言国际推广领域的领军品牌。品牌化发展进一步提升了孔子学院的内涵、信誉和形象，并增强了整合、孵化语言文化资源的能力。在具体运作层面，主要包括依托海外孔子学院汇集本土教育资源和依托精品项目扩大可动员资源范围两种方式：

①依托海外孔子学院，汇集本土教育资源。为加强语言文化传播的针对性与适应性，孔子学院以“本土化”为总体思路，依托海外孔子学院汇集教育资源，以解决长期困扰其发展的“三教”问题。在师资“本土化”发展层面，孔子学院转变主要由国内选拔、培训和派出教师的思路，发挥了海外孔子学院的地缘性优势，依托其在当地开展孔子学院汉语教师的招募、培训和聘任工

① 刘延东：《适应需求　融合发展　为促进世界文明多元多彩贡献力量——在第十届孔子学院大会开幕式上的主旨演讲》，《孔子学院》2016 年第 1 期。

② 《普京：推广俄语要学习孔子学院》，孔子学院总部官方微信，2016 年 5 月 27 日。

作，有效解决了外派师资数量不足、语言不通、教学不适应的问题。2007 年，孔子学院总部开始推动教师的本土化培养，与美国、英国、德国、加拿大、蒙古、越南、印尼等国合作，通过设立汉语师范专业或专门培训项目培养本土教师。2009 年，设立“外国汉语教师奖学金项目”，招收外国学生来华攻读汉语国际教育专业硕士学位或进修汉语课程。2015 年，通过“请进来”“走出去”等多种形式，培训外国本土汉语教师 43322 人次①，扩充了中国语言文化传播主体的储备。

在教材与教法“本土化”层面，孔子学院延揽当地汉语教育人才及相关专家、学者参与教材编写和师资培训，在积极融入当地的同时也进一步整合该地区汉语教育资源。《孔子学院发展规划（2012—2020）》提出“支持各国孔子学院编写本土教材”，孔子学院总部以项目形式对本土汉语教材资源开发实施开放申请，2014 年收集 75 个国家 225 所孔子学院（课堂）开放的 664 套、884 册本土教材。② 同年正式上线的《国际汉语教材编写指南》以更加开放的方式，面向全球征集汉语教材和相关教学资源。2015 年，该系统累计注册用户 7 万人，取得各类教材编写成果 4 万份。各海外孔子学院利用本土教育资源，组织开展多样化的本土师资培养和培训，如：法国阿尔多瓦孔子学院 2009 年成立汉语教师教学法培训中心，面向欧洲孔院和非洲法语国家的汉语教师开展教师培训，截至 2015 年已连续举办 8 届欧洲孔子学院汉语教师培训，培训嘉宾包括法国国民教育部汉语总督学白乐桑、巴黎学区汉语教学督学尹文英、法国西部汉语教学督学夏理威等法国教育官员和知名专家。③

②依托精品项目和品牌活动，扩大可动员资源范围。自孔子学院设立以来，不断涌现出形式多样的精品项目和品牌活动。“汉语桥”国际学生夏令营、冬令营，“汉语桥”世界大学生、中学生中文比赛，“三巡”（文艺巡演、文化巡展、专家巡讲）活动，“孔子学院日”以及各海外孔子学院定期举办的较大规模的文化活动等，通过系统管理和规范运作，受到国内外民众的欢迎。这些精品项目进一步增强了孔子学院的吸引力和影响力，提升了孔子学院的信誉和形象，也使更大范围内的潜在资源得以汇聚、转化和利用。其资源动员的基本方式包括：

一是获取物质资源的投资捐助。与孔子学院建设相关的物质资源包括经费、教学空间、基础设施和人员等多种形式。物质资源是孔子学院建设和发展

① 参见国家汉办/孔子学院总部：《国家汉办年度报告 2015》，2015 年，第 19 页。

② 参见国家汉办/孔子学院总部：《国家汉办年度报告 2014》，2014 年，第 27 页。

③ 参见国家汉办/孔子学院总部：《阿尔多瓦孔子学院》，《第十届孔子学院大会交流材料（欧洲）》，2015 年，第 458 页。

的基础型因素，也是孔子学院在海外持续运营的基本物质保障。除了妥善利用孔子学院总部和承办机构所提供的启动资金等资源外，海外各孔子学院通过项目运营和举办文化活动，获取来自合办机构、当地企业、社会组织和民众的投资、赞助或捐赠。如：美国西肯塔基大学孔子学院是全球规模最大的综合性孔子学院之一。该院通过创立中国文化移动展示车和中华厨艺展示车，以移动的方式在全肯塔基州内推广中国文化，使其赢得良好声誉。2013 年以来，该院先后收到肯塔基州鲍灵格林市市民、美国陶氏化学公司、ICSET 实验室、中国黑龙双锅集团共 110 万美元资助。[①] 保加利亚索非亚孔子学院是欧洲第一所示范孔子学院，该孔子学院将文化活动与学术研究相结合，通过连续举办"丝绸之路国际研讨会"等高规格学术活动，受到所在大学的高度重视。2015 年，索非亚大学向孔子学院提供的 2296 平方米新场地正式启用。[②]

二是吸引媒体资源的关注报道。媒体资源主要包括孔子学院可资利用的报纸、杂志、广播、电视和门户网站等大众媒体资源。这些媒体在长期发展中形成了在社会和受众中的信誉度、权威性和影响力，是进一步提升孔子学院品牌影响力和知名度的有力杠杆，也是建构和经营孔子学院形象的重要资源。如：圣基里尔·麦托迪大学孔子学院在 2014 年春节和元宵节期间，与马其顿国家电视台（MPT）、阿尔法（Alfa）电视台和马其顿 Sitel 电视台等媒体合作，制作有关中国文化的访谈节目，介绍孔子学院和中国节日民俗。访谈节目陆续在当地电视台新闻频道和文化栏目节目中播出，扩大了孔子学院的文化传播效应。[③] 泰国素攀孔子学院邀请新华社、人民日报、光明日报、中国国际广播电台、中新社等中国媒体参加"在泰汉语教学中国媒体报道行"活动，考察素攀孔子学院合作学校的汉语教学情况，包括教学设施、师资配备、课时安排、学生学习情况等，为媒体提供报道资源，提高孔子学院的知名度。[④]

（3）社会网络：从合作关系维系到情感资源积累

情感社会学认为，情感并非一种纯粹的生理心理现象，还能够作为一种资源通过交换与运作实现地位获得。孔子学院在海外的建立与可持续发展，需要维系与当地政府、社区和民众的情感纽带，从中获取信任与支持，在社会互动

---

① 参见国家汉办/孔子学院总部：《西肯塔基大学孔子学院》，《第十届孔子学院大会交流材料（示范孔子学院）》，2015 年，第 32 页。

② 参见国家汉办/孔子学院总部：《索非亚孔子学院》，《第十届孔子学院大会交流材料（示范孔子学院）》，2015 年，第 4 页。

③ 参见圣基里尔·麦托迪大学孔子学院：《孔子学院与马其顿国家媒体合作宣传孔子学院和中国文化》，2014 年 2 月 18 日，http：//www. hanban. edu. cn/article/2014-02/18/content_524898. htm。

④ 参见川登喜皇家大学素攀孔子学院：《素攀孔子学院举办"在泰汉语教学中国媒体报道行"》，2014 年 11 月 15 日，http：//www. hanban. edu. cn/article/2014-11/15/content_561603. htm。

中占据优势的地位。相对于物质资源的汇聚与整合，情感资源需要通过人际间、组织间长期互动，形成稳定的关系连接，具有生成性与累积性的特征。目前，以孔子学院为核心建立起来的国际教育和文化关系网络共同构成孔子学院的社会网络。① 我们认为，以此为依托，可通过加强孔子学院的公信力、亲和力和整合力的方式，促进情感资源的生成与积累。

①冷静处理突发事件，客观评价自身发展，增强公信力。在增强公信力方面，以冷静、理性和客观的态度处理突发事件，评价自身发展，积极建构与当地社会和民众的信任关系。公信力是评价一个组织机构形象的重要指标，也是建构信任关系的重要影响因素。刘延东认为，“随着孔子学院的快速发展，社会各界的关注度、认可度越来越高，同时也出现了一些不同声音甚至偏见。从某种意义上说，这也是‘成长的烦恼’。”② 对此，孔子学院通过及时处置突发事件，推进信息公开，引入第三方评估和审计等方式，积极构建信任关系。2012 年 5 月美国孔子学院“签证风波”，2015 年 1 月个别学校停办或退出孔子学院事件，以及 2016 年 5 月“美国关停 60 多所孔子学院”的传闻，孔子学院总部均在第一时间通过媒体进行说明，针对公众疑虑予以解答和澄清，有效回应公众认知期待。自 2006 年开始，孔子学院总部通过官方网站发布历年《孔子学院年度发展报告》，对每年孔子学院经费支出情况予以公示。2015 年，运行 3 年以上的孔子学院所在大学开展全面事业和财务审计，280 多所孔子学院以校长名义提交了专项审计报告。孔子学院运行情况的公开发布，起到了增信释疑，消除偏见的作用，取得了较好的社会反响。

②积极融入，加强沟通，增强亲和力。在增强亲和力方面，孔子学院强调融入当地的服务精神，致力于建构有利于心灵沟通和意义共享的话语系统。对于孔子学院而言，所谓亲和力主要指其能够使国内外民众产生亲近的愿望，产生参与交流与意义共享的期望。亲和力的产生与强化有利于孔子学院被人们从内心深处接受和认可，但由于受到个体差异等多种主客观因素的影响，在具体情境中呈现为一个混杂着差异与想象、难以预测的社会心理过程。根据人际交往的基本特点，差异能够激发人们交流的兴趣，共性则是人们相互理解的前提。③ 以此为参照，孔子学院的语言文化传播是以“相似与差异”为基础的意义共享，即特色化的语言文化活动使当地民众能够对孔子学院保持持久的兴

---

① 参见孔梓：《孔子学院社会资本研究》，山东大学博士学位论文，2015 年，第 22 页。

② 刘延东：《迈向孔子学院的新 10 年——在第九届孔子学院大会开幕式上的主旨演讲》，2014 年 12 月 7 日，http：//kydh. xmu. edu. cn/NewShow. aspx？ id＝bc2e050d-d4c7-425f-a348-f983cb4a94e9。

③ 参见［美］查尔斯·霍顿·库利：《人类本性与社会秩序》，包凡一、王源译，华夏出版社 1999 年版，第 109 页。

趣，融入当地，服务当地的发展理念则能够使孔子学院进一步符合民众的心理预期，接受与认同其为社会成员。孔子学院本身是“国际理解教育在当代的一次系统、长期和稳定的实践活动”，强调文化理解与文化宽容，培养文化传播和跨文化交际能力一直是在孔子学院中方院长、教师的培养培训中的重要一环。这一暂时搁置价值判断、强调交流与共享的传播理念收到了良好成效。为表彰内布拉斯加-林肯大学孔子学院服务该州民众的突出贡献，自2012年以来州政府为每位孔子学院的离任教师颁发“荣誉公民”证书。2015年2月，该州州长和州务卿联合签发公告，将2015年2月2日命名为“黄平安日”，以表彰中方院长黄平安在推进当地民众对中国的了解及促进中国与当地交流方面的突出贡献。①

③加强联系沟通，积累人脉资源，增强整合力。在增强整合力方面，加强与社会各界联络与沟通，积累人脉资源。整合力是指孔子学院主动担任“组织者”角色，进一步规制、整合已有社会资源。增强整合力，能够推动孔子学院的语言文化传播超越传播情境的局限，深入到社会生活的各个层面，并持久发挥影响。学员是连接孔子学院与当地社会各方面的桥梁，以特色课程吸引高层次学员，以学缘网络维系情感联系，是各海外孔子学院积累人脉资源的主要方式。如：英国伦敦商务孔子学院为当地高校、企业创设特色汉语课程，吸引了英国前外贸与投资部部长、太古集团执行董事、BP 集团政治顾问、阿联酋公主、伦敦石油公司总裁等高端人士参与学习。② 另外，为加强孔子学院学员的凝聚力，孔子学院总部起草“孔子学院校友会章程”，鼓励各国孔子学院通过校友会等渠道，厚植人脉，增进感情，为孔子学院发展赢得资源上、道义上的支持。③ 2015年已有40多家孔子学院校友会成立，注册会员26万人。

2.1.2.3　孔子学院的平台特征

在孔子学院诞生之前，中国同世界其他国家和地区间的信息传输路径多依赖分属政治、经贸、传媒、教育和外交等不同领域的固定渠道或路径，由于项目定位和目标受众的不同，这些路径之间往往处于分隔的互不联系状态。孔子学院的设立及其平台化发展，以语言推广带动文化传播，将与之相关的各类资

---

① 参见国家汉办/孔子学院总部：《内布拉斯加-林肯大学孔子学院》，《第十届孔子学院大会交流材料（示范孔子学院）》，2015年，第30页。

② 参见国家汉办/孔子学院总部：《伦敦商务孔子学院》，《第十届孔子学院大会交流材料（示范孔子学院）》，2015年，第22页。

③ 参见刘延东：《适应需求　融合发展　为促进世界文明多元多彩贡献力量——在第十届孔子学院大会开幕式上的主旨演讲》，《孔子学院》2016年第1期。

源和渠道汇集和整合进孔子学院网络内，在个体、组织和国家政府等不同文化交流主体之间搭建了一个通用的、开放的交互环境，使得各参与主体能够在这个共有空间里进行交流与互动。

与大众传媒和企业的平台化策略相比，孔子学院平台化发展具有一定独特性：

一是围绕语言文化传播聚合各类资源。大众传媒和企业的平台化建构往往着眼于产业发展和利益诉求，以数字技术、互联网和战略合作协议等作为通用介质，实现资源汇聚和主体联通。孔子学院作为非营利机构，主要着眼于人文交流层面，以语言教学汇集各类产业资源，以文化传播吸引多元主体参与。在汉语教学职能的实现上，针对师资培养培训、教材编写出版、教学设备研发生产等不同领域，形成了高校、科研机构、出版企业和音像电子生产企业等多个机构组织的产业联合。在促进人文交流和融合发展层面，政府机构、企业、社会组织和个人等不同主体形成了共同参与、相互联通的合作关系。以全球孔子学院大会为例，历届大会除孔子学院总部、海外孔子学院和中外合办机构的相关人员参与外，与会人员还包括各国驻华使节、中资企业代表、政府官员和社会知名人士等，显示了孔子学院参与主体的多元性。

二是以促进文化对话与文化共享创设平台开放接口。主体进入平台实现连接的第一步是实现与平台的对接，为最大限度地吸引各类主体参与，平台接口应具有兼容性和开放性特征。孔子学院以促进中外人文交流与文化共享为目标。人文交流本身具有较为宽泛的所指，具有宽领域、多层次、广覆盖的特征，涵盖教育、科技、文化、体育、妇女和青年等多个领域。这为孔子学院吸引多元主体参与奠定了基础，也为发挥民众在人文交流的主体性作用创造了条件。文化对话与文化共享作为孔子学院的旨归，符合各国民众通过交流对话实现平等尊重、互利互惠的共同期望，凸显了孔子学院作为文化交流平台的开放性和包容性。

三是创立了中外合作办学的新模式。以企业为代表的平台发展往往以内容产品或应用服务产出为成果，与之相较，孔子学院则更多体现在对组织机制的改进与创新。根据《孔子学院（课堂）章程》的相关规定，在办学模式上，孔子学院以中外合作办学为特色，强调双方共建、共管、共享，有效利用了外方资源，跨文化的机构特色也体现了文化对话和文化共享的办学宗旨。在管理机制上，孔子学院实行理事会问责制，孔子学院总部和各海外孔子学院分别设立由国内外双方组成的理事会。总部理事会成员主要包括中国政府各部委代表以及中外知名大学校长，海外孔子学院理事会则根据当地实际延请政府官员、专家学者和知名人士担任，有助于进一步深化合作关系，拓展平台空间。[①] 在资源配置机制上，师资、教材等文化资源主要包含由孔子学院总部统一调配和海外孔子学院“本土化”发展两条路径，发挥了孔子学院总部宏观调配和海外孔子学院因地制宜的优势。总体而言，孔子学院的机制创新是其规模快速扩大的保障，实质上是创立了一种新的中外文化交流模式。[②]

2.2　孔子学院作为媒介的属性

孔子学院功能的持续拓展，特别是“综合性文化交流平台”的发展定位表明孔子学院已逐渐打破了我们对语言国际教育机构的一般认识，发挥了与媒介相似的功能。那么，孔子学院是否是一个媒介？它是否符合传播理论关于媒介的基本认知？是否能在媒介环境学中得到相应的理论支持？这是本节主要探讨的问题。

2.2.1　一般意义下的媒介属性与功能

所谓一般意义，是指传播领域对媒介属性与功能认识的基本共识层面。承前所述，经验学派与批判学派基于不同的研究范式对媒介进行剖析，在研究视角和具体观点上存有较大差异，但两者对媒介属性与功能的基本认识大体一致，即以现代报纸、广播和电视为代表的大众传媒是媒介的主要表现形式，也是媒介研究的主要对象。特别对于媒介功能研究，虽然批判学派作为一个宽泛的理论思潮和开放的研究领域被置于了与经验学派相对立的位置，但从其进入传播研究的历程看，它意在寻求学术路径的突破与创新，即如詹姆斯·凯瑞（James W. Carey）总结的：（经验学派）不断重复已有研究，验证明确无误的事实。虽然取得了“一些切实的学术成就”，但也会让传播研究裹足不前。[③] 因而我们可以认为，虽然经验学派和批判学派，包括各学派内部的各个分支和不同研究团体，对媒介性质与功能的探讨存有诸多分歧，甚至存在各执一端、难以统合之处。不过在比较宽泛的意义上，“传播建立或维系关系”和“传播

---

① 参见《孔子学院总部第四届理事会成员名单》，《孔子学院》2015年第1期。

② 参见王其冰、李弘：《专访：孔子学院潜力巨大——对话德国汉学家阿克曼》，2013年6月13日，http：//news. xinhuanet. com/world/2013-06/13/c_116133839. htm。

③ 参见［美］詹姆斯·凯瑞：《作为文化的传播》，丁未译，北京大学出版社2008年版，第162页。

是人类社会关系集合”的观点被大多数学者认同和接受。据此，媒介功能可概括为①监测：提供并告知新闻；②解释：将信息与受众已知事实相关联；③联系：选择和解释周围环境信息；④文化传承：在社会成员中将信息、价值观和规范传递下去；⑤教育：通过信息告知培养受众有效地进行社会生活的过程；⑥娱乐功能：使人愉快；⑦经济功能：为经济发展、社会变革创造所需的合适的气氛和环境。①

虽然在机构性质、宗旨和主要职能方面，孔子学院与一般大众传媒组织存在较大差异。不过作为非营利性语言教育机构，孔子学院在本身具有教育功能的基础上，以海外实体机构为依托，以中国语言文化为传播内容，为人际间、组织间和不同文化形态间的交流对话提供空间和平台，推动人们对不同文化理念、价值和规范的认知和反思，产生了与以上媒介功能极为相近的社会影响。具体包括：

2.2.1.1 传递中国语言、文化和教育信息

根据《孔子学院章程》，“提供中国教育、文化信息咨询”是孔子学院的主要职能之一。教授中国语言文化知识，提供当代中国相关信息贯穿于孔子学院汉语教学、文化交流和提供教育资源等基本职能中。

首先，孔子学院传授中国语言文化知识。如前文所述，汉语教学和文化传播是孔子学院的基本功能，也是孔子学院日常运作的主体。以开门办学为原则，孔子学院一方面不设门槛，面向社会招收学员，开设汉语和中华文化课程，在课堂情境下系统教授语言文化知识。另一方面，孔子学院通过主办或参与当地文化活动，设置汉语体验课和文化技能展演等环节，在公众场合面向当地民众进行语言文化教学展示。摩洛哥穆罕默德五世大学孔子学院 2012 年和 2013 年连续参加卡萨布兰卡语言节，通过汉语示范教学、生肖和剪纸文化展示，向参观者介绍汉语发展与历史。②

其次，孔子学院提供并告知教育信息。教育机构是孔子学院的基本定位，孔子学院总部和各海外孔子学院通过书刊、网络和人际交流等多种渠道，向海外汉语学习者和普通民众发布或传达与汉语学习、留学中国和学术交流相关的咨询服务。目前，“汉语桥”“孔子学院奖学金”和“孔子新汉学计划”等诸多项目与中国高校合作，为海外汉语学习者和汉学研究者提供学历教育、短期

---

① 参见陈翔：《回顾与批判：检阅媒介功能理论》，《西南民族大学学报》（人文社科版）2004 年第 11 期。

② 参见林峰：《汉语教学再度亮相摩洛哥国际语言节》，2012 年 9 月 30 日，http：//news.xinhuanet.com/world/2012-09/30/c_113262310.htm。

访学和夏令营等直接体验中国文化的机会。为了能使海外汉语学习者及时知晓和了解项目内容，除在孔子学院总部网站发布相关信息外，各海外孔子学院也积极发挥地缘优势，主办或与当地相关机构合办推介或宣讲活动。如：土耳其中东技术大学孔子学院 2013 年在所在大学在线广播系统上公布孔子新汉学计划，并将此项目向中东技术大学亚洲研究项目以及对中国研究感兴趣的非中东技术大学人员推荐。① 2015 年，该孔子学院继续开展了留学中国及中国奖学金宣讲论坛活动，分别在中东技术大学、安卡拉大学、中东技术大学北塞浦路斯校区、安卡拉的 TOBB 技术大学、Gazi 大学等组织项目推介和宣讲。②

最后，孔子学院介绍中国当代发展情况。基于“加强中国与世界各国教育文化交流合作，发展同外国的友好关系”的宗旨，孔子学院对中国政治、经济、文化和社会各领域的发展情况进行展示和说明，为当地开展与中国的经贸往来、教育和文化交流提供必要的信息支持。随着中国国力增强和国际地位提升，世界了解中国和中国文化的需求也日趋增强。孔子学院通过展览、讲座和论坛多种形式提供中国当代信息，满足大众对中国的好奇和兴趣。澳大利亚阿德莱德孔子学院以“当代中国高端论坛”为特色，由孔子学院邀请全球各领域的专家主讲，论坛主题包括中美关系、中国水资源管理和中国领导人领导风格和领导策略等，涉及当代中国经济、政治、文化及南澳公众关心的热点话题，促进了当地公众对中国的了解。伦敦孔子学院连续举办“访英中国学学人论坛”，参与者就环保等相关话题与来自中国的学者和学生直接交流，分享研究成果，增进对中国的了解。③

2.2.1.2　阐释文化理念，诠释相关政策

孔子学院在海外传播中国语言文化，各传播实践均具有深刻的跨文化印记。如何让海外民众了解中国、理解中国，既需要以直观的方式对表层文化进行展示，也需要用合理的方法对文化深层的价值理念进行说明和阐释。另外，由于意识形态的差异和中国国情的特殊性，孔子学院在对中国国情进行整体介绍的基础上，对中国相关方针政策进行解读和诠释，以减少文化间的误解与冲突。

---

① 参见孔子学院总部：《中东技术大学孔子学院》，《第七届孔子学院大会交流材料（亚洲）》，第 831 页。

② 参见孔子学院总部：《中东技术大学孔子学院》，《第十届孔子学院大会交流材料（亚洲）》，第 943 页。

③ 参见国家汉办/孔子学院总部：《关注当代中国：伦敦孔子学院“访英中国学学人论坛”打造中英学者交流平台》，2016 年 3 月 21 日，http：//www. hanban. edu. cn/article/2016 - 03/21/content_634730. htm。

根据阿尔弗雷德·克洛依泊（Alfred Kroeber）的定义："文化由外层和内因的行为模式构成……文化的核心部分是传统（历史地获得和选择）的观念，尤其是它们所带的价值。"① 作为"世界了解中国的平台"，孔子学院在以展示和简单教授的方式，对中国菜、茶艺、剪纸和太极拳等文化技艺进行普及型传播的基础上，日益重视对中国文化观念、道德、世界观和价值观的阐释。德国海德堡大学孔子学院举办"汉学走向公众"系列讲座，由从事汉学研究的青年学者和博士研究生向当地民众讲解中国考古和中欧文化交流等话题。②

对中国政治、经济和文化政策的解读和诠释，也是孔子学院介绍当代中国的主要内容之一。在历届孔子学院大会的主旨演讲中，均包含对中国近一年发展情况和主要方针政策的介绍与解读，并通过网络、电视和报刊等大众媒介转载的形式，向中外社会公开发布。各海外孔子学院也通过设置课程、开展讲座或研讨会等方式就一定主题对中国相关政策进行评述和诠释。英国南安普顿大学孔子学院自2013年由外方院长马克·柯岚晓（Mark Cranshaw）开设"了解当代中国"选修课，邀请世界各国相关领域的专家对1979年改革开放后的中国进行广泛介绍，内容涵盖中国政治经济体系、人口老龄化、计划生育、城市化进程、"中国梦"、"一带一路"、中国国际关系等政策和话题。③

2.2.1.3 传承中华文化，推动跨文化交流

海外孔子学院的受众根据文化背景的不同主要分为两类：海外华人移民及其后代和其他文化背景的民众。对其他文化背景的民众而言，孔子学院以实体存在的方式提示了文化多元化的社会现实，为其参与跨文化交流提供了路径和平台；对海外华人而言，孔子学院是学习祖国语言，获取中国资讯，感受文化传统的渠道和场所。这两点与媒介的联系和传承社会文化功能形成了对应关系。

在推动跨文化交流方面，目前世界文化格局的剧烈变动往往在本土与外部文化的博弈之间展开，如何在两者之间求得平衡，探究共存、共处和共同发展的相处之道，既是国家、政府的职责所在，也与个体在社会生活中的文化选择关系密切。确切地说，参与跨文化传播与交流是个体感知全球文化生态，培养自身跨文化能力的重要途径。孔子学院以植根当地为发展策略，以"送出去"

---

① 转引自傅铿：《文化》，上海人民出版社1990年版，第12页。

② 参见孔子学院总部：《海德堡大学孔子学院》，《第十届孔子学院大会交流材料（欧洲）》，2015年，第221页。

③ 参见厦门大学孔子学院办公室：《理解为本，本立而道生——英国南安普敦大学孔子学院"了解当代中国"项目》，2016年5月11日，http：//www. xmuci. com/news/confucius/3571. html。

的形式展示中国传统文化特色、介绍当代中国，为当地民众近距离感知和接触异质文化、参与跨文化对话创造条件。对于设立与运营孔子学院，美国中田纳西州立大学校长麦克菲认为，孔子学院与该校发展理念相似，均致力于帮助学生了解和欣赏多元文化。孔子学院的设立有助于培养学生的国际视野。[①] 美国北卡莱罗纳州立大学校长兰迪·伍德森（Randy Woodson）在庆祝“孔子学院日”活动中谈到，孔子学院作为大学的合作者之一，能够营造国际多元化氛围，促进学生国际化意识的确立与强化，培养其国际视角，使其更加适应全球化经济模式。[②]

在社会文化传承方面，孔子学院能够传承中华文化，促进民族认同。传播是文化得以存在和发展的根本动力，既包括不同文化间的融合和变迁，也包括文化内部的世代相传。文化内部对文化的自觉保护与传承，多以获得文化认同为动力，后者来源于同一文化群体成员对共同历史和集体记忆的认可，表现为对传承共同经验和文化符号，保护生活方式和文化特性的本能和情感。[③] 目前有约3900万华人分布在世界各地，他们和他们的后代具有接触和学习中国语言文化、获得文化认同、强化文化身份的需求。一些美国学者的研究认为，华人是美国社会中坚守中国文化而“不可同化”的特殊族群，许多华人更“忠诚”于中国文化甚至中国政府。[④] 对于这些华人来说，孔子学院是他们的“精神家园”，也是“子孙后代学习祖国语言文化的重要场所”。[⑤] 孔子学院为他们提供了亲近民族语言文化，获得文化认同的渠道，促进了中华文化在海外的传播与传承。在国内方面，孔子学院积极参与多元文化对话和跨文化交流，既激起了文化内部对加强文化保护和文化传承的重视，推动文化自身的增值，也扩展了与其他文化交流互鉴，兼容吸收的空间，从本质上均推动了中华文化的发展与变迁。

2.2.1.4　提供娱乐，丰富当地社会文化生活

娱乐是作用于人的精神生活层面，以心理愉悦为过程和目的的社会活动。随着科学技术的发达和物质生活水平的提高，娱乐已成为人们主要的生活和交

---

① 参见周朗：《孔子学院魅力何来》，《人民日报》2014年9月12日。

② 参见孔子学院总部：《北卡罗莱纳州立大学孔子学院》，《第十届孔子学院大会交流材料（美洲）》，2015年，第460页。

③ 参见孙英春：《跨文化传播学》，北京大学出版社2015年版，第246页。

④ 参见孙英春：《跨文化传播学》，北京大学出版社2015年版，第246页。

⑤ 孙少峰、陶一萍：《孔子学院遍地开花　华侨华人功不可没》，《人民日报》（海外版）2014年5月21日。

往方式之一。虽然提供娱乐消遣活动并非孔子学院的职能，但孔子学院在客观上满足了当地民众的审美需求，使其获得相应的精神愉悦和满足。

首先，孔子学院设置内容多样，趣味性强的汉语课程和文化课程，满足学员的学习兴趣和文化好奇心。如：韩国泰成中高等学校孔子课堂主要面向家庭主妇开设“快乐主妇中国歌曲班”，以中国传统歌曲为教材教授汉语；开设“少儿趣味汉语”和“单亲家庭青少年兴趣中文班”，通过游戏教学等方式突出汉语教学的趣味性。[①] 泰国宋卡王子大学普吉孔子学院以俱乐部形式开设特色文化培训课程，面向在校师生和社会人士，以汇报演出呈现学习成果。[②]

其次，孔子学院举办各类文化展演，满足当地民众娱乐消遣的需求。在活动类型上，以春节、中秋节为代表的传统节庆活动和以“孔子学院日”为代表的节日庆典活动，因举办时间固定，展示内容多样，丰富了当地社会文化生活，在部分国家和地区已成为当地标志性文化活动。如：智利圣托马斯大学孔子学院每年 1 月举办的中国农历新年庆祝活动，被当地市政府定位为每年旅游文化节的品牌项目。[③] 另外，部分孔子学院组织当地文化爱好者成立合唱团、话剧团等艺术团体，举办灵活多样的文艺演出和文化展示活动，满足当地边远地区民众的娱乐需求。厄立特里亚高等教育委员会孔子学院 2015 年 3 月成立文艺表演队，到各大高校、中小学和社区巡回演出。[④] 加拿大萨斯喀彻温大学孔子学院成立舞龙舞狮队，在各地文化活动中进行舞龙舞狮表演。[⑤]

再次，孔子学院举办文学论坛、画展和音乐会等多种形式的艺术活动，满足当地民众的审美鉴赏需求。不同于大众媒介所提供的大量浅显、刺激，甚至庸俗的娱乐消遣内容，孔子学院的文化活动更多为当地民众提供了提升审美情趣的机会。如：2015 年 11 月，澳大利亚悉尼大学孔子学院举办“科幻小说中的中国未来”讲座，邀请中国科幻小说作家刘慈欣（其作《三体》曾获“雨果奖”最佳长篇小说）担任主讲人。[⑥] 2016 年 7 月，澳大利亚悉尼大学孔子学

---

① 参见孔子学院总部：《泰成中高等学校孔子课堂》，《第十届孔子学院大会交流材料》，2015 年，第 399 页。

② 参见国家汉办驻泰国代表处：《吉孔子学院中国特色文化培训课程圆满结课》，2015 年 12 月 17 日，http：//www. hanbanthai. org/kongzixueyuan/ciphuket/news/2015-12-28/5132. html。

③ 参见孔子学院总部：《示范孔子学院》，《第十届孔子学院大会交流材料》，2015 年，第 6 页。

④ 参见孔子学院总部：《高等教育委员会孔子学院》，《第十届孔子学院大会交流材料（非洲）》，2015 年，第 62 页。

⑤ 参见孔子学院总部：《萨斯喀彻温大学孔子学院》，《第十届孔子学院大会交流材料（美洲）》，2015 年，第 311 页。

⑥ 参见孔子学院总部：《悉尼大学孔子学院》，《第十届孔子学院大会交流材料（大洋洲）》，2015 年，第 136 页。

院与新南威尔士艺术博物馆联合举办《吴蛮光之无限——丝路古韵》音乐会。悉尼歌剧院、悉尼交响乐团、悉尼市音乐厅等机构的艺术总监观看音乐会，认为演出具备国际水准。①

2. 2. 1. 5　推动语言经济，带动教育和文化产业发展

作为国际语言推广机构，孔子学院的汉语推广具有经济属性，能够推动语言经济的发展。而随着孔子学院规模化效应的显现，及其对市场化和产业化运作手段的多元尝试，可以预见孔子学院将进一步带动教育和文化产业的发展，促进产业结构优化。

基于经济活动与语言发展之间的密切联系，语言国际推广本身具有鲜明的经济功能。美国经济学家雅各布·马尔萨克（Jacob Marschak）认为，语言是人经济活动的必要工具，包含价值、费用和效益等经济属性②，特别是在全球经济一体化日益深入的时代背景下，语言作为立国工具的重要性日益凸显。③在个人层面，语言作为人类重要的交际与思维工具，语言能力与个体收入和社会地位等方面呈正相关④，个体的外语学习成为重要的人力资本投资形式。在国家层面，语言成本作为国际贸易中重要的交易成本逐渐得到重视，各国政府对内积极加强本国外语教育，对外大力支持语言国际推广，提高国民语言技能水平和本国语言的影响力和竞争力，从而维护和推动经济的持续发展。基于此，孔子学院通过提供汉语教育产品和相关服务，推动扩大汉语使用范围和使用者数量，虽不追求短期的利润盈余，但总体上指向长远的经济收益。

作为一项产业，孔子学院为教育和文化产业创造了好的发展前景，推动了相关产业的发展和结构调整。孔子学院总部积极倡导孔子学院的产业化运作，许琳强调“孔子学院必须走产业化之路”，因为汉语国际推广并非纯教育，语言从本质上也是一种产品，特别在国际推广中，其文化产品的属性更加鲜明，因而需要以产业、市场的方式来运作。⑤ 目前，作为一个庞大的网络化实体，孔子学院基本形成一个完整的产业链结构，包括师资培养、教材出版和网络孔子学院运营等多个领域，直接影响了教育和文化产品的研发和生产，以及人才

---

① 参见盛楚宜：《吴蛮〈丝路古韵〉音乐会悉尼成功举行》，2016 年 7 月 3 日，http：//australia.people.com.cn/n1/2016/0703/c364496-28519784.html。

② Jacob Marschak，“Economics of Language，” *Behavioral Science*，vol. 10，no. 2，1965.

③ 参见徐波、王强：《语言国际推广的经济属性与利益形成——以英国文化协会的英语国际推广活动为例》，《外国语文》2014 年第 2 期。

④ 参见李宇明：《认识语言的经济学属性》，《语言文字应用》2012 年第 8 期。

⑤ 参见吴杨、陈文华、硕彩玉：《孔子学院也“下海”：汉语国际推广是文化产品》，《人民日报》（海外版）2011 年 6 月 10 日。

与文化资源的配置。各海外孔子学院也通过与当地企业合作等形式探索市场化运作的路径。格鲁吉亚第比利斯自由大学孔子学院与华为技术有限公司格鲁吉亚分公司、中铁二十三局、中核二十三局、华凌集团有限公司等中资企业合作，中资企业为孔子学院各种文化活动提供奖品赞助、为孔子学院学员提供实习、见习和就业机会；孔子学院则为中资企业输送懂汉语的当地员工。①

2.2.2 媒介环境学视野下的媒介属性与功能

不同于传播的经验学派与批判学派关注媒介社会影响的思路，媒介环境学将媒介视为一种整体性存在和不断演变的动态过程，普通媒介学以空间和时间为主要划分维度，从“功能决定地位”的角度，将媒介置于不同传播类型中审视。在该思路下，孔子学院同样具备媒介的性质，不过由于所属传播类型的差异，显示出不同于一般大众媒介的区别性特征。

2.2.2.1 孔子学院是侧重传承的物质化组织

媒介学认为，根据时间尺度的不同，传播可以分为两种：一是共时层面信息的传递和扩散，二是历时层面价值与知识的传承与共享。两者作用于不同领域，在传播重心、象征维度等诸多方面存在差异，但又在现实中相互联系，彼此相连，形成辩证性的对应关系。根据德布雷的归纳，传递与传承主要存在以下差异。如表 2-1 所示：

表 2-1 传递与传承的比较

	传递	传承
时间尺度	短时间、同时性、当前、快速	长时间、历时性、标记、永恒
重力中心	信息、“使用性”	价值与知识、“记忆性”
传播矢量	技术设备 MO（组织材料）	设备+机构 MO+OM（物质化的组织）
时间特性	现时接收器（并存或远程出现）同时在现	后时接收设备（同属一个系统），连续在现
社会亲和力	企业与权力（市场逻辑）	机构与官方权力机关（非营利性）
相近学科	社会学与社会心理学	历史与人类学

① 参见孔子学院总部：《第比利斯自由大学孔子学院》，《第十届孔子学院大会交流材料（亚洲）》，2015 年，第 97—98 页。

续 表

	传递	传承
象征维度	无必要（个体之间的实际联系）彼此之间的“需求”	必须的（代与代之间的传承联系）彼此之间的“必要性”
发生地点	电视、报纸、广播、因特网、自制媒体等，网络系统	博物馆、图书馆、学校、教会、学院等，地标系统
适应时期	当代（工业变量）	所有年代（累计不变量）

资料来源：[法] 雷吉斯·德布雷：《媒介学引论》，刘文玲译，中国传媒大学出版社2014年版，第15页。有删减和改动。

其中，“传播矢量”“社会亲和力”和“发生地点”等维度均描述了具有此功能的媒介性质与形态：“传播矢量”是对该类媒介的直接界定，“社会亲和力”和“发生地点”则从性质和形态上进行补充。简言之，“物质化的组织”是传承的主要媒介，由技术设备和组织机构结合而成，以地标系统的外在形态存在，多具有非营利性的机构性质。以此为参照，孔子学院作为传播中国语言文化的非营利性机构，符合“物质化的组织”的相关界定。

首先，孔子学院具备空间、资金和设施等物质设备，是一个可培植的实体和可实现交流的场所。德布雷用“地表系统”突出了“物质化组织”的实物特性，即空间和设备的配备是实现媒介功能的基础。在空间配备上，根据《孔子学院章程》规定，孔子学院的申办方在提交申请时需具备“用于孔子学院的教学场所、设施和设备”，以保证其能够开展语言教学和相关文化活动。西班牙瓦伦西亚大学在两个校区为孔子学院提供1600平方米的办公场地，以支持孔子学院的发展。[①] 法国布列塔尼孔子学院由布列塔尼大区政府和雷恩市议会提供位于市中心的一栋独立楼房，用以孔子学院办公教学，包含教室、茶艺室、院长办公室、教师办公室、展览室、图书馆等共450平方米的使用空间。[②] 在办学资金方面，根据《孔子学院章程》的规定，对新开办的中外合作设置的孔子学院，中方投入一定数额的启动经费。年度项目经费由外方承办单位和中方共同筹措，双方承担比例一般为1∶1左右。有媒体估算，孔子学院发展十年以来，中方投入超70亿元人民币，根据经费承担比例，外方的投入

① 参见孔子学院总部：《西班牙瓦伦西亚大学孔子学院》，《第十届孔子学院大会交流材料（示范孔子学院）》，2015年，第18页。

② 参见孔子学院总部：《布列塔尼孔子学院》，《第十届孔子学院大会交流材料（欧洲）》，2015年，第495页。

也与此基本持平。在设备方面，除了由孔子学院总部和合办机构提供和资助外，各海外孔子学院通过接受企业和社会机构赞助的形式获得相应的资金和设备支持。泰国国光中学孔子课堂是最早由企业提供赞助的孔子课堂之一，接受泰国雷达集团、中国工商银行和泰国南部汉语教学联合会等企业机构的社会捐款，用于孔子塑像园和“泰中文化中心”等教学场所建设和添置教学设备以及汉语竞赛等项目运作。①

其次，孔子学院具有较为完善的组织架构和相对成熟的运营模式和决策机制，保证其能够有目的、有计划和有组织地开展语言教学和文化传播活动。组织制度是构成“物质化组织”的要素之一，是组织建构关系、形成模式的基础。自孔子学院建立以来，制度建设一直得到重视并有条不紊地展开。在总部理事会讨论通过《孔子学院章程》的基础上，孔子学院总部相继制定了《国际汉语能力标准》《国际汉语教学通用大纲》《国际汉语教师标准》等规章制度，在需求调研、运行管理、质量监控、年度评价、师资投人、盈利投资以及参与机制等方面加强规范和标准制定。海外孔子学院也将人事、财务、教学、档案等管理制度建设作为主要工作之一，并尝试与所在机构的制度规范融合并轨。泰国孔敬大学孔子学院将运营质量纳入所在大学质量监管体系，在办学质量、管理水平和财务审计等方面接受该校的年度质量评估。②

综上所述，孔子学院既具有物质性的设备配备，也因相对完善的制度架构能够发挥作为组织机构的联系、调整和引导作用，符合“物质性组织”的相关界定。

2.2.2.2 孔子学院发挥传承功能

尽管孔子学院与大众传媒在基本媒介功能上有诸多重合之处，但借助媒介学对传递与传承的比对，可以发现孔子学院的媒介功能主要体现在文化传承方面。具体表现包括：

（1）在承载内容上，孔子学院侧重知识与价值理念的传播

倚重技术因素，追求信息的高速传递和大量传播是大众传媒的主要目标，因而新闻信息是其运作的基点，监测功能、控制功能、教育功能和娱乐功能等诸多社会功能，都是在新闻传递功能的前提下衍生与实现的。维纳在他的《控制论——动物和机器中的通讯与控制问题》中提出，信息帮助我们适应外

---

① 参见孔子学院总部：《国光中学孔子课堂》，《第十届孔子学院大会交流材料（亚洲）》，2015年，第906—907页。

② 参见孔子学院总部：《孔敬大学孔子学院》，《第十届孔子学院大会交流材料（亚洲）》，2015年，第734页。

部世界，同时也作为同外部世界进行交换的内容指称反作用于外部世界。由此可见信息更多地指向外部客观世界，是个体对外部世界的“感知事实”。

相较之下，知识则更多是人主观意识的产物。因为知识最核心的部分在于它是人对一系列相关信息做出的反应，存在于人而非信息中。[①] 作为知识的来源，人需要及时获取信息感知外界变化，但这些所知所感并不能够自动自主地在主客观之间建立联系，而是需要在已有知识作为背景和框架的前提下对信息进行解读和内化，“信息越多，人们就越需要知识来解释信息、分析背景，否则有可能会造就一个被重大事件蹂躏的不协调的世界”[②]。同时，在信息和知识的世界化进程中，免不了与不同的世界观、价值观和意识形态相遇，“每个人都需要用自己的文化代码和传统来解读信息”[③]，因而只有将信息、知识和价值相互连接，才足以形成人认识自身和外部世界的参照性结构。目前，新媒介技术普及后带来批量复制的信息增殖和文字、图像、声音等符号的全息输出，大大增加了信息的传递数量和开放程度，但也使知识与价值处于相对边缘的地位，带来了理解的压力和沟通的障碍，也需要相应的媒介去弥合这一结构性缺失，以帮助人们克服个人认知上的盲点和应对文化间的多元博弈。

吴尔敦指出世界化的核心在于传译，“因为我们不能直接到达他人，传译是进入传播的规范性条件。在一种文化和多种文化当中没有传译就没有信息。……我们看到一种不可分割的关系，文化和传播，及其补充-传译”[④]。无论是学习一门语言或是一门文化课程，均可被视为分享这一文化表征的过程，因为语言、文字和图像等象征符号本身承载了一个族群的集体记忆，凝结了一个国家或民族的基本个性和对世界的独特理解，与所属文化具有协同性和浸入性的深刻联系。以孔子学院为媒介的语言文化传播，即通过对语言文化知识的介绍，以及文化价值理念的阐释和表达，以传译的方式推动不同个体对世界的共同理解。

（2）在目标指向上，孔子学院追求促成深度理解的历时效应

如果说大众传媒机构是通过压缩空间使得全体人类能够在共时层面上丰富其对客观世界的认知，孔子学院则相对倚重时间维度，通过对经过时间沉淀、

---

① Gunnar Hedlund, “Model of Knowledge Management and the N-form Corporation”, *Strategic Management Journal*, vol. 15, 1994.

② ［法］多米尼克·吴尔敦：《信息不等于传播》，宋嘉宁译，中国传媒大学出版社2012年版，第78页。

③ ［法］多米尼克·吴尔敦：《信息不等于传播》，宋嘉宁译，中国传媒大学出版社2012年版，第44页。

④ ［法］多米尼克·吴尔敦：《拯救传播》，刘昶、盖莲香译，中国传媒大学出版社2012年版，第124页。

相对稳定的语言文化知识和思想价值理念的阐释与表达，呈现一个民族对于世界和人类自身的理解与认识，作用于人的思维和价值观层面，整体上是一个持续、稳定、潜移默化并呈螺旋式上升的过程。

尼葛洛庞帝（Nicholas Negroponte）在他的《数字化生存》中提出，所谓信息高速公路（information superhighway）即以光速在全球传输没有重量的比特，可见速度和范围始终是衡量信息传播媒介的主要标尺。从两千年前斐力庇第斯从马拉松一路奔向雅典传递战争捷报，到以电子承载内容使信息传输突破人类速度极限，再到当下通过互联网和移动通信网络构成的全球瞬时连接及24小时在线的生存状态，人们以一种“进化”或“发展”的眼光看待传播，实则很大程度上是对大众传媒媒介功能不断更新优化的认可。

与之相对，以知识与价值为主要工作界面的孔子学院更关注技术背后的社会意义及文化、政治、社会、历史等内容，需要传播者在传递中进行转化和解释，也需要接收者接收思考和领会，整个过程并非线性的直接作用，而是呈螺旋式上升不断深化的状态。也正是在这种循环往复中，人们可以无限接近传播平等共处的象征意义，在世代之间实现文化的传承和集体记忆的共享。因而同大众传媒相比，以孔子学院为代表的机构性媒介具有缓释效应，或者说是人对技术急遽压缩时空后的一种人为调整和平衡，旨在通过对历史距离感和地理距离感的恢复，弥补生存深度的缺失。

（3）在作用范围上，孔子学院以相对固定的视野关注语言文化传播问题

一般大众媒介以接收者的信息需求为中心，主要依托商业与技术结合的市场机制进行调节，并借助新媒介技术日益使信息服务的个性化和定制化发展。孔子学院则主要致力于通过机构间的联系与合作，围绕汉语和中国文化传播，关注教育文化交流等相关问题。

一般大众传媒通过技术升级不断提升信息传递的数量和效率，海量信息确实让渡给受众极大的选择自由，并且在国家政府层面进一步提升了信息作为资源的战略地位。但伴随着全球范围内的信息激增，人们也感受到了因信息过剩而产生的缺失感，因信息饱和而产生的匮乏感。因为“一切距离已不再是自然的有形层面，而是文化上的内涵”①。在这一点上，孔子学院致力于汉语和中国文化的传播，相对于提供信息的数量与广度，更侧重对语言文化精度与深度的挖掘。

另外，以网络为代表的“低成本并容易使用的创造性表达工具”赋予了

① ［法］多米尼克·吴尔敦：《另类世界化：基于传播学的思考》，尹明明、贾燕京译，中国传媒大学出版社2013年版，第5页。

普通人随时随地对接收到的信息进行改写、补充和表达的权利，并能在虚拟社区中进行分享。虽有乐观者坚信“世界范围内的知识共享是终止目前国际关系格局分裂和猜疑的最佳手段”①，但也有学者认为大众传媒过于迎合大众的个人主义信息消费最终将导致社会的原子化分割和社会关系疏离。在这一背景下，孔子学院力图在传播过程中能够促进多元文化交流，使不同文化背景中的人们能够在言语层面达成意义共享和最低限度的相互理解。

2.3　孔子学院作为媒介的呈现

在学理上，孔子学院既具有经验学派范式下的媒介基本功能，又符合媒介环境学范式下对媒介的界定，显示出鲜明的媒介属性。在实践中，孔子学院的媒介性质作为其本身具有的属性之一蕴含于组织机体中，从符号意义和实体存在两个层面加以呈现。

2.3.1　符号意义分析

随着数量增长和功能拓展，孔子学院不仅作为一个体量庞大的实体对社会产生直接影响，同时也作为一个文化符号，具有显著的社会意义和文化价值。孔子学院所承载的符号意义既反映了外界对它的基本认知，也是其属性与功能的外在体现。通过自身主动建构和外部环境持续影响两条路径，孔子学院的媒介属性呈现于它所承载的符号意义中。

2.3.1.1　分析路径与方法

根据皮尔斯符号学相关论述，符号本身、符号指代对象和符号解释项是构成符号的三个主要部分。其中，符号本身具有指代性，“它是某种自身可以被解释的东西，是关系到其他事物时能够阐释些什么的东西”，指代对象“是一个符号或符号的解释项的主体内容”，解释项是“一个符号多少变得更为明晰的意思或意义，或者是一个符号某种自然延续的结果”。② 对孔子学院而言，其符号自身的呈现和符号的指代对象相对清晰，前者指向孔子学院的中英文名

① ［美］亨利·詹金斯：《融合文化：新媒体和旧媒体的冲突地带》，杜永明译，商务印书馆 2012 年版，第 355 页。

② 季海宏：《皮尔斯符号学和国内外研究现状》，《俄罗斯文艺》2014 年第 2 期。

称和统一标示，后者则指向孔子学院实体，相较之下对解释项的分析，即我们如何从整体上看待符号自身和指代对象的关系，是我们认识孔子学院符号的关键。

在传播中，符号是信息的载体，既能够直接指代事物或事项，也承载隐喻和象征。根据斯图亚特·霍尔的编码-解码理论，信息在流通过程中以符号为载体形式传播意义，通过信息源编码与接收者解码的双向互动，产生或改变符号意义。基于此，从信息接收者一方收集和整理其对孔子学院的认知和描述，进行内容分析，可以作为我们了解孔子学院符号象征意义的具体路径和方法。孔子学院自设立以来即受到国内外媒体的广泛关注，相关报道既包含记者对孔子学院发展的观察和分析，也包含了孔子学院师生、中外方院长、合作机构负责人和官员对孔子学院的描述和评价。这些媒介内容作为孔子学院建设发展的社会记录，是一种独特的信息源，呈现出不同信息接收者对孔子学院象征意义的理解与阐释，适宜作为基本研究素材。在选取范围上，相对于国外媒体对孔子学院的身份、性质和存在目的等个别问题的关注，国内媒体对孔子学院的报道无论从数量还是内容上均更加丰富，对相关者的采访也相对全面。在研究方法方面，媒介内容分析是测量和描述媒介形象的主要方法，也是大众传播研究的重要方法之一。具体来说，主要采用对媒介内容进行单位化的频度统计和抽样检测的方法，强化传播研究的客观性和科学性。

2.3.1.2 素材采集与处理

本书以报纸为目标媒体，对孔子学院的新闻报道进行编码及统计分析。具体操作如下：

（1）确定分析对象与样本范围

综合考虑报道数量和媒体代表性等因素，选定《人民日报》、《人民日报》（海外版）、《光明日报》和《中国教育报》四份报纸作为主要分析对象。在中国知网“中国重要报纸全文数据库”中，以“孔子学院”为主题进行检索，共有报道记录 2189 条（检索时间：2016 年 1 月 3 日）。其中《人民日报》、《光明日报》、《人民日报》（海外版）和《中国教育报》为报道数量前四位的报纸，报道数量分别为 310 篇、242 篇、164 篇和 101 篇，合计报道数量 817 篇，占总量的 37.3%。除在数量上占有优势，在媒体类别和目标受众方面，四份报纸涵盖专业性报纸和综合性报纸两种主要类型，面向海内和海外多种受众：《人民日报》是中国共产党中央委员会的机关党报，1992 年被联合国教科文组织评为世界十大报纸之一，是最具权威性和影响力的全国性报纸；《人民日报》（海外版）以华人华侨、驻外工作人员及留学生等海外读者为主要对象；《光明日报》是中央宣传部代管的中央党报，以知识界为主要受众群；《中国教育报》是以教育新闻为主的全国性日报，主要面向全国教育界。故选取这四份报纸作为研究对象，能够多层次关联与孔子学院建设有关的主体因素，较为全面地反映接收者对孔子学院的描述与评价。

鉴于全球第一家孔子学院于 2004 年 11 月 21 日在首尔挂牌，本书选取自 2004 年 1 月 1 日至 2015 年 12 月 30 日为研究时段。将该时段内所有以孔子学院为主题的报道纳入统计分析范围。

（2）筛选进行统计分析的报道样本

统计信息的报道样本是在选定时间范围内，上述四家报纸中以孔子学院为主体内容的新闻报道，即该报道整篇以孔子学院为报道议题，若仅在文中提及孔子学院，而并非作为报道主体，则不列入统计分析范围。例如《人民日报》2006 年 7 月 9 日第 004 版所刊载的《“中国汉语网”在京正式开通》，主要介绍了“中国汉语网”网站开通仪式的情况，孔子学院总部作为指导单位出现在报道中，但整篇文章与孔子学院并无直接关联，故不纳入搜集范围。对于所搜集到的样本，每一则新闻报道视为一个单位。

（3）类目编制

围绕研究问题，在对新闻报道的编码中，共设置报道时间、报道体裁、言论来源和孔子学院关键词 4 个变量。前 3 个变量意在呈现孔子学院报道的整体情况，为相关言论的提取分析提供背景资料，后 2 个变量针对研究问题进行分析：

①报道时间，以年份为主要变量，同时参考不同月份的报道量差别，监测媒体历年对孔子学院关注程度的变化。

②报道体裁，根据新闻稿件的主要分类方式，分为：消息；通讯，含新闻特写和深度报道；评论；访谈，含人物专访、群访和答记者问；公文，含政府文件和演讲稿；其他。

③报道篇幅，主要分为：250 字以内；251—800 字；801—2500 字；2500 以上。

④言论者身份，根据言论者所属机构类型分为：政府机构；孔子学院总部；合作机构；海外孔子学院；专家学者；大众传媒；刊载媒体（记者）；其他。

⑤孔子学院关键词，该变量设为字符串类型。若报道涉及对孔子学院的描述或评价，那么该变量则将相应的关键词提取出来。需要说明的是，本书孔子学院的象征意义具有客观性与先在性特征，既包括人们对其发展现状的评述，也包含对发展愿景的描述，故而将以上两类材料均纳入提取范围。

(4) 信度测试

确定分析变量完成后，笔者以随机抽样的形式抽取 20 篇筛选后的报道样本，与一名对孔子学院较为了解的研究生各自进行编码。经过分析比对，对部分类目和分析单位进行调整。再次测试，编码员间信度达到 0.8 以上。

2.3.1.3 研究结果与分析

(1) 孔子学院报道的内容分析

在所选取的四家报纸中，以孔子学院为主体内容的新闻报道共有 320 篇。其中，《人民日报》和《光明日报》的报道数量较多，分别为 114 篇和 101 篇，各占总数的三分之一。《人民日报》(海外版) 和《中国教育报》的报道数量相对较少，分别为 62 篇和 43 篇。

①报道数量渐成规模，每年 12 月为报道高峰（见图 2-1）。

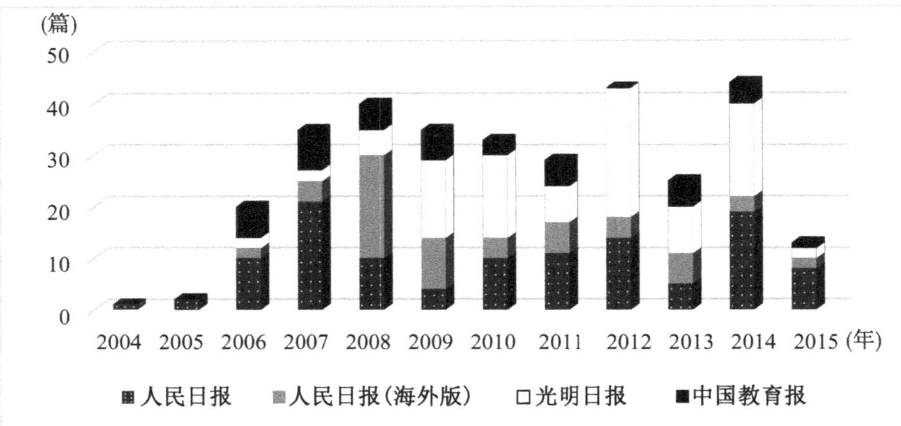

图 2-1 2004—2015 年以孔子学院为主体的新闻报道统计图

根据所搜集的数据，有关孔子学院的报道最早始于 2004 年。2004 年 6 月 30 日，《斯德哥尔摩大学设立孔子学院》刊载于《人民日报》(海外版)，它以消息形式对北欧第一家孔子学院——“北欧斯德哥尔摩孔子学院”合作意向书的签订情况进行了介绍。

自 2006 年起，媒体对孔子学院报道渐成规模。2006—2013 年间每年报道数量在 30 篇左右，每年 12 月上旬和中旬较为集中。2006 年 7 月，首届孔子学院大会在北京举行。时任教育部部长周济在大会闭幕式中对大会共识进行总结，提到“大家赞同定期召开孔子学院大会，共享成功经验”①。此后，全球孔子学院大会在每年12月召开，媒体不仅对会议内容和相关活动进行报道，对海外孔子学院中外方院长、中外协办高校校长及孔子学院总部相关人员的访谈、对主旨演讲等公文的发布，都占据了一定的篇幅和版面，反映在新闻报道中，形成了一定的规模效应。

2014年是报道数量和规模爆发的一年，达到了44篇。在2013年第八届全球孔子学院大会上，大会代表一致通过在2014年9月27日举办首个“孔子学院日”。因而在2014年，首个全球“孔子学院日”成为媒体继全球孔子学院大会后，另一个普遍关注的新闻事件。加之适逢孔子学院成立十周年，对孔子学院建设以来的回顾、总结与反思也成为当年媒体报道的重点。各种话题效应叠加，使2014年成为孔子学院报道较为集中的一年。

②报道体裁日趋丰富，以中长篇报道为主（见图2-2）。

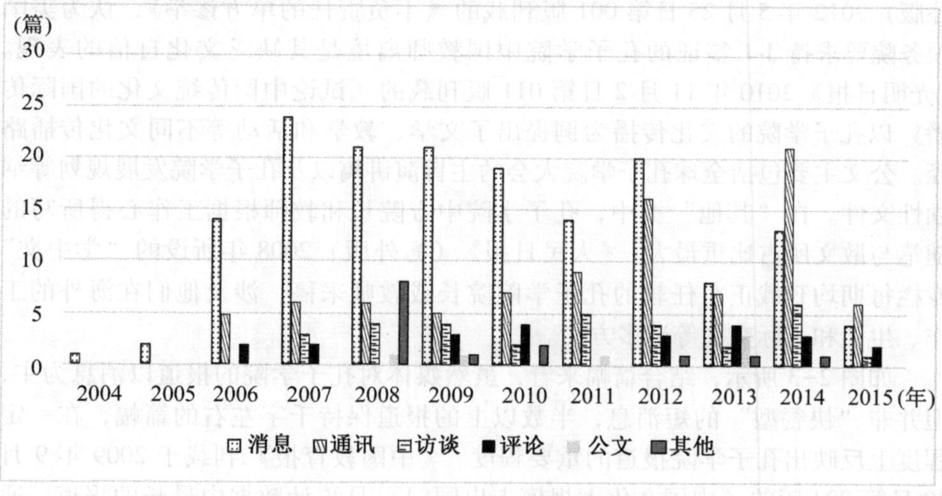

图2-2　2004—2015年孔子学院报道体裁分布

从报道体裁来看，孔子学院报道逐渐丰富，涵盖多种体裁类型，也体现了报道信息源的多样性。消息和通讯是报道体裁的主体，占总量的四分之三。其中通讯作为一个较为宽泛的体裁，内容包括国家领导人或国外政要参与孔子学院揭牌仪式或访问、对孔子学院某项活动的详细描述、对海外各孔子学院发展情况及当地反响的综述或深入报道。如《人民日报》2008年5月10日第004版刊载的《多瑙河畔的友情》，以场景重现的方式详细描述了贾庆林参观罗兰

① 孔子学院总部/国家汉办：《国家汉办年度报告2006》，2006年，第16页。

大学孔子学院的情况。《光明日报》2012年1月5日第001版的《孔子学院：向世界的一声问候》，通过对孔子学院总部和英国、美国、土耳其等近20家孔子学院的采访，介绍了孔子学院自设立以来在当地社会引起的反响和产生的变化。

访谈占总量的近十分之一，涉及国内外政要官员、孔子学院中外方院长、教师，以及普通民众等各类采访对象。《光明日报》自2011年起在其第8版国际新闻版面中定期刊发孔子学院中外方院长访谈，采访对象来自澳大利亚、德国和意大利等多个国家和地区。《中国教育报》2010年3月24日第010版刊发的《外国大学校长谈孔子学院》以组稿的形式集中刊发了包括密歇根大学、墨尔本大学和纽伦堡大学在内的参加第四届孔子学院大会中外校长论坛的各外国大学校长对孔子学院发展的看法与建议。评论与公文在所有体裁类型中所占比例较小，前者包括报纸编辑、学者和相关从业人员对孔子学院发展情况或突发事件的评论，详述孔子学院功能发展情况的理论性文章。《人民日报》（海外版）2012年5月25日第001版刊载的《不负责任的单方谬举》，认为美国国务院要求持J-1签证的孔子学院中国教师离境是其缺乏文化自信的表现。《光明日报》2010年11月2日第011版刊载的《试论中国传统文化的国际传播》以孔子学院的文化传播为例提出了文学、教学和活动等不同文化传播路径。公文主要包括全球孔子学院大会的主旨演讲稿以及孔子学院发展规划等纲领性文件。在“其他”类中，孔子学院中方院长和教师根据工作心得所写的随笔与散文所占比重最大。《人民日报》（海外版）2008年所设的“学中文”专栏每期均刊载正在任教的孔子学院院长或教师来稿，涉及他们在海外的工作、生活和人际交往等诸多方面。

如图2-3所示，结合篇幅来看，虽然媒体对孔子学院的报道以消息为主，但并非“快餐型”的短消息，半数以上的报道保持千字左右的篇幅，在一定程度上反映出孔子学院报道的重要程度。《中国教育报》刊载于2009年9月30日第004版的《中国文化大规模走出国门》是统计数据中最长的报道，通过采访、记叙和数据梳理等多种形式，用6000余字的篇幅对孔子学院的设立过程、所发挥的作用，面临的挑战与机遇等进行较为详尽的介绍与分析。从时间分布来看，2014年孔子学院长篇报道达到9篇，是历年数量最多的一年。《光明日报》刊载的《孔子学院：从文化之窗到心灵之桥》和《写在10年之际》，以及《人民日报》刊载的《对外汉语推广和中外文化交流的成功实践》均以5000余字的篇幅对孔子学院发展十年来取得的成绩和发挥的作用进行了描述与总结。

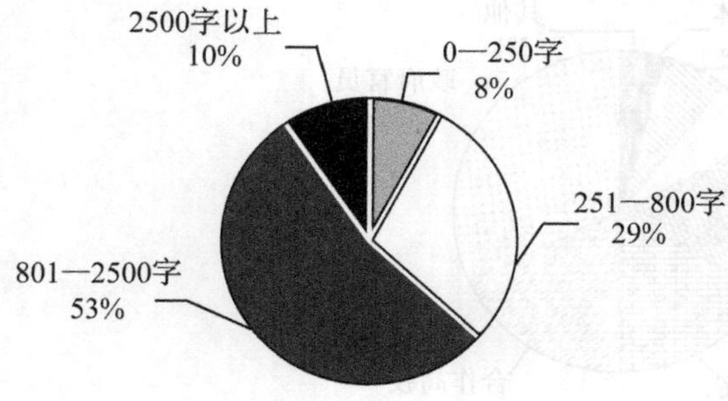

孔子学院新闻报道篇幅分布

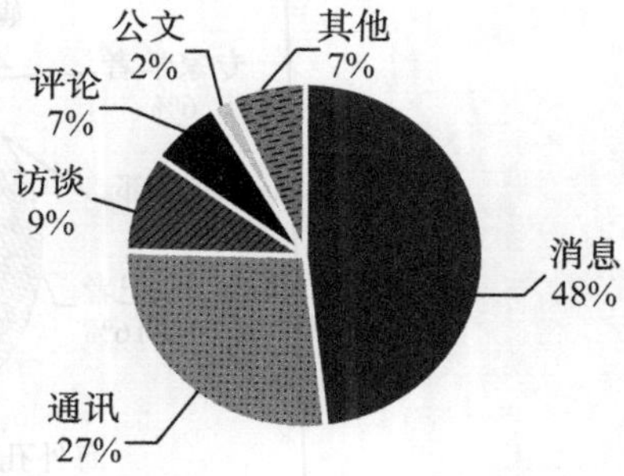

孔子学院新闻报道体裁分布

图 2-3　2004—2015 年孔子学院报道篇幅与体裁分布

（2）孔子学院相关言论分析

在四家报纸以孔子学院为主体的报道中，描述和评价孔子学院的共有 191 篇，占总量的 60%。其中，《人民日报》和《光明日报》数量较多，分别为 75 篇和 60 篇。《人民日报》（海外版）和《中国教育报》数量相对较少，分别为 33 篇和 23 篇。

①孔子学院报道的言论来源。在 191 篇报道中，根据消息来源不同可提取出 308 条与孔子学院功能相关的言论，总计 16000 余字。表述形式主要包括记者对采访对象言论的直接引述、对其他媒体等其他消息源的间接引用、自行总结陈述三类。

如图 2-4 所示，在言论来源的分布方面，政府官员所占比例最高、占总量的近三分之一，总体呈现规格高、视角多样的特征。发言者的具体身份主要包括中外国家领导人，教育、外交等部门官员和驻外使节三类。习近平、胡锦涛、李长春、刘延东等中国党和国家领导人均曾出席孔子学院重要仪式，访问孔子学院，参与各类语言文化活动等，并对其定位、功能和目标进行过描述或阐释。国外包括巴基斯坦前总统穆沙拉夫、菲律宾前总统阿罗约、泰国公主诗琳通和英国前首相布朗等级别较高的官员或皇室成员，也对孔子学院做出了相应评价。在其他政府官员和驻外使节层面，囊括了中国教育部部长、美国内布拉斯加州州长、西班牙教育大臣、奥地利联邦议会副议长、巴基斯坦教育部部长等多个领域的官员，以及中国驻美国、英国、捷克、瑞士等国家的大使或教育参赞。由于视角、立场和所熟悉的领域不同，这些官员们对孔子学院的阐释也呈现多样性特征。

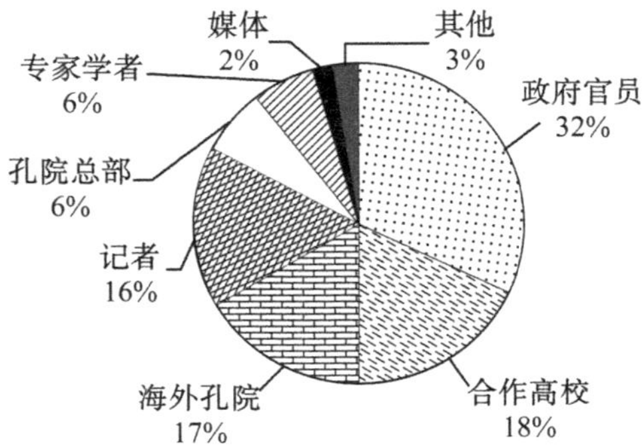

图 2-4　2004—2015 年孔子学院报道言论来源分布

合作高校和海外孔院也是言论来源较多的两个部分，合占总量的三分之一左右，外方言论占多数，均占所在类别的60%以上。合作高校指作为孔子学院合办方的中外大学，主要发言者为大学校长或教务长等主要管理人员。中外合作办学是孔子学院的办学特色，大学是孔子学院建设的主要参与力量。在部分由中外高校合办的海外孔子学院中，孔子学院理事会成员往往由所在大学的校长担任，有些校长甚至直接参与孔子学院的日常管理工作，因而他们对孔子学院在海外的运营发展具有较为直观的认识。海外孔子学院言论则包含孔子学院中外方院长、教师和学生等与孔子学院日常运营密切相关的人士对孔子学院的功能阐释或评价。《人民日报》（海外版）“学中文”专栏定期刊登海外孔子学院中方院长和教师的稿件，《光明日报》“教育周刊”也曾定期刊登过对外方院长的专访，而每年一次的全球孔子学院大会为媒体提供了面对面接触孔子学院师生，直接进行采访问询的机会。另外，随着召开地区性孔子学院联席会议，加快孔子学院海外地区中心建设等一系列区域管理策略的实施，孔子学院地区间的联系和合作日趋紧密，地区性会议以及多家孔院联动性大型文化活动的举办，提高了媒体对孔子学院的关注度，也增加了孔子学院相关人员在媒体上发声的机会。

与其他类别相较，媒体和专家学者所发出的言论占比例较小，但同一言论的转载和引用频度颇高，凸显了该类别言论的重要性。媒体方面，美国《纽约时报》称，通过传播汉语文化，中国创建了一个更温暖、更积极的社会形象；英国《金融时报》将孔子学院评论为迄今中国最好最妙的出口产品，被多篇报道引用。专家学者方面，哈佛大学教授约瑟夫·奈（Joseph S. Nye，Jr.）作为“软实力”概念的提出者，对孔子学院“是中国实施和平外交战略，提升国家软实力的重要措施”的评价被多次引用。国家汉办高级顾问阿克曼结合自身长期从事文化交流工作的经验，将孔子学院定位于“一种新的文化传播模式”并阐释其功能，也得到相关报道的引述。

②孔子学院报道关键词的提取与分析。笔者运用内容挖掘系统（rostcm6）对 308 条涉及孔子学院的言论进行词频统计，从中筛选高频词，并围绕孔子学院传播实践的分析模式，从指涉对象、作用范畴、具体行为，和最终达成的效果四个方面对所提取关键词进行分类，得到孔子学院词频类别和频数分布表（表 2-2）。从中我们可以得出对孔子学院符号象征意义的基本认识：

表 2-2　2004—2015 年孔子学院报道相关言论词频统计

对象		范畴		行为		效果	
词语	频次	词语	频次	词语	频次	词语	频次
中国	281	文化	282	交流	176	平台	78
人民	96	汉语	109	促进	84	桥梁	54
两国	70	友谊	53	合作	69	窗口	27
各国	53	语言	47	学习	58	纽带	19
中外	34	教育	42	增进	48		
大学	31	教学	37	传播	43		
国家	22	人文	22	发展	36		
美国	19	和平	22	推动	33		
民众	18	经济	17	发挥	29		
中美	16	文明	16	相互	25		
关系	15			推广	22		
				加强	21		
				沟通	20		
				理解	19		
				积极	19		
				建设	15		

首先，孔子学院是维系国家、大学和民众良好关系的纽带。孔子学院是应国外学习汉语、了解中国文化的需求所设，通过传播汉语和中国文化增进国家间的了解是孔子学院设立的主要出发点。许琳也多次强调，孔子学院旨在增进各国民众对中国语言文化的了解，发展中外友好关系，促进多元文化发展，为

构建和谐世界作出贡献。[①] 在操作层面，孔子学院以中外合作办学为特色，最初采取了中外大学共建共管的形式，直接促进了中外教育领域，特别是高校间的合作与交流。以色列希伯来大学校长本·萨松称“孔子学院不但为学汉语的学生打开了中国的大门，而且还为进一步促进国家之间、高等院校之间以及科研院所之间的关系创造了条件”[②]。美国密歇根大学副校长蒙斯认为，孔子学院已成为密歇根大学与中国进行文化、学术和教育交流的枢纽。[③] 在教育性质上，孔子学院以非学历教育为主，同时通过各种灵活方式与学历教育接轨，因而能够在最大范围内兼顾各类教学对象。加之孔子学院主办的文化活动多直接面向当地民众，不设较高的参与门槛，因而孔子学院无论作为一个特定物理空间或是一类中国语言文化传播实践的代表，均具有开放性和贴近性的特征，具备增进民众间理解与交流的条件。

其次，孔子学院是扩大中国在文化、教育、经贸和情感等多个领域同世界交流的窗口。教育部前部长周济在首届孔子学院大会总结发言中谈道：“孔子学院是国际汉语学习网络的中心基地，是中外教育合作与交流不断深化的重要平台，是扩大中国与世界经济文化交流的桥梁。”在现实层面，立足汉语国际教育，辐射教育、经贸和文化交流作为孔子学院的主要功能，在孔子学院传播实践中得到较好贯彻。如：澳大利亚阿德莱德大学副校长约翰·泰伯林认为，孔子学院改变了该校的汉语教学方式”，同时增强了大学吸引力，“吸引了大量的学术或非学术访问者”。[④] 日本早稻田大学校长白井克彦认为，该校之所以设立孔子学院，主要原因在于为中日两国学生提供可以相互学习的平台，实现真正意义上的交流。[⑤] 在经贸关系方面，美国内布拉斯加州州长戴夫·海涅曼认为，孔子学院加强了中国和该州的经贸合作，缩短了中美民众之间的距离，实现了双方的互利共赢。[⑥] 随着“多层次、多样化、广覆盖”格局的初步形成，孔子学院功能也不断辐射至其他领域。在外交方面，孔子学院被誉为“中国公共外交最为醒目的一张名片”，在以汉语教学使世界了解中国的同时，也促使其求解中国模式的文化内涵与文化基石。[⑦] 在社会层面，孔子学院催生

---

① 参见杨桂青：《打开了解中国文化的那扇窗》，《中国教育报》2014 年 9 月 28 日。
② 王水平：《希伯来大学有了孔子学院》，《光明日报》2014 年 5 月 22 日。
③ 参见高靓：《外国大学校长谈孔子学院》，《中国教育报》2010 年 3 月 24 日。
④ 柴葳：《孔子学院给国外大学带来了什么》，《中国教育报》2008 年 12 月 17 日。
⑤ 参见孙巍、何德功：《日本早稻田大学将设立孔子学院》，《人民日报》2007 年 4 月 13 日。
⑥ 参见温宪：《“一个互利共赢的故事”》，《人民日报》2014 年 5 月 19 日。
⑦ 参见王易桅：《孔子学院与公共外交三步走》，《公共外交季刊》2014 年第 6 期。

了国际汉语教育这一新生阶层[①]，依托社会关系网络实现对社会资源的聚集与扩散。[②] 曾任孔子学院总部首届理事会主席的陈至立在回顾孔子学院十年发展时认为，作为一个多方位的交流平台，孔子学院在推动中外人文交流、服务国家经济社会发展和外交工作大局、促进中外旅游业发展等方面均发挥了积极影响。[③]

再次，孔子学院以“交流”“沟通”促“理解”“合作”，是中外沟通的双向通道。作为一种交流渠道，孔子学院通过协调其与当地政府、相关组织和个人的关系，促进国家间、大学间和民众间的互动，以求达到共同受益的目标。德国纽伦堡市市长克里斯蒂安·福格尔认为，通过举办大量各类语言文化活动，孔子学院不仅成为当地文化交流的重要平台，也“显著增加了纽伦堡在中国的认可度和国际化程度”[④]。北京大学副校长李岩松认为，孔子学院创造了一种新型、和平、平等的交流理念与方式，有助于构建国际新秩序。[⑤] 巴基斯坦国立现代语言大学校长阿齐兹提出，该校将要超越语言层面，在传播中国文化和哲学层面上筹划孔子学院建设，结合中巴文化，使孔子学院成为两国人民文化交流互动的固定场所。[⑥]

最后，孔子学院是实现跨文化对话与合作层面的桥梁。将孔子学院定位于跨文化对话与合作层面，在孔子学院设立之初即有类似提法。许嘉璐在首届孔子学院大会上提到，在世界各国建立孔子学院，是实践孔子“四海之内皆兄弟”“和而不同”“君子以文会友，以友辅仁”的思想理念。[⑦] 将孔子学院定位于“兄弟”“君子”间的交往，即主体间的交往。这不同于现代性和主客体思维和话语框架下将他者客体化、对象化的认知方式，而是将进行交流的双方视为在同一个活动中共生的两个主体。孔子学院通过提供空间和相关资源，以协助主体间建立持久的互动关系，积淀实现跨文化合作的基础。

2.3.2 实体特征分析

德布雷认为，结合生态学的方法规则，认识一个媒介既要将其视为一个实

---

① 参见马晓乐、宁继鸣：《孔子学院的文化价值与社会功能》，《山东社会科学》2015 年第 8 期。

② 参见宁继鸣、孔梓：《社会资源的聚集与扩散——关于孔子学院社会功能的分析》，《理论导刊》2012 年第 12 期。

③ 参见陈至立：《对外汉语推广和中外文化交流的成功实践——写在孔子学院创建 10 周年之际》，《人民日报》2014 年 12 月 19 日。

④ 管克江：《孔子学院，德中文化交流的重要平台》，《人民日报》2014 年 7 月 2 日。

⑤ 参见《写在 10 年之际——中国大学校长眼中的孔子学院》，《光明日报》2014 年 9 月 27 日。

⑥ 参见周戎：《孔子学院助力中国对外文化传播》，《光明日报》2008 年 12 月 5 日。

⑦ 蔡侗辰：《孔子学院大会在京闭幕》，《光明日报》2006 年 7 月 8 日。

体，也要视为一种关系，进而将两者结合加以考察与分析，因为任何一种媒介“它总是同一个环境、一个群落生境相连，这个环境改变它，它也改变这个环境”①。进而他提出分析媒介的三项原则：互动原则、种群原则和小生境原则。将孔子学院置于该框架下审视，可以发现作为一个客观存在并具有组织结构的实体，由于机构性质、使命和宗旨不同，孔子学院不仅表现出明显不同于一般大众媒介的传播取向，也与其他国际语言推广机构的媒介特征有所区别。

2.3.2.1 整体关涉跨文化交流

从互动原则看，孔子学院主要依托中外合作发挥媒介功能，即作为具有鲜明中华文化特色的传播机构与外部环境进行频繁多样的交流互动。跨文化交流是孔子学院的基本交往模式，形成跨文化合作是主要目标指向，两者构成了孔子学院作为媒介存在的基础。

孔子学院的性质和运营模式决定了其与跨文化交流的紧密联系。首先，在机构性质上，孔子学院是一个具有鲜明个性的国际语言推广机构。国际语言推广机构是一国基于提升本国语言国际化程度、增强国家影响力等多种考虑，在全球范围内专门设立的推广本国语言，传播本国文化的机构或组织，是各国语言国际推广战略的重要组成部分。“英国文化委员会”“歌德学院”和“法语联盟”等是当前世界范围内较具有代表性的国际语言推广机构，也是孔子学院设立运营的主要借鉴对象。跨文化传播是国际语言推广机构推广本国语言，履行相应职能的主要方式。孔子学院身处中外文化环境的交叉地带，既植根于中华文化的基础与骨架之中，又与所在地独特的社会文化环境重叠，在各类传播实践中，不论是课堂情境下的汉语教学，还是公众场合的文化交流，任何信息、知识和观念的传递、阐释、接收和过滤并非是相同文化背景下的稳定共享，而是一个基于文化差异的充满风险和变数的过程。因为“缘于文化差异，误读成为传播中无从避免的现象——即使在同一文化内部，人与人之前也会发生误读，在跨越文化进行交往之时，正常的误读自然会被放大，使交往行为变得困难重重，甚至引起关系的失谐乃至剧烈冲突”②。

其次，在运营模式上，孔子学院采取孔子学院总部、国内和国外申办方三方合作的形式，以中外共建共管、互利共赢为主要特色。所谓共建，主要体现在孔子学院办学的软硬件设备由中外方共同配备。根据《孔子学院章程》的

① ［法］雷吉斯·德布雷：《普通媒介学教程》，陈卫星、王杨译，清华大学出版社 2014 年版，第 266 页。

② 孙英春：《跨文化传播学》，北京大学出版社 2015 年版，第 158 页。

规定，孔子学院的设立流程一般由具备场所、人员和需求等办学条件的外方机构提出申请，孔子学院总部审查批准后授予孔子学院铭牌。孔子学院设立运营后，年度项目经费也由中外方共同筹措。所谓共管，主要体现各层级理事会的设立及中外方院长协商共管的管理机制。孔子学院总部和各海外孔子学院均设有理事会，由中外方按一定比例共同组成。目前孔子学院总部理事会共有 10 名外方理事，包括外国官员和知名大学校长。[①] 另外，孔子学院总部还设立了发展规划、教学指导和财务监察等 5 个专项委员会，由中外大学校长、专家学者和社会知名人士担任委员，以促进孔子学院的国际化运作。[②]

各海外孔子学院实行理事会领导下的院长负责制。理事会成员包括中外方合办机构负责人、当地政府官员、大学教授和社会知名人士等。在职能上，理事会定期召开会议，听取和审议孔子学院的年度报告和下一年工作计划，就孔子学院发展中遇到的问题进行讨论。在孔子学院的日常运营中，中外方合办机构各派出一名院长相互协作，共同管理。因而“孔子学院在国外不是一个中国机构而是一个当地机构”，“每一个孔子学院都是非常独立的，并不接受孔子学院总部的领导。每一个孔子学院有两个院长，外方院长是外国机构派的，中方院长是通过国家汉办孔子学院总部指定某一个中国大学选派。两个院长的设置听起来非常好，但在实际工作中会有各种各样的矛盾”[③]。加之孔子学院对本土汉语教师的聘任数量逐年递增，中外良好顺畅的交流沟通是孔子学院良性运营的要素之一，也是其发挥媒介功能的基本保障。

2.3.2.2　植根当地社会文化环境

“植根当地，因地制宜”是孔子学院的发展理念，直接影响了孔子学院互动介入外部环境的深度与广度。种群原则认为，没有任何观念可以独立繁殖、成长、成功，活跃的观念是同一种类个体的结合，它使得持有此观念的个体也会相应结群，从而在一个生态系统中保持灵活性和适应性。孔子学院是一个在当地注册的语言文化传播机构，归属或依托于外方机构，遵守注册地的法律法规，尊重当地教育文化传统和社会习俗是其生存和发展的根本。在此基础上，孔子学院通过融入当地教育文化体制和社区文化，理解并立足于传播者与受众共处的社会现实。

在互动介入的广度上，孔子学院构建教育、经济和文化等各个领域的多主

---

① 参见《孔子学院总部第四届理事会成员名单》，《孔子学院》2015 年第 1 期。

② 参见刘菲：《孔子学院“花开”全球》，《人民日报》（海外版）2008 年 12 月 16 日。

③ 赵振红：《前歌德学院总院长怎么评价孔子学院?》，2014 年 12 月 4 日，http：//m. thepaper. cn/newsDetail_forward_1283120。

体合作网络。在教育方面，通过开设学分课程，开展学历教育，孔子学院推动汉语和文化课程进入所在大学的课程体系和国民教育体系，在扩大汉语影响力的同时将相关教育部门纳入合作范畴。韩国启明大学孔子学院与大邱市教育厅及大邱地区共15所中学签署了合作协议，为本地中小学开展课后汉语教学和中国文化活动积极提供人力、物力的支持；同时与大邱市教育厅国际教育中心合作运营“中国馆”，面向当地中小学生举办中华文化体验活动。① 在经济方面，孔子学院通过接受社会资助，开设定制式汉语课程，实行院企直通人才培养模式，加强与当地企业、中资机构和其他相关机构的联系合作，建构以人才和资金流动为主的社会资源网络。喀麦隆雅温得第二大学孔子学院建立就业信息平台，定期发布就业信息，为当地及中资企业推荐紧缺汉语人才；在中化、中机、华为、山西建工、华山国际等六家中资企业建立汉语培训及实习基地，将孔子学院学员结业与企业用人需求进一步对接。② 在文化方面，通过举办文化展演、录制汉语普及类课程、拍摄文化纪录片等方式，孔子学院与当地博物馆等艺术文化机构、艺术演出团体和电视台等大众媒体建立合作关系。德国埃尔福特应用科技大学孔子学院与当地电视台合作，录制以孔子学院情况介绍、汉语学习和茶艺等主题的纪录短片，扩大孔子学院影响。同时该孔子学院与埃尔福特市图书馆的合作，将孔子学院的图书纳入市图书馆的目录，对埃尔福特市和图林根州市民开放。③

在互动介入的深度上，孔子学院参与公益服务，维系与当地公众的情感纽带。在认知体系中，情感与态度往往处于较为深层的区域，与人的社会文化心理紧密关联。孔子学院依托中外合作，在海外设立实体机构，其语言文化传播具有长期性与稳定性的特征，本身具有公共服务属性。许琳认为孔子学院的特殊性在于，它克服了民间机构和民间交流局限于一定范围内、持续性不强的弱点，极大满足了海外学习者的语言文化需求，为促进多元文化交流作出了贡献。④ 孔子学院通过强化服务社区理念，多渠道地参与各类公益活动，进一步拉近与受众的心理距离。英国诺丁汉孔子学院为当地癌症患者关怀小组和老年

---

① 参见孔子学院总部：《启明大学孔子学院》，《第十届孔子学院大会交流材料（亚洲）》，2015年，第251页。

② 参见孔子学院总部：《雅温得第二大学孔子学院》，《第十届孔子学院大会交流材料（非洲）》，2015年，第91页。

③ 参见孔子学院总部：《埃尔福特应用科技大学孔子学院》，《第十届孔子学院大会交流材料（欧洲）》，2015年，第161—162页。

④ 参见程也：《孔子学院的使命：有朋在远方——专访国家汉办主任、孔子学院总干事许琳》，《社会观察》2010年第10期。

活动中心举行中国文化工作坊活动，得到当地媒体的高度赞扬。[①] 普吉孔子学院设立红树林项目，接受当地政府和社团赞助，发动汉语学习者种植红树林，促进环保和帮助当地贫困家庭开发旅游资源。[②] 澳大利亚昆士兰大学孔子学院与昆州警署（QPS）合作，在昆州北部地区开展一项针对国际游客的安全教育活动，获得所在大学、凯恩斯市市长及中国驻布里斯班总领馆的支持。[③]

2.3.2.3　双向作用于中外社会发展

语言文化交流具有双向性特征，孔子学院向海外传播中国语言文化，构建中外文化交流的综合性平台，双向作用于中外社会发展，对双方社会结构与文化形态变迁均有深远影响。

从短期影响看，孔子学院促进了中外持续稳定的互动交流，促成了教育、经济、文化、政治等多领域的合作，增进了民众间的认知与理解，取得了较为可观的经济效益和社会效益。以人员交流为例，2015 年孔子学院派出中方院长、教师和支援者 1.61 万人[④]，而每年通过“汉语桥”等相关项目来中国访问参观的外国学生人数在2000 名左右，中小学校长在 1500 名左右。[⑤] 大规模的人员往来对开拓旅游产业，促进经贸发展都产生积极影响。

从长远看，孔子学院能够影响中外社会和文化变迁。作为一种基于青年教育的语言文化传播，孔子学院具有面向青少年、面向未来的长远战略价值。以孔子学院为媒介，能够培养一批掌握外语技能，具备跨文化交际经验和技能，善用中外思维模式，理解多元文化及价值观的国际化、复合型人才。新疆师范大学党委书记梁超认为，孔子学院的发展体现了国际理解实现的成果，因为以孔子学院为平台，各种文化、文明和价值观得以频繁互动，能够使人们意识到文化间的共性与区别，进而以理性思维、多元文化价值观和国际理解的交往方式履行人才培养、社会服务和文化传承等使命。[⑥] 巴哈马大学孔子学院院长霍尔丹·蔡斯认为，作为巴哈马的重要文化品牌，孔子学院已成为提升当地学生

---

① 参见孔子学院总部：《诺丁汉大学孔子学院》，《第十届孔子学院大会交流材料（欧洲）》，2015 年，第 1246 页。

② 参见孔子学院总部：《宋卡王子大学普吉孔子学院》，《第十届孔子学院大会交流材料（亚洲）》，2015 年，第 791 页。

③ 参见孔子学院总部：《昆士兰大学孔子学院》，《第十届孔子学院大会交流材料（大洋洲）》，2015 年，第 51 页。

④ 参见孔子学院总部/国家汉办：《孔子学院年度发展报告 2015》，2015 年，第 13 页。

⑤ 参见王顺箐：《以孔子学院为媒介，促进海外旅游市场开发》，《中国旅游报》2014 年 3 月 12 日。

⑥ 参见《写在 10 年之际：中国大学校长眼中的孔子学院》，《光明日报》2014 年 9 月 27 日。

国际竞争力和世界公民素质的重要机构。[①]

2.3.2.4 注重人文交流与民间交往

孔子学院以促进中外人文交流与合作为目标。人文交流多被纳入公共外交范畴，本身具有较为宽泛的所指，涵盖教育、科技、文化、体育、妇女和青年等多个领域，实质上是一种面向普通公众，广覆盖、宽领域和多渠道的文化传播模式。孔子学院注重人文交流和民间交往，以海外公众为主要受众，通过在教育、文化、科技、学术等领域的交流互动，培育民众间相互理解和信任的关系，夯实国家关系和民意基础，形成民间交往的稳定机制。

在国家层面，孔子学院通过拓展多元文化交流渠道，增进他国民众对中国的了解，推动国家间、地区间的对话与合作。在传统外交框架下，一国与他国民众之间的信息流基本是单向的，即国家、政府层面以一种独白的方式进行信息发布，缺乏回应与互动。孔子学院以教育文化交流的方式建构了民众间面对面的互动交往渠道，也成为中国国家领导人和政府官员接触、了解海外民众的重要场合。2011 年 1 月，李克强访问英国时，与孔子学院的学生进行互动交流。[②] 2014 年 3 月，习近平在柏林会见德国汉学家、孔子学院师生代表，并进行加强中德语言文化交流座谈。[③]

在民众层面，孔子学院推动民间友好交往，了解不同国家的生活方式与文化理念，共同面对人类社会发展中的问题和挑战。相对于政府与民众之间由于地位悬殊造成的交流不对等和不对位的问题，孔子学院尝试以更平易、亲和的方式介入当地社会，根据当地需求拓展多样化的文化交流渠道，从生活方式和文化理念层面促进民众对中国的认知和了解。首先，通过设立奖学金和其他资助项目，孔子学院协助外国学生、学者以及部分民众到中国学习、参观和体验，近距离观察中国当代生活，与中国人进行面对面的交流，直观感受中国文化。设立于 2009 年的孔子学院奖学金，截至 2015 年底共资助来自 168 个国家近 3 万人来华学习。[④] 其次，孔子学院为区域间的战略合作提供教育教学和文化交流等各类服务。自“一带一路”建设提出以来，孔子学院通过召开全球

---

① 参见黄金鲁克、杨桂青：《孔子学院：当世界与中国在这里相遇》，《中国教育报》2013 年 12 月 13 日。

② 参见饶爱民：《李克强同英国孔子学院学生亲切交流》，2011 年 1 月 13 日，http：//news. xinhuanet. com/world/2011-01/13/c_12974402. htm。

③ 参见徐剑梅、唐志强：《习近平同德国汉学家、孔子学院师生代表座谈》，2014 年 3 月 29 日，http：//politics. people. com. cn/n/2014/0329/c1024-24772378. html。

④ 参见孔子学院总部/国家汉办网站，奖学金，http：//www. hanban. edu. cn/jxj. htm。

或地区性会议，探讨如何促进中国与沿线国家的人文交流和经贸合作。2015年，第十届孔子学院大会以“孔子学院与‘一带一路’”为主要议题之一，由中外大学校长和孔子学院中外方院长一起讨论如何在新时代需求下阐释孔子学院使命和任务。最后，对于气候变化、科技发展和环境保护等人类共同关心的问题，孔子学院创设了公众讨论的空间和环境。2015年3月，法国布列塔尼孔子学院召开以“中国智慧城市”为主题的国际学术研讨会，来自中国、法国及欧洲其他国家的专家等250余人参加了研讨。①

① 参见孔子学院总部：《布列塔尼孔子学院》，《第十届孔子学院大会交流材料（欧洲）》，2015年，第494页。

第3章　孔子学院的媒介功能分析

上一章主要从实践层面阐明孔子学院是传播中国语言文化的重要媒介，其媒介性质在发展中日趋鲜明，并显示出不同于一般大众传媒和其他国际语言推广机构的媒介特色。本章从媒介环境与宏观社会环境互动的角度，根据孔子学院在社会系统中所处的位置以及与外部环境的互动特征，对孔子学院媒介功能的内涵、表现和社会影响进行论述与分析，从学理上探讨孔子学院作为媒介“为何”的问题。

3.1　孔子学院媒介功能的内涵

“功能”从字面上解释就是指事功和能力，包括事物已经存在和应该发挥的作用，具有客观性和先在性特征。孔子学院的媒介功能是孔子学院基于媒介性质，在传播实践中所体现出的特性和潜在能力，是一种历时的客观存在，具有实在性与发展性的特征。据此，我们将孔子学院的媒介功能视为一个传播系统内部诸要素与外部环境互动的连续过程，从静态和动态两个方面剖析孔子学院媒介功能的内容与特性。

3.1.1　静态分析

孔子学院媒介功能的静态是指以孔子学院为媒介所构成的传播系统，即传播主体、传播内容、传播渠道等要素与外部环境所呈现的相对稳定的互动形态。孔子学院媒介功能的静态分析主要遵循系统与环境的对应关系，探讨孔子学院与外部环境的共时影响。根据实践层面孔子学院功能拓展的轨迹，按功能影响的辐射范围可将孔子学院媒介功能分为基础功能、主要功能和延伸功能三个主要层次（见图3-1）。

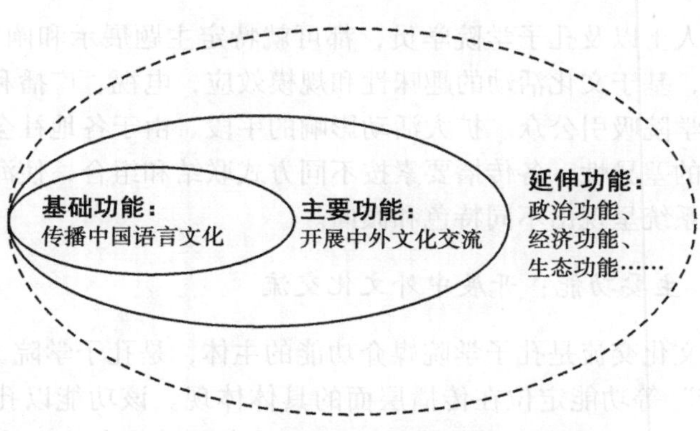

图 3-1　孔子学院媒介功能（静态分析）

3.1.1.1　基础功能：传播汉语和中国文化

传播汉语和中国文化是孔子学院媒介功能的核心与基础。根据《孔子学院章程》的相关论述，孔子学院是以中外合作形式设立的推广中国语言和文化的非营利性机构，以向海外教授汉语，传播中国文化为主要任务，以多样化的教学和文化活动为实现手段。

教学活动本身是一种传播活动，以汉语和文化教学为中心，孔子学院建构了自身传播系统的基本框架。教育传播学认为，教育"是一种以培养和训练人为目的而进行的信息传播活动"①。从该理论视角切入，孔子学院的语言文化教学，是以提升人的语言技能和文化素养为目标的传播活动，其基本传播模式是在课堂情境下，孔子学院教师作为传播者，以中国语言文化知识为主要传播内容，按照一定的教学目的和教学要求，通过教材、教具和音视频材料等多样化渠道，与学员进行信息交流。其中，孔子学院教师和学员作为传播主体，在孔子学院所创设的传播情境中进行人际间的交流互动，构成了孔子学院传播系统的基本框架。

与教学活动相较，文化活动是对基本框架丰富和拓展后的传播实践，具有多样性和开放性的特征。孔子学院的文化活动主要面向当地民众，以传统文化和当代中国为主要传播内容，涉及人际、组织、群体和大众等多个层级的交流互动。在传播环境上，文化活动不受课堂传播情境的局限，包含学校、企业、社会机构和驻外使领馆等特定空间，以及博物馆、音乐厅、展览厅和广场等公共场所。在传播者方面，除孔子学院教师外，各领域专家、学者、民间艺术

① 黄鹤、吴廷俊：《教育传播学新探》，《现代传播》2003 年第 1 期。

家、社会知名人士以及孔子学院学员，都可就特定主题展示和阐释中国文化。在传播渠道上，基于文化活动的趣味性和规模效应，电视、广播和网络等大众媒介成为孔子学院吸引公众、扩大活动影响的手段。由于各地社会文化环境和文化活动主题的差异性，各传播要素按不同方式联结和组合，使海外各孔子学院的媒介功能系统呈现出不同特色和倾向。

3.1.1.2 主要功能：开展中外文化交流

开展中外文化交流是孔子学院媒介功能的主体，是孔子学院“窗口”“桥梁”和“纽带”等功能定位在传播层面的具体体现。该功能以孔子学院“开展中外语言文化交流活动”职能为基础，以教育领域为起点，在孔子学院发展中逐步辐射至经济、政治和文化等多个领域，特别是在人文交流方面成效显著，孔子学院因此被称为“中外人文交流史上的一大创举”①。作为一个具有开创性的传播模式，持续稳定、强调双向互动是孔子学院中外文化交流的主要特征。

持续稳定主要指通过海外实体建设，建构覆盖全球的传播网络，孔子学院构建了中外文化交流的长效机制。此前，中外教育文化交流主要以项目合作的形式展开，尽管有一定比例的长期项目，但仍易受到国际形势、两国关系和政策变动的影响，难以在整体上形成长期稳定的交流机制。与之相较，作为具有外方性质的实体机构，孔子学院植根于当地社会，从中外合作机构及孔子学院总部获得稳定的资金和资源投入，具备实现长期、稳定和持续交流的条件。自2004年孔子学院设立以来，除个别孔子学院因外方原因停办或退出外，绝大部分孔子学院都能维持日常运作，形成了覆盖全球、体量巨大的传播网络，为孔子学院中外文化交流的持续稳定开展，奠定了较为的坚实基础。

强调双向互动是指以孔子学院为媒介，中外民众能够实现高效、深入的交流沟通。交流是基于双方互动的传播活动，具有显著的双向性特征，加之文化本身的复杂多元，使得文化交流对传播的互动程度提出了更高的要求。孔子学院开展的文化交流活动以面对面的人际交往为主要形式，具有双向性强、反馈及时和互动频率高的特点，与文化交流传播特征相契合。另外，孔子学院的文化交流活动多在普通民众层面展开，传播双方地位的对位和对等增加了交流的灵活性和自由度，进一步提高了双方的互动水平。

---

① 刘延东：《携手促进孔子学院事业发展　共同谱写中外人文交流的新篇章——在第八届全球孔子学院大会开幕式上的主旨演讲》，《孔子学院》2014年第1期。

3.1.1.3　延伸功能：政治功能、经济功能和生态功能等

延伸功能是孔子学院“传播汉语和中国文化”“开展中外文化交流”两项主体功能与社会各领域交叉所衍生出的功能，具有生成性和建构性的特征。延伸功能是一个持续发展的动态过程，既与孔子学院整体发展以及与各领域的交叉态势有关，也取决于海外各孔子学院的具体实践。本书仅选取政治、经济和环境生态三个较有代表性的领域，对孔子学院的延伸功能进行举例分析。

在政治方面，传播学的功能主义社会学与建构主义社会学观点认为，信息与传播是促进社会政治经济构型变迁的重要因素。不同于一般的大众传媒，以孔子学院为媒介的信息流动不仅仅是信息单纯地从发出者流向接收者，它既是一个中介化的过程，也是一个意义转换与再生产的过程。它为人们达到一种新的心智状态和文明程度创造了一个话语空间，在这个空间中，关于全球化、地缘政治和社会治理等相关话题可以被言说、讨论和想象。特别在当前，以中国为代表的新兴国家的崛起说明存在多种国家发展路径，而不同的发展路径也意味着与发展相关联的政治、经济和社会的关系构合和配置存在不同的逻辑，孔子学院以参与、交流和分享的传播理念，在这些不同发展逻辑间发挥了或沟通借鉴、或澄清的沟通疏导作用，为建构一种可以在全球化背景下不同社会形态共存的参考框架提供了实践的场域。

在经济方面，马克思曾明确指出，信息传递是一种生产力。作为一种组织化和制度化的传播实践，孔子学院的经济功能主要作用于汉语国际教育和与其他产业协同发展两个方面。一是以孔子学院为媒介，优化了中国语言文化资源的全球配置，延伸了汉语国际教育的产业链。通过开展汉语教学、提供教育咨询、传播中华文化，孔子学院进一步刺激了海外社会的汉语学习需求，推动个体潜在汉语学习需求进一步凸显，扩大了海外汉语教育市场，带动了教材编写、标准化考试研发、文化产品研制和师资培养培训等相关环节和领域的创新与变革，推动了整个汉语国际教育产业发展。二是孔子学院通过发挥媒介功能，为科教文化等其他产业经济活动提供信息服务，促进相关产业结构调整，提升其国际化水平。基于孔子学院中外合办共管的运营决策机制，拉近了中外高校之间的距离，便于开展与不同教育主体之间的交流与合作，吸引海外生源，促进教育产业化发展。另外，随着武术、农业和纺织服装等一批特色孔子学院的相继设立，提升了海外民众对此类文化的认知水平，有助于相关产品服务进一步打开海外市场。

在环境生态方面，人们与外部环境的联系并非仅仅局限于由人参与建构的社会文化环境，自然环境作为外部环境的一部分也深刻影响着人的存在与发

展。作为一种总体性危机，环境危机具有全球性、突发性、不可预见性等特点，环境议题在各国民众意识中获得了很高的优先性，并长期作为重要的政治议题被普遍关注。孔子是“天人合一”思想的主要提倡者，孔子学院自设立以来也一直提倡和谐的价值理念，并通过各种形式的传播活动反对“人类中心主义”观念，提升环境风险意识，塑造平等和谐的生态关系。另外，孔子学院的生态功能也包括以生态论的视角看待人与客观世界的关系，以平等、和谐和可持续发展的眼光审视自我与他人、人与自然的联系，从人类命运共同体的高度思考现代性问题。

3.1.2 动态分析

媒介学认为，媒介最重要的功能是完成从观念到物质力量的转化，在该过程中，作为媒介的机构与组织是“散播的场地和关键因素”，并“作为感觉的介质和社交性的模具而进入媒介学的领域”。[①] 据此，我们可以将孔子学院的媒介功能视为一个不断推动观念扩散，并将其转化为物质力量的连续体。从动态发展的角度，鉴于孔子学院目前呈现的发展轨迹，我们认为主要呈现媒介机构、媒介平台和媒介环境三种不同的功能形态（见图 3-2）。

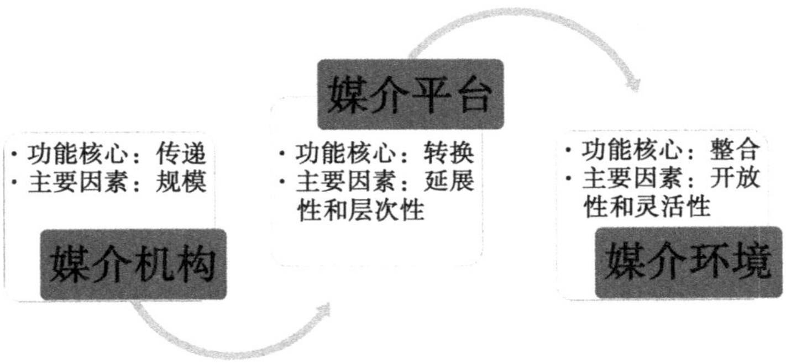

图 3-2 孔子学院媒介功能（动态分析）

3.1.2.1 媒介机构层面的传递功能

传递是孔子学院在媒介机构层面的主要功能，主要包含信息传递和资源传输两个主要层次，两者互相依存，统合于孔子学院的传播实践中。根据媒介学

---

① ［法］雷吉斯·德布雷：《普通媒介学教程》，陈卫星、王杨译，中国传媒大学出版社 2014 年版，第 4 页。

对媒介的相关界定，媒介是使象征符号产生有效性，即影响人的行为的因素。判断媒介的标准并非是外在形态，而是其所处的位置和发挥的功能，即它是否具有中介功能。对此，德布雷论述为："一个咖啡馆、一次研讨会、一座科学研究院，在各种机会条件下，只要是用来作为一个组织集体变化（比如一种思想潮流）的载体，作为某种思想形式的模式，都可以承担'中介'的功能。"① 信息和资源从观念和物质两个层面为孔子学院发挥中介功能奠定了基础。其中信息主要包含与汉语和中国文化相关的知识、规范和观念，涉及语言和非语言符号两个系统。资源主要包含办学场所、师资、办学资金、教材、技术设备等，它们能够承载信息，并为信息的流通提供空间、物质和制度保障。在孔子学院的传播实践中，信息传递与资源传输往往以整合一体的形式出现，依附于以孔子学院为媒介的传输渠道和信息网络。

规模是影响媒介机构层面孔子学院传递功能实现的主要因素。孔子学院的规模主要通过数量和覆盖范围体现。如同节点和连线之于网络的价值，孔子学院数量上的增加和覆盖范围的扩大能够直接提升信息传递和资源传输的总量和广度，促进传递功能的实现。在这一点上，孔子学院设立以来，一直保持数量上的高速增长，"几乎每周创建一所新的孔子学院"，快速完成了孔子学院网络在全球的整体铺设，受到世界同类机构的瞩目。日本国际交流基金会理事长安藤裕康在多个场合强调孔子学院在全球范围内的快速增长，以求得政府和公众对该机构发展的支持。应该说，相对于政府层面的援助与扶持，促进孔子学院快速发展的主要原因还是其独特的办学模式。许琳认为，孔子学院通过与外国院校合作的办学模式，赋予合作院校充分的办学自主权，因而发展得很快。

3.1.2.2　媒介平台层面的转换功能

转换符号、资源与关系是孔子学院在媒介平台层面的主要功能。在传播活动中，媒介的转化功能基于人对自然事实与社会事实的认知差异。以韦伯为代表的理解学派认为，人们没有办法发现规律，只是理解意义。因为人需要在历史与语言中理解事物并做出行动，它们作为人认识的前置物帮助但也制约着人的理解，所以并不存在完全客观的事实，人也难以发现纯客观的科学真理。② 德布雷对此持认同态度，认为"人们不能对一个一无所知的事实实施行动"，因为"人类现象缺乏普遍的衡量，缺乏统一接受的公制，缺乏试验和演习的

---

① ［法］雷吉斯·德布雷：《普通媒介学教程》，陈卫星、王杨译，中国传媒大学出版社 2014 年版，第 129 页。

② 参见秦亚青：《第三种文化：国际关系研究中科学与人文的契合》，《世界经济与政治》2004 年第 1 期。

可能性而变得不稳定，本质上它是不可能被塑造的”，所以“知道的人不一定是懂得行动的人。发起人情感和想象的主体更多的是由神话和具有活力的神话化的东西孕育而成的，而不是冷冰冰的客观性孕育而成的。”① 媒介在传播中发挥了将“冷冰冰的客观性”转换为人能够理解的社会事实的转换功能，前文论述的大众媒介功能研究提出的“解释”和“联系”即是转换功能的体现。

孔子学院作为侧重知识和理念传播、关注文化传承的媒介，转换功能相对于信息传递占据功能系统的主体位置，具体表现为对符号、资源和关系的转换。首先，在符号层面，将中国文化的价值理念与具有差异性的受众认知接轨，是转换功能实现的主要目标。这需要以汉语的持续传播为基础，因为语言作为一个重要的社会因素，具有交际工具和文化载体的双重属性，即如洪堡特所提出的，“在全部可思维的领域中，语言是一种无可比拟的独特现象”，“它的每个成分都依赖于其他成分存在”，“所有成分则都依赖于一种通贯整体的力量存在”。② 2015 年，中国国家主席习近平在参加全英孔子学院和孔子课堂年会中谈道：“语言是了解一个国家最好的钥匙。”从受众角度强调了语言学习之于媒介转换功能的重要性。在此基础上，符号层面的转换还包括对思维和话语方式的转换，即从传播者一方积极寻求和探索对外话语体系的建构。许琳认为“凝练中国文化价值，并在凝练的基础上讲述自己的故事”是孔子学院发展的“迫切需要”③，并提出建构对外汉语体系要以换位思考为起点，认为孔子学院创办 10 年，从宏观到微观，每时每刻都会遭遇换位思考的问题。因而不应回避，而是要坚持学习实践用对方的思维和话语方式介绍与阐释中国。④

其次，符号转换要以资源转换为基础，即通过对资源的重新整合和功能改变，为符号转换提供资源保障。作为转换的内容，资源主要指社会资源领域，与自然资源相对应，以人力资源和各类语言文化资源为主体。资源整合与功能转变是资源转换的主要形式。以人力资源为例，汉语教师是孔子学院人力资源的主体，目前主要由国家公派教师、志愿者教师和本土教师三部分构成。尽管三者均具备汉语教师资质，但仍需要通过选派和培养培训等环节，实现从潜在

---

① ［法］雷吉斯·德布雷：《普通媒介学教程》，陈卫星、王杨译，清华大学出版社 2014 年版，第 64 页。

② ［德］威廉·冯·洪堡特：《洪堡特语言哲学文集》，姚小平编译，湖南教育出版社 2001 年版，第 1—2 页。

③ 藤依舒、袁媛：《第二届“文化‘走出去’：中国当代文化价值凝聚与国际传播路径”国际论坛会议综述》，《现代传播》2014 年第 8 期。

④ 参见许琳文、韩业庭采访整理：《构建对外话语体系要学会换位思考》，2014 年 3 月 13 日，http：//news. gmw. cn/2014-03/13/content_10661159. htm。

师资到孔子学院语言文化传播主体的转变。对于公派汉语教师，主要体现在教学理念和方法的转变，即以适应海外社会文化环境和孔子学院开放办学理念的教学思路与方法，替换国内对外汉语和中小学语文教学思路，将汉语言本体知识转化为适应海外汉语学习者认知风格的汉语教学技能。对于汉语教师志愿者，主要是理论向实践、知识向能力的转化。自 2007 年汉语国际教育硕士专业学位设立以来，该专业以汉语教学、中华文化传播和跨文化交际三项能力为核心，以国际汉语教师职业需求为导向，培养汉语国际教育人才，成为国际汉语教师志愿者的主要对口专业。不过对于缺乏工作经验的学生而言，如何实现学生身份向职业身份的转变是其主要面临的问题。对于本土汉语教师，在发挥适应当地社会文化环境和汉语教学特点的优势的基础上，强化其专业素养和对中国文化的认知，实现从汉语学习者或教授者到中国语言文化传播者的身份转换。对此，孔子学院总部每年进行多种层次的孔子学院教师选派和培训，将“国际汉语教师证书”纳入教师选派条件，委托国内高校承担教师培训项目，于 2013 年和 2015 年分别设立“孔子学院院长学院”和“孔子学院教师培训中心”，专门承担教师培训任务。各海外孔子学院主要以项目形式开展本土汉语教师培训，依托国内合办单位，形成中外合作的国际汉语教育人才培养模式。

最后，在关系层面，依托符号与资源转换成果，将原本疏离甚至是敌对关系转换为相互承认，能够进行互动和交流的主体间关系，是转换功能的主要体现。关系转换以社会互动和认同建构为基础，分别以文化共性和差异为前提。社会互动是基于人社会性的基本活动，即杜威一再强调的：“人不可能不传播。”不同文化之间的隔阂与屏障是孔子学院社会互动需要跨越的主要障碍，因为“深嵌在‘社会机构’中的文化是一定人群共享的价值观、规范、信仰和态度，构成了社会互动依赖的潜在的假设和期待”①。基于此，从文化共性出发，将不同主体的意识和行为与文化和社会机构相联系，是实现社会互动、奠定关系转换的基础。在此之上，以共情原则对文化差异进行阐释，获得主体间感情和心理上的趋同，是关系转换的另一个层面。利用人际传播的情境优势，以情感交流促进对文化差异的包容与理解，是孔子学院发挥转换功能、促进关系转换的主要方式。对此，许琳多次强调：“找朋友，交朋友是中国文化传播的首要途径。”②

① 孙英春：《跨文化传播学》，北京大学出版社 2015 年版，第 211 页。

② 滕依舒、袁媛：《第二届“文化‘走出去’：中国当代文化价值凝聚与国际传播路径”国际论坛会议综述》，《现代传播》2014 年第 8 期。

在媒介平台层面，延展性与层次性是考量孔子学院转换的主要维度。延展性主要指平台能够有效应对多元需求的能力。对于一般企业平台而言，平台拓展性越强，其所能提供的产品与服务类型越多，对相关领域的整合和控制也越强。对于孔子学院来说，延展性增强能够有效提升对多元文化环境的应变力和适应力，有助于提升合作水平和服务质量，进而增强语言与文化传播能力。由于需求既需要被发现和满足，也需要不断培育和维持，因而孔子学院延展性的增强很大程度上取决于语言文化传播实践的深度与广度。层级性主要指向平台内部结构，即不同模块的组合关系。基于发展目标的不同，不同企业或组织对平台结构的要求也不相同。网络社交媒体着力保持平台的扁平结构和低门槛，以吸引尽可能多的用户进入。与之相较，孔子学院在吸引多元主体参与的同时，还需兼顾传播效率、资源调配、区域协同和多边合作等诸多问题，需加强多层次的立体化平台建设。2016 年，以孔子学院总部为依托，通过建设汉语国际教育推广基地，接纳社会力量参与孔子学院建设，基本打通了国内语言文化资源的供给通路。海外示范孔子学院和孔子学院海外地区中心的设立，使得各孔子学院的信息沟通与资源共享能力进一步提升。不过，对于网络外部性内生化的问题，即如何从主动培育参与主体层面，吸引更多民众参与多元文化交流与共享，仍是孔子学院需要探索和解决的问题。

3.1.2.3 媒介环境层面的整合功能

对多元文化理念和价值的整合，是孔子学院在媒介环境层面的主要功能。尽管从广义上理解，任何媒介均可视为一种环境式的存在，发挥整体性的媒介影响，但媒介环境层面特指孔子学院在经历机构和平台发展阶段后，呈现出的有较强辐射力和协调力的媒介形态。文化多元化是孔子学院设立与发展的宏观背景，促进多元文化的理解与交融是孔子学院的宗旨和目标，即如《孔子学院章程》中描述的“促进世界多元文化发展，构建和谐世界”。在媒介环境形态下，基于传递和转换功能的累加效应，孔子学院辐射空间和领域更加广泛，对系统内部多元参与主体的利益与关系协调能力增强，具备了在文化理念和价值层面的整合能力。

孔子学院媒介环境层面的整合功能属于文化整合范畴。作为增强社会凝聚力和有序性的一种方式，文化整合能够在容纳多种文化因子的基础上，使群体成员在保有各自看法和立场的前提下，认同组织或群体提倡的价值理念。[①] 文化共识存在的必然性和人类达成文化共识的可能性是文化整合的前提。基于人

① 参见朱志刚：《论思想政治教育的文化整合功能》，《理论学刊》2007 年第 11 期。

类的共同本性、生活实践和频繁的跨文化传播活动，不同文化之间相同或相似之处被进一步发现，证实了文化共识的存在。同时，文化多元化的发展趋势使得文化共识成为全球层面的共同追求。德布雷认为，人类思想与技术的发展存在某种不同步和不对位的现象，他将其命名为“慢跑效应”，即每一次设备工具的“大跃进”都会出现精神上的“大退步”，其突出表现是在当前物体和符号全球化的同时，产生了主体和价值部落化的趋势与需求。换言之，单一的技术贫乏激发了对多文化的需求。[①] 以此为动力，文化共识的实现成为必然与可能。1997年由联合国大会发布的《人类责任宣言》明确提出：需要寻求符合任何个体和机构的价值规范，实现人类的进步与改善。不过，需要说明的是，对文化理念和价值的整合并不能简单等同于文化整合，前者指的是文化间相互协调、和谐共存的状态，后者则带有更多的趋同和一体化的意味。

孔子学院的整合功能主要体现在对多元参与主体关系的协调。参与主体多元是孔子学院的媒介特色之一，也是孔子学院实现多元文化融合的前提。目前，孔子学院已经形成了以与当地政府、教育机构、企业和社会组织等联系为主的外部网络，以海外孔子学院、孔子学院总部和中外合办机构联系为主的内部网络，两者构成了孔子学院的社会网络系统，形成了以国际教育和文化传播为核心的网络架构。[②] 孔子学院社会网络的形成与拓展既证明了多元主体的存在，也为参与主体的进一步多元化提供了可能。基于此，围绕孔子学院发展强化合作、凝聚共识，是孔子学院实现主体关系协调的主要方式。孔子学院大会作为每年由孔子学院总部组织召开的全球性会议，与会人员包括孔子学院总部理事会主席、副主席等理事会成员，海外孔子学院中外方院长，所在大学校长，国内合作大学校长，其他中外方合作机构负责人，各省教育厅和驻外使馆的代表，以及社会知名人士等，是孔子学院各方参与主体凝聚共识、密切各方交流、加强合作的途径之一。孔子学院大会自2006年以来已连续举办十届，被称为“教育达沃斯”[③]，首届大会参会人员规模为300人左右，后呈逐年上升趋势，第十届参会人数已达2300余人。

在媒介环境层面，开放性与灵活性是影响孔子学院媒介功能实现的主要因素。对文化观念和价值的整合前提，是以合理、适当的方式处理文化间的差异以及因此引起的误解和冲突。开放性强调了心态上的开放和包容，即从全球范

---

① 参见［法］雷吉斯·德布雷：《媒介学引论》，刘文玲译，陈卫星审译，中国传媒大学出版社2014年版，第202、206页。

② 参见孔梓：《孔子学院社会资本研究》，山东大学博士学位论文，2015年，第22、24页。

③ 董少校：《第十届全球孔子学院大会闭幕》，2015年12月8日，http：//www.moe.edu.cn/jyb_xwfb/s5145/201512/t20151208_223846.html。

围内认识和理解他者文化，而非基于狭隘的民族性和地方性来理解他者的生存状况。对于孔子学院而言，这不仅应是对中方的要求，而应是所有参与主体的共识。由于意识形态差异和历史等因素，海外对于汉语和中国文化的误解甚至敌视依然存在，尽管孔子学院致力于建构多元文化对话的中间环境和开放场域，但若在互动中缺乏基本的道德约束，缺少独立、平等、尊重和理解、宽容的对话基础，则难以实现对文化共有价值的探寻。这即如杜维明曾谈到的，文化多元并非主张文化孤立主义或保护主义，而通过加强文化间的对话和沟通可以将对文化价值理念的多元追求和文化相对主义有效区分。① 灵活性则更多体现在策略层面。作为一个多边平台，孔子学院必然要面对主体间的多种博弈，需要通过恰当的规则调整和协商途径，灵活处理不同文化间的矛盾和冲突，实现多方受益。对于文化上出现的冲突和误解，孔子学院多采取协商、调节和斡旋等外交方法，具有一定灵活性特征。以 2012 年美国孔子学院教师签证风波为例，对于美方要求持 J-1 签证的孔子学院教师离境的要求，孔子学院通过及时通报、协商以及由美方合办机构提出抗议的方式顺利化解。

综上所述，孔子学院的媒介功能是一个多层次、立体化的功能系统：在共时层面，是以传播汉语和中国文化为基础，开展中外文化交流为主体，与政治、经济、生态等各领域结合产生相应功能为延伸的功能体系；在历时层面，是以媒介机构、媒介平台和媒介环境为形态，以传递、转换和整合为核心功能，逐步推进的功能连续体。不过需要说明的是，尽管借助相关理论，我们能够通过静态和动态分析对各功能进行相对清晰的界分，但在传播实践中，各功能之间呈现模糊甚至相互重叠的状态。这是理论分析难以克服的缺陷之一，即为了表明功能之间的不同逻辑，不可避免地将其典型化和理想化。不过，最主要的原因是因为孔子学院媒介功能本身具有动态生成性的特征。从孔子学院自身发展来看，随着孔子学院参建主体的多元化，孔子学院数量、学员人数、授课总量、开展文化活动总量以及参与受众人数等指标的持续快速增长，以孔子学院为媒介的语言文化传播活动也早已突破了常规教学日程和具体教学空间的限制，表现为多样化与个性化的传播实践。从孔子学院与外部环境的互动看，基于孔子学院的属地性特征，海外自然环境与人文环境的异质性，使得孔子学院的功能构成与侧重也因时因地有所不同。总体而言，实践层面的孔子学院功能整体呈现多元复合的特征，并不一定呈现内外分明的功能层次和线性的发展逻辑。

---

① 参见杜维明:《文化多元、文化间对话与和谐》,《中外法学》2010 年第 3 期。

3.2　孔子学院媒介功能的作用机理

社会学家伊莱休·卡茨（Elihu Katz）通过对大众媒介“使用与满足”问题的研究，在其论文《个人对大众传播的使用》中提出，受众对大众媒介使用的基本逻辑是：①需求的社会和心理起源；②人们的需要；③需求产生的期望；④期望指向的大众传播媒介或其他来源；⑤这些来源引向对不同形式媒介的接触（或参与其他活动）；⑥由接触造成需要的满足；⑦与满足同时产生的其他后果，也许大多是无意获得的结果。[①] 由此可见，需求是受众接触和使用大众媒介的根本动因。尽管作为媒介，孔子学院与大众媒介存在区别，但基于人心理机制层面的共性基础，人们对孔子学院的接触与使用也基本遵循该逻辑。从孔子学院的建设发展历程来看，需求也一直是孔子学院语言文化传播的实践起点。

3.2.1　基本原理

需求是孔子学院的设立与发展、孔子学院媒介功能作用的生成与实现的基本动力。中外社会对孔子学院的需求范围持续扩大、层次逐渐丰富，促使孔子学院的媒介功能不断拓展。

3.2.1.1　孔子学院建设发展的需求导向

从设立初衷看，全球“汉语热”及其所催生的汉语国际市场的巨大需求是孔子学院投入建设的主要原因。《孔子学院章程》第一章总则第一条即明确提出：适应世界各个国家和地区人民学习汉语的需要，是孔子学院设立的初衷与主要目标。孔子学院总部首任理事会主席陈至立在首届孔子学院大会上对此进行了较为清晰的表述：“随着中国经济的不断发展，国际地位的持续提升，原有的汉语教学机构和运作模式已不能满足急速增长的汉语学习需求。对此，2003 年 3 月，国家对外汉语教学领导小组决定在海外设立名为‘孔子学院’

---

① 参见殷晓蓉：《美国传播学受众研究的一个重要转折——关于“使用与满足说”的深层探讨》，《中州学刊》1999 年第 5 期。

的汉语推广机构。”① 加之在“走出去”直面需求的过程中，孔子学院感受到巨大的发展压力与动力，即许琳所提到的“外面的需求实在太大了，有时有种还没准备好就要出征的感觉”②。因而孔子学院的“需求导向”更为明确，在设立初期，针对海外汉语学者的实用性需求，采取了突出汉语教学的大众化、普及性和应用性特征，强调中华文化的平易性与贴近性，以求汉语使用价值和文化价值同步“增值”的传播策略。

在孔子学院的发展中，需求也是引导孔子学院功能拓展和平台发展的主要驱动力。谈及对孔子学院认识的不断深入，许琳认为：孔子学院成立的目的是推广汉语，但随着对其认识的逐渐深入，人们开始意识到孔子学院不仅是一个学习汉语的场所，还是一个向当地民众介绍中国文化、经济和当代中国的交流平台，是促进双方教育、文化和经济交流的“大好平台”。③ 平台经济学认为，平台具有双边性，是双方需求共同驱动和维系的产物④，孔子学院的发展由单向的语言教育需求-供给转变为中外交流需求双向驱动，具有了中外共享的社会意义与文化价值，即如习近平强调的：“孔子学院属于中国，也属于世界。”⑤

在未来发展方面，需求导向是孔子学院将持续坚持的基本策略。《孔子学院发展规划（2012—2020年）》针对海外语言文化需求日益多样化的发展趋势，以“坚持科学定位，突出特色”为基本原则，提出将有机结合汉语教学和文化交流，根据国别和当地实际需求设置课程，开展特色文化交流活动，适应需求的多样化与多层次。刘延东在第十届孔子学院大会主旨发言中，依据行为主体的不同，将各类需求细分为“各国汉语学习者日益多样化个性化的需求”，“企业和社会组织对复合型实用型人才的需求”和“夯实国家关系民意基础的要求”，进一步明确了孔子学院的功能定位和发展路径。⑥

---

① 孔子学院总部/国家汉办：《陈至立国务委员在孔子学院大会开幕式上的讲话摘要》，《国家汉办年度报告2006》，2006年，第10页。

② 张娟：《从“请进来”到“走出去”——访国家汉语推广领导小组办公室主任许琳》，《今日中国：中文版》2006年第6期。

③ 参见张娟：《从“请进来”到“走出去”——访国家汉语推广领导小组办公室主任许琳》，《今日中国：中文版》2006年第6期。

④ 参见程贵孙：《平台经济学——平台竞争的理论与实践》，上海交通大学出版社2007年版，第9页。

⑤ 霍小光、刘奕湛：《习近平：孔子学院属于中国，也属于世界》，2014年9月27日，http://news.xinhuanet.com/politics/2014-09/27/c_1112652079.htm。

⑥ 参见刘延东：《适应需求　融合发展　为促进世界文明多元多彩贡献力量——在第十届孔子学院大会开幕式上的主旨演讲》，《孔子学院》2016年第1期。

3.2.1.2　需求的层次性与发展性

需求不仅是孔子学院语言文化传播的实践起点，也是分析孔子学院媒介功能作用机理的逻辑起点。需求是人类行为的前提与基础。在微观层面，需求作用于人的心理机制，引起个体认知、情感、态度的复杂变化，进而影响外在行为。在宏观层面，需求是包括传播在内的人类各领域活动的开端，是人与外部环境互动的原动力。在研究人类需求的众多理论中，马克思倾向于从宏观视角，即从作为整体的人的角度对需求加以认识。他认为需求是人类社会历史的起点，是连接生产与再生产，推动生产力不断向前发展的客观存在。

首先，需求具有层次性，按照内容性质划分主要包含物质需求与精神需求两个层面。物质需求是衣、食、住等能够维持人类生存和生活的基本条件。马克思将人的物质需求归结为人的自然需要，是人对衣、食、住等基本生活资料的需要，它是人受到社会关系和历时制约的活动，也是人能够“创造历史”的基础。[①] 精神需求是人在满足基本生存需要基础之上社会与精神的需要，包括对知识、艺术、情感和自我实现的需求等。精神需求将人与动物相区别，是恩格斯所指出的“真正进入人的生存的条件”[②]。

其次，需求具有发展性，需求是不断被激发和催化的连续过程。一种需求被满足后，立即会产生新的需求，进而维持了人类活动的持久和永恒。如前所述，马克思将物质需求与精神需求称为人的第一需求与第二需求，两者互相激发与促进，即需求本身，需求的活动和已获得的用意满足需求的工具，共同激发了新的需求。[③] 不过，需求的发展与需求的层次之间并非单向度的线性关系，即物质需求与精神需求之间不存在机械的先后顺序，人类并不是在物质需求全部得到满足后才会产生精神需求。特别是在不同的文化背景和具体的社会环境中，需求的产生和转化各有差异。

3.2.1.3　孔子学院媒介功能的作用原理

在哲学上，利益与需求是一对共生的概念，需求是实现利益的前提和基础，利益的获得即是需求的满足和实现。具体而言，人的需要产生于实践活动之前，也存在于实践活动过程之中，它是人发动实践行为的内在驱动力。人的利益则是产生和存在于人的实践活动结束（某阶段结束尤其是某整个过程结

① 参见《马克思恩格斯全集》第46卷下册，人民出版社1980年版，第20页。

② 《马克思恩格斯选集》第3卷，人民出版社1995年版，第633页。

③ 参见颜光华、李建伟：《从人类需求理论视角对“注意力经济”的探究》，《财经研究》2000年第9期。

束）之时，它是人的实践行为所引出的好的结果。[①] 与需求的层次性与发展性特征相对应，利益也可分为物质利益与精神利益两类。在经济发展初期，利益诉求以物质利益为主导，而随着社会的不断发展，对精神利益的追求显得越来越重要。

基于以上分析可以发现，孔子学院媒介功能的基本作用原理是在孔子学院所创设的媒介环境中，依托多样的语言文化传播实践，使参与传播活动的行为主体实现从需求向利益的转化，获得相应的物质收获和精神满足。与文化传播和文化交流的交互性和共享性相对应，这是一个双向受益且螺旋式发展的动态过程。传播双向作用于参与传播的行为主体，即包括传播者与接收者两个方面。同时，基于需求的发展性特征，物质利益与精神利益形成一个相继满足、相互激发的动力系统，使整体呈现为一个不断上升、持续拓展的螺旋结构。

当然，鉴于当前孔子学院多元参与主体的现状，“需求-利益”转化在不同层级亦有不同表现：在个体层面，更多体现为短期或长期的经济利益和精神利益；在机构层面，除经济利益外，政治利益和社会利益也纳入转化范畴；在国家层面，则更多的是经济利益、政治利益、文化利益等多种利益的综合体现。另外，基于海外社会文化环境的差异和国际关系的变动，需求-利益转化呈现非共时、不平衡的特征，即双方利益并非能够同时获得并处于对等状态。孔子学院的设立初衷即是满足海外汉语学习需求，因而汉语传播层面的利益转换效应往往最先呈现，对当地社会文化的影响也相对显著，但从长远发展来看，孔子学院的良性发展将形成多方获益的局面。许琳在谈及美国孔子学院发展时，认为在美国设立孔子学院，最大受益者是美国，长远受益者是中国。[②]

3.2.2 作用方式

孔子学院的媒介功能将通过需求-利益转换在整体上使各参与主体长期受益，但在一定时间范围和传播情境下，利益的有限性与利益关系的复杂性，需要以稳固的社会联系进行协调。这也构成了孔子学院媒介功能的两项基本作用方式：整体上的利益框架构建和基于具体情境的社会关系协调。

3.2.2.1 利益框架构建

孔子学院作为非营利性机构，并不直接产生利润，但从经济学视角来看，

---

① 参见王孝哲：《论人的利益及利益追求》，《江汉论坛》2010 年第 7 期。

② 参见《国家汉办主任谈办孔子学院：中国是长远受益者》，2012 年 11 月 3 日，http://news.ifeng.com/mainland/detail_2012_11/03/18807608_0.shtml。

孔子学院聚合了诸多利益相关的行为主体，孔子学院的语言文化传播实践也可以视为不同利益关系协调与博弈的过程。在经济学和管理学中，利益相关者理论是建构和分析利益框架的主要理论工具。根据卡罗尔（A. B. Carroll）提出的分类方法，利益相关者可分为核心利益相关者、战略利益相关者和环境利益相关者三类。其中核心利益相关者是具有直接影响并起关键作用的人或团体，战略利益相关者是在特定情境下显现出重要性的人或团体，环境利益相关者主要指向外部环境。[①] 据此，我们可以将孔子学院的利益相关者分为以下四个层次：

首先是孔子学院的核心利益相关者，包括孔子学院教师、管理者和学员。孔子学院教师和管理者是孔子学院语言文化传播活动的传播主体，管理者主要负责孔子学院的组织协调工作，教师直接承担汉语教学、文化传播和跨文化交流等多项职能。不过在部分海外孔子学院，因师资相对匮乏，管理者有时也承担语言文化教学等任务，两者职能出现交叉和重叠。在各类传播实践中，他们会得到物质上和精神上的回报，并基于孔子学院教师和管理者的身份在当地获得较高的社会地位，同时通过传播经验的积累和传播技能的获得为以后的职业发展奠定升值基础。学员是语言文化传播活动的另一方参与主体，也是孔子学院教育文化服务的对象，通过语言文化知识和技能的学习和跨文化交际技能的磨炼，学员能够获得物质和精神上的满足，并获得好的就业前景和未来收益。

其次是孔子学院次核心利益相关者，包括孔子学院总部、中外方合办机构及其他注资机构和个人。基于汉语国际推广全球公共产品和国家公共产品的双重属性，孔子学院总部和中外方合办机构是孔子学院传播资源的主要提供者，包括经费投入、办学空间提供、语言文化资源供给等多种形式。随着孔子学院的发展，孔子学院总部的组织管理能力将随之增强，包括对“汉语桥”等品牌项目的运作能力、对财政拨款的调控能力和对作为孔子学院支持单位的国家各部委的协调能力。对中外合办机构而言，借助孔子学院这一平台，能够提升自身国际化水平，增强国际交流与国际合作，提升培养国际化、复合型人才的能力，获得社会认可，赢得社会声誉。根据《孔子学院发展规划（2012—2020）》，孔子学院将积极拓宽资金渠道，吸引国内外企业、个人和其他社会力量资助孔子学院。产业化、市场化运作模式的探索，使孔子学院的支持机构不仅能够获得社会利益，同时获得一系列潜在或直接经济利益。如：2015 年中国外语教学与研究出版社（简称“外研社”）与英国牛津布鲁克斯大学共同创办出版特色孔子学院——牛津布鲁克斯大学孔子学院。外研社社长蔡剑峰认为，建设孔子学院能够拓展和延伸该企业优势资源，优化国际产业布局和全

① 参见李洋、王辉：《利益相关者理论的动态发展与启示》，《现代财经》2004 年第 7 期。

面发展战略，最终实现盈利诉求。[①]

再次是与孔子学院战略利益相关者，包括与孔子学院具有合作关系的中外机构、组织和个人。基于孔子学院语言文化传播实践的宽泛性与多样性，孔子学院在国内外建构了规模庞大的战略利益相关者体系。在海外，与当地各级机构形成多领域合作关系是孔子学院维持日常运营和持续发展的基本条件，当地政府机构、企业、各级学校和教育机构、社会公共机构、大众媒体、个人及中资机构等均可纳入孔子学院的合作框架。在国内，国际汉语推广基地、承担孔子学院培训的相关高校和机构、教材研发与出版机构、主要从事汉语国际教育和中华文化传播研究的专家、学者和研究机构等，作为孔子学院各类教育资源和文化资源的供给者，也属于孔子学院战略利益相关者的范畴。对这些机构和个人而言，孔子学院的稳定运营和良性发展能够发挥巨大效益，从而为其带来近期或远期收益。同时孔子学院也能为这些机构和个人提供学术研究或产品研发生产的灵感与素材，推动其持续发展。

最后是孔子学院的环境利益相关者，包括不与孔子学院发生直接联系的国内外机构和社会公众。目前，孔子学院已形成一个规模庞大的全球传播网络和稳定运营的实体网络，成为不可忽视的社会存在，对国内外社会产生辐射式影响。对国外社会来说，孔子学院采取植根当地和服务社区的发展策略，能够给当地社会和所在社区带来经济和非经济的利益，例如拉动当地消费、丰富当地社会文化生活、提升社区知名度等。对于国内而言，孔子学院为国家积累人才资本，推动了国际汉语教育的兴起，从整体上促进社会发展与进步，进而增加国民利益。

基于此框架，各利益相关者出于对自身利益的维护，将形成合力推动孔子学院的发展，促进其媒介功能的实现。反之，孔子学院作为一个中间环境，也需为各利益相关者提供交流和互动的空间，协调其利益关系，使孔子学院在整体上能够权衡和兼顾各方，呈现一种动态的平衡。

3.2.2.2 社会关系协调

鉴于利益调整的难度以及人对于新生事物和他者文化的认知惯性，在建构利益框架的基础上，还需依托孔子学院建立主体间沟通顺畅、良性互动的社会关系网络，以正向影响孔子学院的语言文化传播实践。尽管以孔子学院为媒介的传播系统关涉国家、组织机构和普通民众等多个层次的参与主体，但从传播

---

① 参见《全球首家出版特色孔子学院成立》，2015 年 11 月 9 日，http：//learning. sohu. com/20151109/n425712816. shtml。

的视角来看，包括组织、群体等多种形态的主体互动最终本质还是人与人的互动。根据人际交流的基本理论假设，传播是一个不断向前运动并实时变化的动态过程。传播的层次越深，自由性和流动性越强。①孔子学院社会关系协调即着眼于主体间的关系建立和动态维系，以促进互动与交流，形成多元主体协同的关系网络。

首先是强化政府层面的协同关系。孔子学院是在中国政府支持下，在海外传播汉语和中国文化，促进多元文化交流的专门机构。作为一项特殊的传播实践，以孔子学院为媒介的各类传播活动需要以国际合作为前提，换言之，国家政府层面的协同一致是维护孔子学院媒介功能的条件之一。作为一项全球公共产品，孔子学院对中国语言文化的传播旨在维护人类文化多元化，具有很强的外部性，能使不同国家和地区共同受益，也需要全球合作提供资源、环境、规则和体制等。②通过国际合作，解决国家间社会、文化和人类福利性质的问题，是联合国倡导的国际交往方式，也是推动国际社会发展的重要力量。保罗·谢弗（Paul Schafer）认为："在艺术、科学、媒体、教育、交流、医药和商业方面的无数例子中，由国际合作和协作而带来的结果是其他方式所不能替代的。这是拥有差异巨大的文化背景和经验从而拥有非常不同的世界观、价值观、理念、思想程序、想法、思想和信仰的人民和国家聚集在一起时所产生的创造性能力和协同作用的结果。这个创造性能力和协同作用现在需要在前所未有的程度上被利用和释放。"③ 2015年10月，英国约克公爵安德鲁王子在陪同习近平出席全英孔子学院和孔子课堂年会开幕式时表示，他是中国的老朋友，他支持孔子学院的发展，并鼓励更多英国青少年学习汉语。④ 2016年8月，德国总理默克尔为德国第17家孔子学院成立揭牌时也谈道："德国对于中国源远流长的传统文化知之甚少，希望越来越多的孔子学院在德国创办，帮助德国人加深对中国文化的了解，增进两国友谊。"⑤政府高级别领导人参与孔子学院重要仪式，表明对孔子学院建设的支持态度，可以视为政府层面加强协同关系的一种表现。

其次是维系合作机构层面的信任关系。孔子学院聚合的各类合作机构构成

---

① 参见王怡红：《关系传播理论的逻辑解释——兼论人际交流领域的主要对象问题》，《新闻与传播研究》2006年第2期。

② 参见宁继鸣：《语言国际推广：全球公共产品和国家公共产品的二重性》，《文史哲》2008年第3期。

③ ［加］保罗·谢弗：《文化引导未来》，许春山等译，社会科学文献出版社2008年版，第235页。

④ 参见《习近平：孔子学院是认识中国的重要平台》，2015年10月23日，http：//news.xinhuanet.com/mrdx/2015-10/23/c_134742285.htm。

⑤ 田园：《德国第十七家孔子学院成立　默克尔揭幕称赞》，《光明日报》2016年9月1日。

了一个跨行业、多领域的非竞争性联盟，信任是其内部的基本特征，也是维持合作活动，进而实现孔子学院媒介功能的主要动力。战略联盟概念由简·霍普兰德（J. Hopland）和罗杰·奈杰尔（R. Nigel）提出，目前尚无准确定义，有学者认为，战略联盟是范围广泛的合作关系，以联盟成员的竞合关系为主要特征。[①] 不过在实践中研究者发现有既共享资源又避免竞争的非竞争性联盟的存在。该类联盟以非竞争性、联盟的低风险与资源利用的零冲突、联盟结构的稳定性为主要特征。[②] 尽管孔子学院合作机构包含企业、政府机构和社会组织等多种类型，但从合作形式和聚合关系上看，基本符合非竞争性战略联盟的特征。而作为一个战略联盟，内部成员间的相互信任是其成功的必要前提，基本作用包括：有利于战略联盟成员间知识的共享和相互学习；有利于战略联盟整体目标的实现；有利于有效地控制联盟的运行成本；有利于联盟冲突的管理等。[③] 基于此，孔子学院社会关系的协调也需以维系和加强合作机构的信任为目标。2015 年，开办 3 年以上的孔子学院接受财务审计，280 所孔子学院提交审计报告，以完善孔子学院的约束机制，保证利益分配的公平、公开和透明；同年，孔子学院总部召开北美、欧洲、大洋洲等地区联席会议，英国、法国等国家的 167 所孔子学院自发组织召开国别联席会议，以建立共通共享的交流机制等，均可视为孔子学院维系合作机构层面信任关系的具体方式。

再次是建构意见领袖层面的认同关系。“意见领袖”是美国传播学研究者拉扎斯菲尔德在“二级传播”理论中提出的概念，他认为在大众传播过程中，信息并非直接从大众媒体流向受众，而是经由人际网络中的某些“活跃分子”加工过滤进而扩散。这些为他人提供信息，同时对他人施加影响的人即被称为“意见领袖”。目前学界对该概念的界定已经不仅仅局限于大众传播领域，例如中国传播学者郭庆光提出，“意见领袖”可理解为那些活跃在人际网络中并经常为他人提供信息、观点和建议，对他人施加影响的人。[④] 作为社会网络中具有影响力的节点，意见领袖平均分布于社会各阶层，并与被影响者处于平等关系。孔子学院理念、主体和机制的开放性，决定了其社会网络的开放与包容程度，能够涵盖从政府官员、媒体从业者、社会知名人士到大中小学生、家庭主妇等社会各领域、阶层和年龄段的社会公众，具备与各阶层意见领袖互动的可能。当然，作为一种在多元传播实践中不断演化的特殊身份，意见领袖难以

---

① 参见李健、金占明：《战略联盟内部企业竞合关系研究》，《科学学与科学技术管理》2008 年第 6 期。

② 参见薛捷：《非竞争性战略联盟：一种创新的战略联盟形式》，《科技管理研究》2009 年第 5 期。

③ 参见王刚：《战略联盟内部成员间信任机制的建立和培育》，《经济论坛》2012 年第 2 期。

④ 参见郭庆光：《传播学教程》（第二版），中国人民大学出版社 2011 年版，第 262 页。

进行定向培育或培养，因而应在遵循基本传播规律的基础上扩大其对他者文化的认知，为其对信息的获取与分享，对关系的评估和判断提供机会和资源。通过知晓、了解和参与孔子学院的语言文化传播活动，有助于各阶层意见领袖发现文化间可共享的理念，进而认同和接纳孔子学院的地位与功能。2013 年启动实施的“孔子新汉学计划”以深入了解中国和中国文化为目标，鼓励世界各国青年来中国深造和访学，可被视为孔子学院建构与未来意见领袖良性互动的尝试。

最后是实现普通民众层面的共处关系。在与各国民众的近距离接触中，孔子学院处于多元文化的交汇点，各国民众作为一个个具有不同世界观、价值观和社会行为模式的独特个体，必然会在文化的交流互动与参与协商中表达出不同观点和态度倾向。在以往的跨文化交往中，人们往往以取得文化共识作为主要目标，但共识作为在现实语境中不断流变的文化想象，意味着对不同社会模式、社会关系、人际关系以及权力关系的整合。这对于不同文化身份的个体而言，极易引发语言、宗教、历史等方面的冲突，因而以求得共识为基础的文化交往多适用于单一文化形态。对此，多米尼克·吴尔敦认为，考虑到世界范围内的跨文化传播问题，“共处”的观念应转移到能在多种深层的身份差异之间实现统一。要实现这种“统一”，一是需正视并承认文化上“他者”存在的现实性与合理性。二是意识到传播所要追求的并非是超越身份，而是与他者同行。三是清醒认识“传播”与“不能传播”的现象必然相伴相生，所谓不和谐的“噪音”并非是阻碍传播功效的障碍，而是凸显传播有效性的背景。① 基于此，孔子学院在普通民众层面需要以实现共存作为求得共识的基础和前提，将相左、反对甚至批判的声音视为媒介功能发挥过程中的常态，以平稳理性的心态接受部分与预期不符的反馈，根据当地社会文化环境因地制宜地加以包容吸收，协调不同理念、行动之间的关系。

总而言之，为协调与各参与主体的关系，促进孔子学院媒介功能的发挥，需要在政府、合作机构、意见领袖和普通民众层面建构能够促进交流与包容的交往模式。不过需要指出的是，孔子学院传播实践的多样性与复合性，多涉及不同层次的组织与个体，因而各层次之间并非处于平行无涉的状态，而是始终相互影响，共同作用于孔子学院发展。

---

①　参见［法］多米尼克·吴尔敦：《信息不等于传播》，宋嘉宁译，中国传媒大学出版社 2012 年版，第 62 页。

3.3 孔子学院媒介功能的作用层次

林文刚在总结前人成果的基础上，提出应至少从感知环境和符号环境两个层次理解媒介环境，但他也强调“同样重要的是在多个媒介的社会层面去理解媒介即环境”。[①] 从中可提炼出媒介作用的三个层次：人的知觉与感受，符码的编译与转换，社会环境与社会结构。与之相对应，可从感知环境、符号环境和社会环境三个层面分析孔子学院媒介功能的作用层次。

3.3.1 感知环境下的孔子学院

在生理-感知层面，每一种传播媒介均与人的某个或几个感官相对应，这些感官与所对应的物质材料构成某种连续结构，可被设想为一种感知环境。[②] 作为一个物质化实体，孔子学院的语言文化传播活动是一个连续、动态和发展的过程，在这一过程中它为当地民众构筑了一个可感可知的物质环境，并首先作用于受众心理的非认知层面，主要包括生理感官和心理情感两个维度。

3.3.1.1 通过多样化感官体验，为受众认识“真实中国”提供感觉资料

认识的第一步，是通过媒介作用于人视觉、听觉、触觉等感知器官和知觉系统，通过目之所见、耳之所闻等获得基本的感觉材料，构成基本的感知环境。当前，借由媒介的建构力量，人们足不出户就能跨越时空，“看见”千里之外的异域生活，回顾已随时间湮灭的尘封往事，也能够听见不同的文化声音，感受“他者”与“我们”之间的差异。这即是麦克卢汉所说的“媒介是人的延伸”，媒介延伸和扩展了人的感官，并形塑了人所生活的世界，但媒介所制造的世界与真实世界并非完全吻合。李普曼把“刻板印象”称为“我们脑中的图像”，用以表述当人们从未见过某些群体时，很可能会认为他们从媒介中看到、听到或读到的那种形象即是该群体的“应然”。尽管作为一种处理多元世界的心理学方法，这种认知模式便于人们高效地理解自身所处的世界，

① 参见［美］林文刚：《媒介环境学：思想沿革与多维视野》，北京大学出版社 2007 年版，第27—29 页。

② 参见［美］林文刚：《媒介环境学：思想沿革与多维视野》，北京大学出版社 2007 年版，第 27 页。

但也为误会和冲突埋下了种子。

孔子学院通过开展语言文化教学和组织举办相关文化活动，可以为海外民众提供多样化的感官体验，强化对中国和中国人的感性认识。在常规语言文化教学方面，文化体验和中华才艺等特色课程通过创设真实情境和学习者亲身参与等教学环节，或妙趣横生，或令人兴奋；在文化传播活动方面，通过图片展、电影展播、诗歌吟赏和文艺表演等形式，便于让受众直观感受传统与当代中国的方方面面，或引起好奇，或激发兴趣，这些感觉材料均为其进一步认识和了解真实的中国积累了素材。

萨义德（Edward Wadie Said）在《东方学》开篇即指出，“东方几乎是被欧洲人凭空创造出来的地方，自古以来就代表着罗曼司、异国情调、美丽风景、难忘回忆、非凡经历”[①]，几百年前欧洲人在自己的想象中憧憬那个鲜有人踏足的东方。尽管大传播背景下全球化增进了人们对中国的了解，但海外大部分民众借由大众传媒对中国的诸多联想与猜测也与之如出一辙。以孔子学院为媒介，亲身感知和直观感受中国语言文化，为部分外国民众打破对中国业已形成的负面刻板印象提供了某种契机和可能。

3.3.1.2　通过多重感情体验，使受众获得情感共鸣和精神愉悦

承前所论，传播学“使用与满足”理论认为，受众出于某种需求和动机，积极接触和使用媒介，并以此获得满足。[②] 从受众心理角度加以理解，这种满足多与人心理的感情状态有关，包括情感和情绪两个主要维度。在情感方面，特殊的情感体验会促使受众感性地接触，甚至多次接触某一媒介。例如，商业广告往往通过激起消费者或兴奋、或欢笑、或恐惧的心理感受吸引其购买相应商品。这样的心理机制在观看电影、聆听音乐和欣赏艺术作品时同样奏效。在情绪方面，媒介具有充当个人情绪的放大器和抑制器的功能，对于一定群体则可以起到建构社会共享情绪的作用。当听到《新春序曲》时，人们往往能被其中的快乐所感染，而对于中国人，又往往将其与春节喜庆祥和的节日气氛相联系，激起有关家庭团聚欢度新年的记忆。

孔子学院汉语教学和语言文化传播活动的组织推广，能够使受众置身其中感到精神上的舒适与放松，获得情感共鸣和精神愉悦，以及一种内在审美和文化的享受。通过在孔子学院的语言学习，能让学习者强化自身作为汉语学习者

---

① ［美］爱德华·W. 萨义德：《东方学》，王宇根译，三联书店 2007 年版，第 2 页。

② 尽管这一理论成果主要应用于大众传播领域，但本书认为个人作为有一定心理需求和选择能力的主体，在使用任何媒介时都会存在一定的心理预期，并因这种期待而影响其选择。

的角色认同感，获得学习专业知识与技能的满足感；通过观看展览、音乐会和文艺表演等文化活动，则能使人释放压力，忘却烦恼，获得精神上的放松和审美快感。澳大利亚媒介学者伊恩·昂（Ien Ang）研究发现，当受众对媒介提供的细节并不能完全理解时，依旧能够认同其中的情感表达，并产生相应的情感反应，她将这种现象称为“情感现实主义”。这说明当受众接触异文化形态和相关文化元素时，即使不能立即理解其物质状态或价值理念，仍可以通过感情体验的方式得到情感上的共鸣。

3.3.2 符号环境下的孔子学院

人不但凭借感官认识物质世界，也通过由媒介提供的符号世界进行思考、感知和表达，因而在符号层面，每一种媒介又以一套独特的代码和句法构成了独特的符号环境。① 作为符号环境的孔子学院，自身即是一个被抽象和浓缩的中华文化符号，同时也在动态中不断呈现和创造文化符号，发挥传递、转换和阐释语言文化知识的作用，推动文化价值理念的体认与理解。

3.3.2.1 传递信息，传授知识，促进信息流通与知识共享

美国未来学家奈斯比特（John Naisbitt）在其 1982 年出版的著作《大趋势：改变我们生活的十个新方向》中曾指出，与以往社会主要生产有形的产品不同，信息社会生产的是大量的信息，技术、知识是信息社会最重要的资源和财富。伴随着以电脑技术为核心的信息传播和高新技术的迅速发展，这一预言确已成为现实，信息、材料和能源一起成为社会文明的三大支柱。

语言承载信息，是信息传递、人际交流和知识分享的基本工具。对作为经济个体的人来说，其社会经济能力在全球化背景下主要体现为沟通能力，其基础则是语言能力。② 在历史上，汉语曾是东亚的“国际语言”，对于日本、韩国等东亚国家的文化成长发挥过甚至仍在发挥着重大作用。③ 清末后至新中国成立，中国国力衰弱，大大削弱了汉语的学习价值，相较之下英语强势语言地位逐渐稳固，中外信息逆差不断增大，经贸等方面信息不对称的现象长期存在。目前中国已成为世界第二大经济体，综合国力持续增强，国际社会学习汉语的主观愿望和现实需求日益高涨，汉语学习者从 10 年前的不足 3000 万人快速攀升至 1 亿人。孔子学院所进行的语言文化教育能够进一步加强汉语的推广与普及，提

① 参见［美］林文刚：《媒介环境学：思想沿革与多维视野》，北京大学出版社 2007 年版，第 27 页。

② 参见江桂英：《中国英语教育：语言经济学的视角》，厦门大学出版社 2010 年版，第 32 页。

③ 参见李宇明：《孔子学院语言教育一议》，《语言教学与研究》2014 年第 4 期。

升信息流通效率，降低沟通成本，促进中外教育、经贸和文化等多方面合作。

同时，全球化的拓展也使得全球范围内的相互依存日趋深化，在环境质量、公共健康、国际贸易、灾害反应等领域，跨国界的技术、知识和信息共享与交流已成为各国共同应对全球问题的重要手段。中国作为世界上最大的发展中国家，需要不断参与到跨国公共事务的知识网络中，获取相关信息，发出自己的声音，推动新的世界秩序的建立。孔子学院以开展信息咨询和文化交流活动为基本职能，发挥人文交流平台的媒介功能，有助于中外高效便利地开展国际合作，通过信息交流和协调解决全球性问题。

3.3.2.2　进行代码转换与阐释，促成文化对话与文化共享

传播的传递模式认为，传播的目标都是让传播者发送的信息完整地被接收者接受，媒介的功能是保证传受双方作为传播流程的两个端点必然地连接在一起。与之相对，传播的文化模式将社会传播过程和公共文化生产结合在一起。雷蒙德·威廉斯认为，文化是通过艺术形式或媒介传播生产共享意义的活动，而传播是一个平衡文化运作（生产语言、分享经验和意义等）与个人需求之间持续矛盾的过程。在这一过程中，人们既要尝试赋予他们的经历以意义，也需要努力解释既有文化中没有归属的一些体验。① 对此，斯图亚特·霍尔认为传播是传播者的编码和接收者的解码两个相对独立的过程，接收者的解读具有选择性与自主性，并以其对所处总体环境的全面感知为条件。即如维特根斯坦所言："当我用语言来思想时，除了词语表达式之外，并不再有'含义'向我浮现：而语言本身就是思想的载体。"②

当前，传播的文化模式已延伸为我们身边无所不在的传播实践，特别在文化传播和跨文化传播中，传播的非连续性和多相性特征尤为显著。偏差与误解既作为传播的障碍，象征不同文化形态间交流共处的困难所在，同时也是传播的要素，预示媒介在思维知识、社会和行动等层面持续建构的可能，中介者对文化代码的适当转换与阐释则可以成为正向的推动力量，促进文化间的对话与共享。孔子学院强烈的属地性特征使其具有能够深入所处文化和社会语境，从人们的日常生活体验中提取两种文化的共享意义，将中国有民族特性的文化观念转换为具有世界价值和现代意义的符码，以对方能够接受的方式讲述和阐释"中国故事"。詹姆斯·凯瑞认为，文化被生产、保持、修补和传递的过程就是传播，孔

---

① 参见［美］劳伦斯·格罗斯伯格等：《媒介建构：流行文化中的大众媒介》，祁林译，南京大学出版社 2014 年版，第 21 页。

② ［法］康德：《纯粹理性批判》，邓晓芒译，人民出版社 2004 年版，第 125 页。

子学院在文化间所起到的桥梁与纽带的中介作用，即是对这一理念的有益尝试。

3.3.2.3　创造新的文化符号，推动文化认同与传承

孔子学院不仅推动了不同文化间的沟通与融合，同时促进了中华文化的自觉与自新、民族文化认同与文化传承。认同是人固有的一种心理机制和社会属性表征，而认同的问题化则多被认为是全球化进程中的产物。在全球市场流动的契约社会中，面对充满差异和不断变化的外部环境，人们不得不思考自己是谁和自己属于什么群体的问题。[①] 其中，人们对文化认同的寻求尤为明显，因为冷战结束后，人们对意识形态的认同开始削弱，文化成为全球政治架构重建的主要依据。文化和文化认同成为促成国家间结盟、分裂和冲突的主要因素。[②] 因而，一个国家的文化能够被国际社会和自身内部承认和接纳，对其参与全球竞争具有极强的战略意义。

一般认为，文化认同以文化共同体成员对共有文化符号、文化理念、思维模式和行为规范的遵从为基础，具有一定的稳固性和统一性特征。不过随着全球化进程的加快，文化认同逐渐呈现为一个动态的、不断被影响和建构的过程，媒介在其中发挥了重要作用。20 世纪 80 年代末，针对全球广播电视网的迅速发展，欧盟支持实施“媒介计划”，鼓励欧洲各国促进各类媒介活动，以防止因其快速扩张致使标准化和民族性丧失。[③] 反观中国，由于改革开放在意识形态和文化价值观转型上呈现为一种“革命性”和“撕裂式”的巨变，以往以传统文化和社会主义文化为主体的文化形态受到外来文化和消费文化的强烈冲击，在各种价值观相互矛盾、冲突的文化语境中，难以形成共享的价值理念和社会共识，需要媒介从中起到建构、引导和推动的作用。

孔子学院作为中国文化走出去的示范和窗口，需要向世界展示中国文化的精华。这一客观需求一方面能够促进对中国传统文化和社会主义文化价值符号的凝练，挖掘其具有世界价值和现代意义的内容，改善两者与大众文化分离的状态，推动社会共识的形成；另一方面以年轻一代为带动，能够推动中国文化的融合创新，以期形成一种既继承了已有文化因子，又能被大众普遍接受的具有吸引力和感染力的新的文化形态，即一种兼具全球意识与民族主义、传统理

---

① 参见韩震：《论国家认同、民族认同及文化认同——一种基于历史哲学的分析思考》，《北京师范大学学报》（社会科学版）2010 年第 1 期。

② 参见［美］塞缪尔·亨廷顿：《文明的冲突与世界秩序的重建》（修订版），周琪等译，新华出版社 2009 年版，第 3—4 页。

③ 参见［英］戴维·莫利、凯文·罗宾斯：《认同的空间——全球媒介、电子世界景观与文化边界》，司艳译，南京大学出版社 2001 年版，第 23 页。

念与现代意识的融合型文化。

3.3.3　社会环境下的孔子学院

社会学认为，人类社会有六个突出的特点，即人的群体性，交往纽带性，有文化有组织性，物质生产活动的基础性，精神的联系性，社会系统的主动、创造性。[①] 作为一种社会环境，孔子学院的媒介功能也贯穿个体、人际交往和社群网络等多个层次，涉及物质生产和精神生产等诸多领域，形成一个相对独立又相互联系并且具有层次性与开放性的功能集合。

3.3.3.1　增强个体语言文化技能，提升个体价值与自我认知

对于个体而言，孔子学院为人们提供了近距离接触、学习汉语和中国文化的机会，不仅从经济上降低了学习成本，为其择业和职业发展提供了更多可能，并且从个体社会化的角度，起到提升超语言技能和强化自我认知的作用。

超语言技能针对多语使用者，从整合的视角提出学习者在多语习得和使用过程中，除了掌握具体语言技能之外，还具有了用不同语言建构意义、组织经验、获得知识和理解世界的能力，即“多语使用者穿梭于语言之间、并将多种语言实践整合到其经验库的能力”[②]。它将多语言习得和使用放置于宏观的社会语境中加以理解，说明多种语言的学习不仅是人们对具体语码或规则的掌握，而且是从总体上改变了个体自我建构和与他人交际协商的方式。从该理论视角出发，孔子学院能够使学习者从长远上丰富对世界的感知与理解，培养应对多元文化和复杂交际情境的能力。

另一方面，人对语言文化技能的学习和内化也可以看作是其自我传播的过程。自我传播是发生在人体内部的信息交流，是人自我对话和自我认知的过程，进而形成自我认识，最终实现社会认识、社会感知和社会行为之间的连接。[③] 人的自我认知也需要在社会中展开和持续建构。美国社会学家库利（Charles Horton Cooley）认为，人们通过与他人的交往及他人的反应中获得自我，如同镜子一样在彼此的映照中获得对自身的认知与评价。他随之提出了“首属群体”的概念，这一群体以亲密的面对面交往和联合为特点，它将个体的个性融入融合到一个共同的整体之中，形成包含着同感和彼此认同的“我”

① 参见郑杭生：《社会学概论新修》，中国人民大学出版社1994年版，第68页。

② S. Canagarajah, “Codemeshing in Academic Writing: Identifying Teachable Strategies of Translanguaging”, *The Modern Language Journal*, vol. 95, no. 3 (2011).

③ 参见陈力丹、陈俊妮：《传播学纲要》（第二版），中国人民大学出版社2014年版，第54页。

和“我们”。[①] 以孔子学院为媒介，能够在当地产生群体集聚的效应，使原本相对分散的汉语学习者和中国文化爱好者面对面交流，建立合作和友谊，培养情感纽带，并使得每一个人能够在与志同道合者的交往中进一步建构自我。

3.3.3.2 沟通连接不同社群，建构多元社会网络

社会网络是以社会行动主体（包含个体与机构）的社会关系网络为基础，以互动结成相对稳定的关系体系，它也是主体间资源传输和信息传播的渠道。[②] 以往社会网络的建立和拓展需要通过面对面的人际交往实现，现在以移动通信技术和多媒体技术的普及为推动，不同社会阶层和文化群体间进行沟通交流的技术壁垒被进一步打破，信息流通和观念交汇更趋常态化。但是，物理学意义上的距离终结反而可能意味着文化距离的扩大、文化误解的增多和文化冲突的风险增大，“世界已变得更加透明，但人们对于世界的认识并没有世界性的眼光”[③]。这需要作为媒介的机构与组织回到传播促进意义共享的本源上来，为不同文化身份个体与群体的沟通与交流提供渠道和空间。

对当地社区而言，孔子学院通过提供语言文化教育服务，可以沟通连接不同社会阶层与文化群体，为其对话与交流提供了新的路径。作为植根于当地社会文化环境的有机组成部分，孔子学院通过提供专业化的语言教育和组织举办多样性文化活动，作为中间环境起到沟通、连接和协调的功用。通过对各类文化资源或各利益相关主体间穿针引线、铺路架桥，孔子学院能够成为当地社会各阶层和不同文化族群中各构件之间的“粘结剂”，发挥沟通意见、解除误解、扩大共识的桥梁作用。

3.3.3.3 配置再生文化资源，促进多领域交流合作

从信息与文化的资源属性来看，传播也是一种资源流动、分配与再生产的过程。中国是一个文化资源大国，悠久的文明不仅留存了大量物质形态的自然与历史文化遗产，在精神文化层面，也因中华文化的鲜明特色和经世传承，成为入选“人类口头和非物质遗产代表作”最多的国家之一。在当今经济和文化全球化的大背景下，这些资源已逐渐成为一种重要的社会资源，可以通过合理利用、开发和运作进而转化为文化资本，成为文化产业开发的重要基础。

---

① 参见芮必峰：《人类社会与人际传播——试论米德和库利对传播研究的贡献》，《新闻与传播研究》1995 年第 2 期。

② 参见孔梓：《孔子学院社会资本研究》，山东大学博士学位论文，2015 年，第 22 页。

③ ［法］多米尼克·吴尔敦：《拯救传播》，刘昶、盖莲香译，中国传媒大学出版社 2012 年版，第 116 页。

如何实现这一目标，对现有文化资源进行合理配置，以及因地制宜地指导文化资源的再生与重组，是孔子学院媒介功能发挥的着力点，这表现为对汉语课程、教材及相关教育服务的研发与推广，也包括对师资力量的合理配置与制度化管理，以及对相关文化需求信息的即时搜集、整理和反馈。孔子学院不仅仅是文化知识与价值理念的“承载者”与“集散器”，也发挥着以当地需求为导向，指引文化产业部门根据市场需求及时调整文化产品的创意与生产方向，使相关语言文化产品能够为社会所需的功用。同时孔子学院作为文化资源的传承者和孵化者，一方面促进文化的纵向传承，使得在全球人力资源频繁流动的背景下，为散布在全球各地的中华民族后裔提供接近自身文化传统的机会与平台，另一方面也可根据海外社会需求和文化传播经验，通过提供场地、文化器材和师资培训等服务，使文化资源得以再生和重组，孵化合格的文化传播者与阐释者，为其媒介功能的进一步高效发挥奠定基础。

3.3.3.4　倡导人文交流互鉴，维护全球文化生态

进入 21 世纪以来，全球化浪潮对文化间的交流与共存构成了更猛烈的冲击，从 2001 年“9·11”恐怖事件至 2015 年 11 月巴黎恐怖袭击，欧洲一贯奉行的多元文化政策受到质疑与抨击，突出体现了文化多样性价值观在理论与行动上的严重冲突。仅仅依靠大众传媒的力量缓解和消除由宗教、习俗等文化差异造成的矛盾甚至仇恨并没有如人们想象般奏效，“大众传媒研究者和社会心理学家经常指出，大众传媒是刻板印象的重要来源之一，经常看电视的人容易相信现实社会与电视上描述的世界是类似的”①。因而如何将文化多样性和文化差异落实到人的生活层面，是多元文化中“我”与“他者”共存需要反思的重要问题。

“促进世界文明交流互鉴”是孔子学院的主要传播理念之一，也可以视为中国积极探寻和筹划多元文化共存、维护全球文化生态平衡的表现。如前文提到的，孔子学院媒介功能的表现之一在于侧重对语言文化知识与价值理念的转换与阐释，无论是课堂上的语言知识传授，还是举办相关文化活动，都是发挥该功能的具体表现，对促进个体认知、促进其思维和文化心态的开放性与包容性都具有深远的影响。另外，孔子学院实体形式建构了多元文化相互接触、交流和沟通空间，在文化上将以往在地理和历史上被分隔的主体并存于同一时空，使人们获得建立关系、筹谋共处的契机。

---

① 单波：《全球化背景下跨文化思维的重新审视》，转引自段鹏、王永滨主编：《创新与发展：关于中国传播能力的建设与思考》，中国传媒大学出版社 2014 年版，第 71 页。

3.4 孔子学院媒介功能的作用效果

孔子学院媒介功能具有何种效果与影响，取决于分析与讨论的价值取向。所谓价值取向是指主体在价值选择和决策中的倾向性，是人在一定情境下以某种方式采取行动的价值倾向。[①] 孔子学院媒介功能的价值取向，即是人们持何种价值倾向看待孔子学院媒介功能。它既是对已发挥功能的经验描述和价值判断，也影响着今后的价值选择和具体决策。总体而言，工具性取向和社会性取向是孔子学院媒介功能的两种主要价值取向，以此为主要维度，我们可以从正反两个方面审视孔子学院媒介功能已发挥的作用和取得的效果，为进一步实现孔子学院媒介功能提供镜鉴与参照。

3.4.1 基于工具取向的功能效果

孔子学院媒介功能的工具性取向，主要指从实用性的角度看待孔子学院作为媒介所发挥的功能，重视语言文化传播的密度与广度，以为受众提供有用的知识和信息为主要目标。在该取向下，孔子学院媒介功能的效果包括：

3.4.1.1 推动多层次、立体化的汉语国际传播格局的形成

以开门办学、面向社会为宗旨，孔子学院在汉语教学类型、手段和内容上向多元化和体系化发展，直接推动了多层次、立体化的汉语国际传播格局的形成。在教学类型上孔子学院包含学历教育和非学历教育两大类别，前者包含从小学到博士研究生各个层次，后者针对不同水平学员进行初、中、高分级授课，面向包括儿童和老年人在内的各年龄段学习群体。在教学手段上，既包括常规孔子学院课堂内的语言知识、技能传授，也涵盖到当地政府、企业、社会机构与组织进行上门授课，还包含依托广播、电视、网络和移动通信技术进行汉语普及与远程授课。在教学内容上，建构了以学员需求为导向的课程体系，涉及政治、经济、文化、艺术和科技等多个领域。在此基础上，孔子学院总部通过组织研制新《国际汉语教学通用课程大纲》（修订版），督促各孔子学院建立教学管理制度等形式，规范孔子学院汉语教学。另外，海外各孔子学院也不断摸索契合自身发展和当地需求的教学模式，探索汉语教学的特色化。两者

① 参见袁贵仁：《价值学引论》，北京师范大学出版社 1991 年版，第 350 页。

相互补充与促进，共同推动了孔子学院多层次、立体化的汉语传播格局的形成，孔子学院也成为汉语学习“最正规的渠道”之一。

3.4.1.2　推动汉语国际化，扩大汉语国际影响

孔子学院是全球汉语热的产物，不过随着孔子学院数量的快速增长和汉语教学的蓬勃发展，孔子学院也成为激发“汉语热”并保持其热度的一个促进因素。在孔子学院设立发展的十余年间，大规模的汉语教学在世界范围内推进，形成规模效应，汉语的国际地位和影响力进一步提升和加强。一方面，全球汉语学习人数持续增长，在2020年12月举办的“2020国际中文教育交流周”启动仪式上，教育部副部长、国家语委主任田学军介绍，目前全球已有70多个国家将中文纳入国民教育体系，4000多所国外大学开设了中文课程。据粗略统计，目前中国以外正在学习中文的人数约2500万，累计学习和使用中文的人数近2亿。[①] 另外，以英美为代表的主要国家看重汉语价值，积极推进汉语教育。2015年，美国和英国分别提出了推动本国学生学习中文的计划：美国提出“百万强”计划，以争取在2020年实现100万名美国学生学习中文[②]；英国专门拨款1000万英镑，以保证2020年增加5000余名学习中文的学生[③]。俄罗斯统一国家考试将从2016年起试行将汉语列入外语考试科目，此前该考试外语科目只有英语、法语、西班牙和德语。[④]

3.4.1.3　创新文化传播模式，推动中国文化海外传播从理念到方式的转变

孔子学院以“送出去”和“走进去”的方式传播中国文化，创新了中国文化对外传播模式。通过文艺汇演、会展、庆祝活动等手段，孔子学院以鲜明的文化特色吸引当地民众的注意，将原本遥远的中国文化送到人们身边，满足当地多样化的文化需求，发挥了有别于单纯语言教育机构的广泛影响。同时，不同于以往政府主导下信息单向流动的“宣传”思路，孔子学院通过人与人

---

① 参见柴如瑾：《新项目、新伙伴、新发展，2020国际中文教育交流周启动》，2020年12月14日，https://difang.gmw.cn/bj/2020-12/14/content_34462843.htm。

② 参见祁星、支林飞：《“百万强”项目——增进美中人文交流的大手笔》，2015年10月4日，http://www.gov.cn/xinwen/2015-10/04/content_2942551.htm。

③ 参见《英国拨巨额专款鼓励汉语学习招聘汉语教师》，2015年9月24日，http://edu.sina.com.cn/a/2015-09-24/1046263595.shtml。

④ 参见林风：《汉语列入俄罗斯“高考”：中俄文明的新对话》，2015年8月3日，http://news.xinhuanet.com/asia/2015-08/03/c_128086144.htm。

之间的交往和面对面的交流，突出传播的交互性、情境性与参与性特征，创造了一种以实现文化对话为目标，温和、渐进和持续性的中国文化对外传播模式，激发了人们对文化传播如何转换话语体系、完善传播方式、丰富传播路径的进一步思索。在这一过程中，孔子学院自身影响不断扩大，由一个起步较晚的国际语言推广机构发展为具有代表性的语言文化传播机构，成为中国文化海外传播的主要载体、体现中国“软实力”的最亮品牌和当代中国“走出去”的重要符号。①

3.4.1.4 开辟了中外文化合作交流的稳定渠道

孔子学院文化传播的多元实践，搭建了中国文化与世界多元文化交流沟通的渠道，通过对中国文化特色的彰显和与当地政治、经济、教育和文化等各领域的合作，深化了多元文化间的认知与理解。对此，巴基斯坦前总统穆沙拉夫认为，孔子学院不仅能够促进巴中教育交流，还能够促进双方经济、文化、科技和艺术等领域的交流合作，增进两国人民之间的了解和友谊。② 同时，孔子学院的设立、运营和发展是一个系统工程，具有长期性和稳定性的特征，这也为合作机构，特别是中外大学之间展开交流合作搭建了相对稳固的渠道。以色列希伯来大学校长本·撒松表示：孔子学院不仅为学汉语的学生提供了了解中国的机会，还为进一步促进国家、高校和科研机构间的关系创造了条件。③ 天津外国语大学校长修刚认为：中外大学合作共建孔子学院，不仅是汉语教学和文化推广的过程，更是一个以语言文化为纽带，推动与高校所在城市增进友好合作的重要平台。④

不过，孔子学院在取得以上积极效果的同时，也产生了潜在的消极影响，突出表现之一是对中国语言文化扁平化和碎片化的传播倾向。所谓扁平化，是将传播内容集中于文化表层易于感知的器物、风俗和行为方面，弱化对文化理念的深层阐释，将立体而富有深度的文化体系转换为浅白通俗的文化知识甚至文化常识。碎片化则主要指有选择性地对个别文化元素进行重点传播，弱化对文化的整体呈现，致使传播内容零碎且缺乏内在逻辑。有研究者通过统计分析发现，书法、剪纸等易于感知的文化元素和太极拳、中医、舞龙舞狮等行为文

① 参见《孔子学院：给世界一个温暖积极的中国》，《光明日报》2007 年 4 月 10 日。

② 参见《孔子学院：给世界一个温暖积极的中国》，《光明日报》2007 年 4 月 10 日。

③ 参见王水平：《希伯来大学有了孔子学院》，《光明日报》2014 年 5 月 22 日。

④ 参见《写在 10 年之际：中国大学校长眼中的孔子学院》，《光明日报》2014 年 9 月 27 日。

化是孔子学院文化活动的内容主体，宗教和思想观念所占比例小且形式单一。① 也有学者鲜明提出：孔子学院的文化传播重“术”不重“道”，忽视了对文化思想和价值理念的传播。长此以往或将造成文化误读或文化缺失。

对于该问题，我们认为应从以下三个方面进行审视与思考：一是文化传播的基本规律，二是当前孔子学院传播系统的不足，三是媒介“工具取向”的固有缺点。首先，物质文化与行为文化相较于精神文化，具有直观性与体验性的特征，能够给人们带来直接的感觉经验。哲学经验论认为，感觉经验是人一切知识的起点，讲求“凡在理智之中的无不现在经验之中”，而个体心智的内在经验及外在感觉经验与作为群体的心灵体验与外在社会关系具有一定的对应性。因而在孔子学院起步阶段，选取书法、绘画、武术等具有直观体验性的文化元素进行传播，符合人的基本认知规律，具有一定的合理性。其次，传播主体的数量、素质与能力不足，缺乏“质量合格，数量足够的中华文化国际传播人才”是造成该局面的直接原因。夏建辉认为，对中华文化“道”的传播对传播者提出了较高的要求，具体包括具备高深的中华文化造诣，了解海外受众的思维方式和价值理念，以及精通外语，能够高效地对儒家思想和中国传统文化价值理念精髓进行直观描绘，激发受众兴趣，而目前国内此类人才极为匮乏。② 再次，基于媒介“工具取向”的传播者“自我单向化”是造成中国文化传播扁平化和碎片化的根本原因。工具取向本身预设了传播者的中心地位和对传播过程的掌控权，即传播者通过媒介影响受众，改变其认知、态度和行为，随之才会产生取舍传播内容，选择传播渠道等一些问题。但文化传播不同于人与物之间简单的刺激-反应，是人与人之间相互作用的结果，仅从传播者一方考虑人员、资源的配置，而忽视另一方互动主体的需求与认知特点，则无助于文化间的相互认知与理解。因而，清醒认识传播理念和视角的局限性、遵循文化传播规律、加快传播人才培养、完善传播系统是改善该问题，降低文化风险的基本路径。马里兰大学孔子学院名誉院长刘全生认为，孔子学院的重点应从培训语言转移到对促进深层文化了解上来，孔子学院下一步不仅要传播中华文化，还要把中美两种文化和观念结合起来，做全球教育的平台，应对下一代面临的全球性问题。③

---

① 参见李万青：《孔子学院文化传播活动现状分析——以国家汉办官网报道为例》，《人文天下》2015 年第 10 期。

② 参见夏建辉：《关于中华文化“走出去”的思考》，《孔子堂》2015 年第 2 期。

③ 参见田延辉：《孔子学院：从文化之窗到心灵之桥》，《光明日报》2014 年 9 月 28 日。

3.4.2 基于社会取向的功能效果

孔子学院媒介功能的社会取向，主要从人的完善与社会发展的角度看待孔子学院所发挥的媒介功能，重视中国语言文化传播的社会意义和文化价值。该取向下，孔子学院媒介功能的效果包括：

3.4.2.1 提升个体传播能力

从传播的角度看，个体通过孔子学院获得语言文化技能、提升文化素养、磨炼跨文化交际能力可基本统合于传播能力的提升。对于何谓传播能力的问题，研究者主要遵循个人中心和关系中心两条路径：戴尔·海姆斯（Dell Hymes）在1972年首次提出“传播能力”概念时，即围绕个人中心的思路展开，认为传播能力是“在一定的社会环境中恰当地使用语言的能力和知识”①；卡琳娜·萨斯（Carina Sass）则主要基于米德的符号互动论，提出传播能力是“关系的参与者”对于“使用互动来维护他们的关系和满足个人需求的程度的理解，目的在于维持人际关系的可靠性”②。

无论从以上哪一种角度界定该概念，以孔子学院为媒介的语言文化传播实践对互动双方的传播能力均施与了较为正向的影响。从内容上看，在直接教授语言知识和技能的基础上，孔子学院向互动双方提供了中外多领域的文化事实，与文化有关的语言现象以及某些跨文化交际的规约，为其在一定社会环境中认知和理解情境、完成特定交际目标奠定基础。对于孔子学院的学员而言，这些内容可通过学习汉语和中国文化课程，参与各类文化活动获得。哈萨克斯坦学者纳比间认为，“孔子学院的设立为哈国年轻人了解中国打开了机会之门。每年哈国的年轻人可以通过孔子学院提供的机会到中国进修，这对年轻人提高汉语水平有很大帮助。孔子学院为他们更加直观地了解中国架起了一座桥梁”③。对于孔子学院教师和相关工作人员而言，接受国内外各类师资培养培训是其建构知识框架的主要渠道。《国际汉语教师标准》将“语言知识与技能”“文化与交际”作为描述国际汉语教师的前两项模块。《国际汉语教育硕士专业学位设置方案》也明确指出：“获得者应具有扎实的汉语言文化知识、

---

① D. Hymes, *On Communicative Competence*, London: Penguin, 1972, pp. 269-293.

② Carina P. Sass, “On Interpersonal Competence”, in Kathryn Carter and Mick Presnell, eds, *Interpretive Approaches to Interpersonal Communication*, Albany: State University of New York Press, 1994, p. 146.

③ 王修君：《哈国学者：孔子学院为青年了解中国打开机会之门》，2014年10月18日，http://www.chinaqw.com/hwjy/2014/10-18/22169.shtml。

熟练的汉语作为第二语言/外语教学的技能、较高的外语水平和较强的跨文化交际能力。”从环境上看，孔子学院以人际互动为主要形式，为个体创设了参与关系建构的环境。威斯康星州孔子学院外方院长范布伦认为，孔子学院搭建了中美文化交流的桥梁，美国人可以在孔子学院学习到中国文化，中国也通过办孔子学院感受到了美国文化。[①]

3.4.2.2　催化社会阶层形成与流动

社会阶层是指人们在社会生活中的地位差别[②]，收入、受教育程度、从事职业、社会声望等是划分个体所属社会阶层的主要维度，社会分化与社会流动是造成社会阶层形成与流动的直接原因。孔子学院通过自身选拔机制和专业教育，为个体提供了改善自身收入、受教育程度、职业和社会声望的机会，从整体上催化了社会阶层的流动和新社会阶层的形成。

对国内社会而言，孔子学院加快了中国知识分子阶层的数量增长和跨国流动，催化以职业为基础的新的社会阶层的形成。目前，孔子学院已建立起较为健全的孔子学院院长和教师的培养、选拔和培训机制，形成国内国外对接的人才培养模式。首先，这加快了知识分子阶层的数量增长，使一批有志于从事汉语国际教育工作的青年学生，在国内高校对外汉语教师就业门槛高、机会少的情况下，通过攻读汉语国际教育硕士专业学位，参与孔子学院志愿者教师选派在海外就业，获得相应的报酬和社会声望，促进社会阶层流动。其次，这加快了中国知识分子阶层的跨国流动，拓展其国际视野，增殖个人语言文化技能资本。许嘉璐认为，“孔子学院最重要的贡献就是，通过这一渠道，我国的知识分子成建制地走出去了，而且是一直在走着”[③]。再次，这推动了国际汉语教育新阶层的形成，推动中国社会阶层结构的改变。根据马晓乐、宁继鸣的论述，具有汉语素养与汉语教学能力、文化素养与文化传播能力；具有一定的国际视野和复合型的知识结构，较强的跨文化交际能力、组织协调能力、市场开拓能力，中华才艺、亲和力；具有诚信、坚韧、自信、自律的品质等，是该阶层能力构成的要素。[④] 从宏观上看，国际汉语教育群体可归属于专业技术人员阶层，后者“是现代社会中的中间社会阶层的主干群体，既是先进生产力的

---

① 参见夏静：《美国人为何欢迎孔子学院》，《光明日报》2008 年 5 月 8 日。

② 参见芦学璋、郭永玉、李静：《社会阶层与亲社会行为：回报预期的调节作用》，《心理科学》2014 年第 5 期。

③ 《写在 10 年之际：中国大学校长眼中的孔子学院》，《光明日报》2014 年 9 月 27 日。

④ 参见马晓乐、宁继鸣：《孔子学院的文化功能与社会价值》，《山东社会科学》2015 年第 8 期。

代表之一，也是先进文化的代表者之一”①，作为中间阶层的国际汉语教育阶层的形成，能够进一步推动维护社会稳定，促进社会进步。

对国外社会而言，孔子学院在纵向和横向两个层次促进当地社会的阶层流动。首先，孔子学院为社会阶层的垂直流动提供文化资本。借助孔子学院平台，学员、从业者和普通民众能够获得自身文化资本的增殖，使处于社会较低地位的阶层获得向上流动的机会和可能。目前，孔子学院形成涵盖学历教育与非学历教育，多类型、多层级的教育教学体系，学员可根据需要接受相应的语言、文化和职业教育，增殖人力资本，并有机会获得到中国大学深造的机会，为社会阶层的向上流动创造可能。其次，孔子学院为社会阶层的平行流动提供途径。以开门办学为原则，孔子学院既是国际汉语教育和国际文化传播人才的培养者，也是相应人才的需求者。通过吸纳海外其他语言推广机构、文化传播机构和汉语教学机构的各领域人才，孔子学院为社会阶层的平行流动提供了途径和去处。如《孔子学院章程》第十八条规定，总部可聘请中外知名人士担任高级顾问，前歌德学院（北京）院长阿克曼，前外交部亚洲司司长张九桓，教育部国际合作与交流司原司长李东翔等现均担任孔子学院总部高级顾问，促进了高层次国际传播人才的水平流动。

在取得以上积极成效的同时，孔子学院媒介功能在社会取向下同样存在产生负面影响的风险，主要体现在对政治平行度的把握上。政治平行度是西方媒体体制研究范畴内的概念，是评判媒体独立性的指标之一，具体指媒体组织与政治，特别是与政党的相关程度。尽管孔子学院与媒体在机构宗旨、性质和体制上存在巨大差异，但同样作为具有媒介功能、产生社会影响的专业机构，其独立性与专业性是获得社会信任与认同的主要因素，这在意识形态、政治体制和文化背景差异较大的国际社会中显得更为重要。目前，部分海外机构和民众认为孔子学院具有较为浓厚的官方色彩，对孔子学院持质疑和非难的态度。2014 年，美国大学教授联合会呼吁美国大学取消与孔子学院的合作或进行重新谈判，称孔子学院是中国政府的分支机构，用以宣传中国政府的意识形态，违背了大学的宗旨。②

对此，我们认为应该理性看待不同政治生态下人们的认知惯性，将孔子学院的属性与功能相对分离加以审视。在性质上，孔子学院作为在借鉴发达国家相关机构推广本民族语言经验的基础上设立的以教授汉语和传播文化为主要目

---

① J. Cole, “Paul F. Lazarsfeld: His Scholarly Journey”, Keynote Address at “An International Symposium in Honor of Paul Lazarsfeld”, Brussels, Belgium, June 4-5, 2004.

② 参见顾肃：《孔子学院在海外面临新考验》，《社会观察》2015 年第 9 期。

的的非营利性机构，必然与同类机构一样具有一定的政治色彩。应该说，语言国际推广作为一项特殊的传播实践，是全球化背景下人类日益扩大的跨文化交往产生的自然结果，也是民族国家在综合考虑大国文化竞争、综合国力竞争和软实力竞争等问题后直接或间接的政府行为。英国文化委员会和日本国际交流基金会均接受所在国外交部的领导和监督，歌德学院与孔子学院一样，均是国家委托的对外文化交流机构。在功能和实践取向上，孔子学院目前的语言文化传播实践以促进文化交流和民间交往为主，政府多作为协调机制的路径之一而非主导力量发挥作用。不过如何在孔子学院角色定位和实践层面进一步凸显该事实，则是正向发挥孔子学院媒介功能需要思考和探索的问题。

第 4 章　孔子学院媒介功能实现

孔子学院的媒介属性是其自然属性的一部分，其媒介功能是在多样化的传播实践中自然生成的结果。换言之，媒介属性是孔子学院的本质属性之一，不论是教授汉语、传播中国文化还是参与多元文化交流，都可以视为该属性的外在体现。

随着孔子学院传播实践产生不可忽视的社会影响，人们对孔子学院媒介属性与功能的认识也进入理性审视、分析和反思阶段。这种从被动到主动的转变可与马克思认识论中的必然与自由的关系对应。马克思认为，必然与自由的关系是人类活动的本原性结构，人们对自由的追求离不开对必然的认识与把握，而在人的意志与能动性融入实践后，则出现从必然向自由的飞跃。[①] 如果说此前我们对孔子学院的利用与支配是处于必然状态的自然反应，是在实践领域不自觉地遵循客观规律的结果，而理性思考后的实践，则是主体将自身追求与社会发展相结合，将实践的合目的性与合规律性相结合，依照规律自觉自主的活动。

在前一章中，我们在确认孔子学院具有媒介性质的基础上，对媒介功能进行了学理上的思考与阐释，即在理论层面对已有传播实践进行理解与把握，为功能完善提供理论依据。本章则尝试再次回归实践领域，通过对构成孔子学院传播系统的各要素进行调试与完善，逐步建构起进一步发挥孔子学院媒介功能的现实路径。承前所述，作为一个综合性交流平台，孔子学院的影响力在全球各个领域延伸，文化传播和文化交往的对外实践为孔子学院媒介功能的生成与培育提供了绝好的场地，并使之具有了前所未有的意义。由此而言，孔子学院的媒介功能必须呼应文化和社会的复杂事实和变动，通过对现实问题的关注和思考，逐步实现自身传播系统与客观环境的协调与融合。在具体论述中，本章将基于孔子学院媒介功能实现的外部动因，主要探讨孔子学院媒介功能实现的内部条件、建构原则以及在具体传播实践中的路径选择。

---

① 参见杨耕：《从必然王国向自由王国的转变与从片面的人向全面的人的发展》，《中国高校社会科学》2013 年第 4 期。

4.1　孔子学院媒介功能实现的外部动因

孔子学院所建构的媒介环境并非孤立存在，而是在不断与整个社会大环境互动中受到各种因素直接或间接的影响。孔子学院的诞生与发展，正处在网络社会兴起、全球各地区间人类生活方式互相连接，全球化日益深入的时代。中国国内经济体制、社会结构、文化建设、技术环境和教育情况等也在发生着持续深刻的变化，这种变化不仅带来了资源与利益的重新调整与分配，也带来了发展理念和价值目标的激荡和重新整合。这些新变化通过外部环境不同的作用机制，影响着孔子学院内部媒介环境的建构以及两者之间的互动。

4.1.1　建立国际信息新秩序的要求

从国际层面来看，全球化进程使得世界向“巩固霸权”和“消解霸权”两个相反的方向持续运动。一方面，经济全球化在深刻地促进人力、物力资源跨国流动的同时，推动了新自由主义经济思想在全球范围内的深化与加速。其表现之一是全球财富迅速向少数跨国精英聚集，并凝结为改变世界秩序的重要结构性权力。美国作为其中最大的受益者之一，一跃成为世界秩序的创建者与主导者，并凭借强大的经济、军事实力和先进的传播交流技术，一直延续对世界的强势影响。

尽管如此，全球化的另一个方向是对“一国独大”世界格局的不断挑战。中国、俄罗斯、南非等金砖国家在努力推动世界权力格局向东偏转，国家间对话渠道的拓宽和不同文化间交流的日益频繁，使得人们重建国际信息新秩序的诉求日趋强烈。该主张旨在实现基于国家间平等的信息流动自由、个人表达自由和言论自由，促进国家、民族间的沟通与交流。2011 年，美国《华尔街日报》刊登了新华社社长李从军的署名文章——《构建国际舆论新秩序》。文章指出：在当前相互依存的世界背景下，人类作为共同体需要建立更加文明的信息传播规则和秩序，应遵循“更加公平、更多共赢、更大包容和更强责任”的“FAIR 原则”，探索建立“一种非政府性的全球媒体协调长效机制”，“在传播多元化与表达多样性的基础上，修补人类沟通之桥的断裂，建造一座通向未来的信息之桥”。[①]

在国际关系民主化的时代背景下，孔子学院所承担和实现的不仅包含在全球推广汉语教育和中国文化，通过国际合作的方式加速中国大学的国际化进程，还在于孔子学院创设了促进信息流动和个人表达的民间平台，构建了推动文化间交流与交融的“公共空间”。这既是中国多角度参与构建国际传播新秩序的尝试，也是通过国际合作协调交流机制，对建构国际信息新秩序的一种回应。

4.1.2 媒介技术的文化本质与社会影响

文化是技术的源泉，也是技术活动的过程及结果；技术参与到自然、现实和对世界的构造中，并不断更新着人与社会的关系。[②] 当前，媒介技术因素与文化价值的相互交错以及由此产生的深刻社会变革正在印证该论断。以互联网和移动通信技术为代表的新兴媒介技术和通信手段，重构了人们的时间与空间观念，延伸了人与人之间的关系，也激发了人们跨越时空、国界和文化差异的冲动。信息和通信技术无所不在的强大渗透力使得人与人之间的物理距离逐渐消弭，麦克卢汉所预言的“地球村”虽未完全到来，但至少在形式上将人类连接在了一起。学者们认为这是一个深刻的且不断累加的增量过程，即“新媒体环境是由一系列增量式的变革导致的结果，而非由某特定科技发明或者是特定技术种类造成的。这是一个长期历史过程的顶峰，这个历史过程可以追溯到电报的发明”[③]。

媒介技术的线性演进全方位作用于人们的社会交往和文化观念。人们跨越地域和国界的限制，相互交流与相互了解的欲望“造成对变化和新奇的渴望被进一步激发，促进了对轰动的追求，导致了文化的融合”[④]。跨国和跨文化交往的日常不断丰富人们的传播实践，持续影响了人们对日常生活的感知和价值判断，也为人们传播能力的提升创造了某种可能。同时，就像哈贝马斯所指出的，人对外部世界的技术支配，以及制度框架对理性活动的被动适应是人类

---

① 李从军：《构建国际舆论新秩序》，2011 年 6 月 7 日，http：//www. gz. xinhuanet. com/zfpd/2011-06/07/content_22953269. htm。

② 参见孙英春：《跨文化传播学》，北京大学出版社 2015 年版，第 351 页。

③ ［英］安吉拉·克拉克：《全球传播与跨国公共空间》，金然译，浙江大学出版社 2015 年版，第 78 页。

④ ［美］丹尼尔·贝尔：《资本主义文化矛盾》，赵一凡等译，生活·读书·新知三联书店 1989 年版，第 136—137 页。

社会文化发展的两个决定性因素。[①] 新媒体界面友好并降低技术门槛，以一种“赋权体验”的方式给予公众追求更为广泛的对话交流和个人表达的权利。在亨利·詹金斯看来，一种新的“融合文化”正在逐渐成形，它代表着“意义与知识的合作生产和问题解决的共享”[②]。共享与协作的前提是意识到“他者”的存在并懂得如何与之相处，技术为个体的社会化提供了更大的全球场所，也为文化间在平等、尊重基础上的交流与理解奠定了一定基础。

孔子学院是新媒介技术的应用者，作为一种教育技术支持，数字教学模式的引入和在线学习平台的建设增强了教育传播的互动性、针对性和趣味性；高速便捷的信息传输渠道和实时在线交流平台改变了传统文化传播空间与方式，建构了全新的交往平台。孔子学院也是新媒介技术驱动下文化传播理念的践行者，本着平等、尊重、协同、共享的原则，承认一切文化的合理性和存在价值，在不断地对话交流中筹划与之共存共处。

4.1.3　地方性文化对自我格局的不断超越

2015 年 12 月发生在法国巴黎的恐怖袭击沉重打击了欧洲目前执行的多元文化政策，特别是试图协调个人政治身份与文化身份的努力。多米尼克·吴尔敦在 2003 年出版的著作《另类世界化》中即认为恐怖主义和难民问题是欧洲面对的急症，其根源在于有差别的民主政治权利和“龟缩式的文化身份”[③]。这种文化身份的固守与封闭，以及由此导致的政治、经济和社会层面的差别性对待，直接来源于 19 世纪科技革命和经济发展的先发优势，使欧洲形成的关照世界的“傲慢”与“自信”，其思想的根源则可以追溯到古希腊时期主客二分的思考框架。只是在不同文化身份的个体与群体交往中，“主体”和“客体”替换成了“我们”与“你们”，“西方”与“东方”。作为“文化中心主义”的典型表现，它以本族文化为中心来建立对待其他文化的参照系，遵照自己熟悉的但有限的文化经验去判断他人和实践，建构对于他者的想象，由此出现误读、误解与偏见实属难免。当然，“文化中心主义”并非西方国家的专利，利玛窦在谈及中国人的脾气时曾写道：“中国人有一种天真的脾气，一旦发现外国货质量更好，就喜欢外来的东西甚于自己的东西。看来好像他们的骄

---

① 参见［德］尤尔根·哈贝马斯：《作为“意识形态”的技术与科学》，李黎等译，学林出版社 1999 年版，第 73 页。

② ［美］亨利·詹金斯：《融合文化》，杜永明译，商务印书馆 2012 年版，第 6 页。

③ ［法］多米尼克·吴尔敦：《另类世界化》，尹明明、贾燕京译，中国传媒大学出版社 2013 年版，第 168—170 页。

傲是出于他们不知道有更好的东西以及他们发现自己远远优胜于他们四周的野蛮国家这一事实。”①

如何克服“文化中心主义”或“族群中心主义”对文化视阈的局限，需要打破“你”“我”之间、“东”“西”之间以及“世界性”与“民族性”之间的对立，完善“与他人共在的交往理性”，不断超越自我文化格局。汤一介先生提出：文化上的霸权主义和部落主义均是有碍于文化多元化的生成与发展。应以承认文化多元、包容和尊重文化差异为前提反对文化霸权主义，以承认文化交往推动文化发展，以开放心理接纳其他文化为基础反对文化部落主义。②

孔子学院作为沟通中外的窗口与桥梁，旨在成为“中外人文交流的重要平台，多样文明交流互鉴的重要渠道，促进和平友谊、合作共赢的重要载体”③。中国文化在自我语境中不断谋求对既有格局的不断超越，在与“他者”的交流互动中双方都能够秉承“和而不同”“美美与共”的交往原则，对孔子学院作为文化传播媒介的功能发挥将产生持续的良性推动作用。

4.1.4 中国重构大国形象的多元实践

国家形象是特定国家的历史和现状、国家行为、国家的各项活动及其外部影响在国际社会和内部公众心目中产生的印象、认知和评价。④ 近代以前，中国的国家形象曾在很长的一段历史时期内是正面的，甚至乌托邦化的。她被认为是亚洲乃至世界最先进、最强大的国家之一，积淀和孕育了高度发达的文明形态，即如罗兹曼（Gilbert Rozman）描述的：中国在世界历史大部分的时间里一直都以东亚文化巨人的姿态出现，集合了以古希腊、古罗马为代表的古代文明和以法兰西为代表的现代文明。在两千多年的文明史发展中，中国人表现出造诣极高的多样文化价值，以及调控和管理大量人口的组织天才。⑤ 中国的确也在世界文明的发展史上产生了重大影响，通过对汉字和儒家思想的推行，形成了以中国、朝鲜半岛和日本为中心的“东亚文化圈”，该区域的文化一度处于世界领先地位，形成了中日韩文化之间丰富而深厚的联系。另外，陆上和

---

① ［意］利玛窦、金尼阁：《利玛窦中国札记》，何高济等译，中华书局1997年版，第34页。

② 参见汤一介：《文化自觉与当今“和平”、“发展”问题的思考》，二十一世纪中华文化世界论坛筹备委员会主编：《文化自觉与社会发展》，商务印书馆2005年版，第55页。

③ 刘延东：《面向未来　携手合作　共同谱写孔子学院发展新篇章——在第六届孔子学院大会开幕式上的主旨演讲》，《中国教育报》2011年12月11日。

④ 参见孙英春：《跨文化传播学》，北京大学出版社2015年版，第439页。

⑤ 参见［美］吉尔伯特·罗兹曼：《中国的现代化》，国家社科基金“比较现代化”课题组译，江苏人民出版社2010年版，第15页。

海上“丝绸之路”打通了中国与西方经济文化往来的通道，13世纪出版的《马可·波罗游记》即以此为蓝本。这部引发西方向东方寻宝热潮的作品也被认为是“欧洲及其他国家视野中中国国家形象生成的起点”。鸦片战争期间，中国衰弱的国力使西方的“美好”想象逐渐淡化，此后从“黄祸论”到“中国威胁论”，关于中国形象的负面定式一直未得到根本扭转。对此，周宁认为，中国形象在西方文化中并非一个真实存在的国家，而是一个具有特定伦理政治意义的文化想象，是一个二元对立原则下，被想象的比西方更好或更坏的地方。① 由此看来，“中国形象”更多是西方的“臆想”与“虚构”，但也就此反映出当一个国家的形象建构完全由他者主导所导致的不良后果。

进入21世纪，中国通过改革开放，经济上取得巨大发展，中国目前已成为全球第二大经济实体，在国际事务中扮演着日益重要的角色。借助中国文化的吸引力与影响力，重构与自身实力相匹配的国家形象备受瞩目与期待。不过反观现实层面，据中国人民大学公共传播研究所的调查，自改革开放以来，对于海外意见领袖而言，“经济迅猛发展”是其对中国的首要印象（64.2%）。② 这说明相对于经济上的抢眼表现，文化上的影响尚显薄弱。不过，根据张国良等人对旅居北京和上海的650名外国汉语学习者的调查发现，汉语学习者对中国文化认同程度较高。③ 这说明，通过汉语学习增进文化了解，进而改善对中国整体的印象，是在当前价值多元化、传播渠道多极化、传播方式多样化的全球传播格局下的可行路径。

4.2 孔子学院媒介功能实现的内部条件

作为一种生成性与建构性的功能，孔子学院的媒介功能受到主体、内容、渠道等诸多主客观因素的综合影响。本节立足当前孔子学院的传播实际，结合传播世界化的背景和媒介融合时代的传播特征，以坚持人性化的互动交流理念为根本，以传播主体（传者与受众）培育为核心，以内容建设为主体，以发挥渠道优势为保障，在内部系统与外部环境双向互动中论述孔子学院媒介功能

① 参见周宁：《隐藏了欲望与恐怖的梦乡——二十世纪西方的中国形象》，《华文文学》2008年第3期。

② 参见李童：《海外中国形象面临三重困境》，《国际先驱导报》2009年2月4日。

③ 参见张国良、陈青文、姚君喜：《沟通与和谐：汉语全球传播的渠道与策略研究》，《现代传播》2011年第7期。

实现的内部条件。

4.2.1 传播理念层面

传播理念，主要指人们根据知识与经验对传播现象和传播对象的客观理性认识，它指导人的传播行为，具有概括性、稳定性和深刻影响性的特征。[①] 孔子学院传播理念的确立，是培育传播主体、组织传播内容、整合传播渠道的基础，是媒介功能发挥的支撑因素。我们认为，孔子学院的语言文化传播应秉承互动交流和人性化的传播理念，在承认其他文化作为“他者”的主体地位和平等参与文化对话权利的基础上，认可双方在互动交流中对文化的创新和建构。

4.2.1.1 互动交流的理念

在人文研究领域，理解文化传播复杂性的尝试常常以预设文化上“他者”的存在为起点，“自我”“他者”和作为传播内容的文化构成了传播系统中的三个基本要素。围绕三者的互动关系，从不同的研究视点切入又可导出三种不同的理论视角，从而衍生出对传播效果相异的评价标准。

一是以传播者为中心，以传播者的贡献及影响建构基本框架。它脱胎于“传者中心”的研究取向，即基于线性传播模式，传播是信息由传播者流向接受者的过程，如果两端的信息完全一致，则意味着传播的成功。它以主客二分为哲学起点，假设作为传播主体的传播者和接收者与作为传播客体的传播内容之间有着清晰明确的界限，传播者通过信息的传递对接受者施以影响，接受者认知、态度和行为上的改变则表明传播的效果所在。这其中隐含的预设是，相对于传播者和传播内容，接受者是需要被改造或者主动改变的一方。这类似于传统课堂教学的讲授模式，即教师教授学生作为确定性存在的知识，学生学习内化后产生认知上的改变，教师再通过考试等形式得到反馈，以确定所施加影响的有效性。但问题在于：首先，它低估了文化作为传播内容的复杂程度。传播的线性模式中信息被接受者完美复制的情况只存在于理想模式，而“文化”作为“体现一个社会或社会群体的精神、物质、思想、情感等特色的综合体”[②]，具有极强的复杂性和多元性。加之不同语言符号翻译转换的精确性问题，使得文化传播中传播内容的变异成为一种常态。尽管在语言表述中存在着

---

① 参见李常青：《中国传统节日传播理念创新论》，《新闻界》2011 年第 6 期。

② 联合国教科文组织对于“文化”的定义。参见郭尚兴：《论中国典籍英译的几个基本问题》，《安阳师范学院学报》2010 年第 2 期。

将中国文化“送出去”的提法，但文化却难以像“礼物”一样被原封不动地送出和接受，其中存在着诸多不确定的可能。其次，它有违平等、尊重的传播理念。我们认为，文化传播是一个交流和对话的过程，不是宣传或说服过程。在传者中心框架下，传播者掌握了对传播内容的“正确”理解并具有评判接受者是否“正确”的权力，将接受者置于被动的地位，显示出一定的强权逻辑。

二是以受者为中心，围绕接受者对信息的解读甚至“误解”展开分析。在文化传播研究领域，有学者认为“所有的理解都是来自远方的理解”，文化“是一场关于误解的对话”。[①] 与“传者中心”相比，该分析框架肯定了由于接受者所处社会文化语境等因素影响，信息出现变形的合理性，但从本质上两者并无很大差异。首先，主客二分的哲学基础没有改变，传播内容仍旧是外在于传播主体的客观存在，在到达接受者之前如同在真空中保存完好，只是由于接受者的不同理解而产生了变形。其次，出现“误解”的前提是“正解”的存在，即传播者依旧享有对接受者理解正误的判定权而处于相对上位的地位。最后，这一框架的根本假设在于传受双方存在巨大差异并且倾向于维持这种状态。尽管我们认为文化的他异性是传播的动力所在，但若“存异”不在“求同”的前提下展开，文化传播终究也只是一场无用功，失去了存续的价值与理由。

三是将传受双方置于平等的主体地位，以参与者的身份展开对话的互动框架。它以传播的两重性、他者性理论以及由此延伸的对话理论为理论基础。如前文所述，吴尔敦将传播归为功能性和规范性两个向度，前者指代基于基础技术系统和交换原则的信息传递，后者强调人文意义上人类的相互理解和精神成果共享。按照后一种逻辑建构传播系统，传播内容的重要性需要让位于传播主体，因为相对于信息的准确传递，传受双方对话关系的建立具有更重要的意义。同时由于预设了传受双方的差异与理解的可能，传播就成了一场“自我”与“他者”相遇与对话的过程，在两者的互动中，传播主体实现对他者的了解和对自我的建构。在“对话理论”提出者巴赫金看来，这是一个自我展示，同时经由他者建构自我的过程。人只有向别人展示自己，通过别人并在别人帮助下，才能获得自我意识。在该过程中，与他者意识的交流是最关键的一环，因为“人的存在（不论外在还是内在）是一种深刻的交流”[②]。

---

① 李雪涛：《误解的对话：德国汉学家的中国记忆》，新星出版社2014年版，封底。

② 袁文丽：《在对话中传播 在传播中对话——巴赫金对话理论的传播学意义》，《山西大学学报》（哲学社会科学版）2008年第11期。

因而在互动交流的理论视角下，作为传播内容的文化是双方展开对话的起点，但并不表示传播者具有优先解读的权威，也并不需要从接受者的“误解”中强化两者不可调和的差异。“误解”或者“理解不对位”的产生被视为对话交流的常态或者传播不可缺少的因素，能够揭示传受双方在思维方式和价值理念上的差异，也可以达到“从他者眼中看自己”的效果，进而实现双方对自身文化的自知与自觉。同时，这也有助于文化自身的创新，即马克思所指出的文化创造是一种通过主体与对象世界的交往活动，将不同的主体也生产出来，成为人向自己立法，向未来生成的实践活动。① 通过追求和维护传播主体的平等地位，建立主体与内容之间的互动，将文化传播还原为主体通过对话谋求理解的过程。尽管该视角具有一定的理想化色彩，但作为孔子学院文化传播的思想起点，无论与当前文化多元共存的传播背景，还是孔子学院的媒介定位均有契合之处。

在 2012 年“联合国可持续发展大会”成果文件《我们期待的未来：文化在可持续发展中扮演的角色》中提出，自然界和人类文化均具有多样性，因而应支持文化多样性，倡导所有文明均能为世界的可持续发展作出贡献（第 41 条）。② 该主张在联合国教科文组织 2015 年旨在评估保护和促进文化表达多样性公约的影响力的报告——《重塑文化政策》中再次被强调。③ 孔子学院作为旨在推行中国语言文化传播，推动中国同世界多元文化交流的非营利机构，其公共服务职能需与世界文化多样性的发展趋势相适应。

4.2.1.2 人性化的理念

人性化的传播理念是从传播的人文属性和价值属性出发，以实现人的个体自由与和谐共存为旨归，表现为人与人之间平等交互的过程与状态。人性化传播理念以人文主义（或译为人本主义）为思想基础，在东西方均有深厚的历史根基与思想渊源。在西方，人文主义最初作为神本主义的对立面出现，用于反对宗教对人性的压抑与束缚，自普罗泰戈拉在古希腊时期宣称“人是万物的尺度”开始，至费尔巴哈的“人本学”，再到萨特的存在主义哲学，人文主义贯穿于西方社会历史发展的每一个阶段。在中国，从古代的“民本”思想，

---

① 参见［德］卡尔·马克思：《〈政治经济学批判〉序言、导言》，人民出版社 1971 年版，第 29 页。

② 参见联合国教科文组织：《我们期待的未来：文化在可持续发展中扮演的角色》，http：//www.unesco.org/new/zh/culture/themes/culture-and-development/the-future-we-want-the-role-of-culture/。

③ 联合国教科文组织：《重塑文化政策》，2016 年 6 月 21 日，https：//zh.unesco.org/news/lian-he-guo-jiao-ke-wen-zu-zhi-chong-su-wen-hua-zheng-ce-quan-qiu-bao-gao-zai-ou-zhou-yi-hui-fa。

到“五四”新文化运动的“立国先立人”，再至 2003 年中国共产党第十六届三中全会提出“以人为本”的发展观，在中国历史发展的重要节点上也发挥了类似“人文主义”所起到的积极作用。

在媒介研究中，英尼斯将媒介分为“时间偏向”与“空间偏向”两类，认为人类历史就是在两者之间不断循环，并提出在西方文明中，时间和空间观念的恰当平衡是维持社会稳定的条件。① 在他眼中，能够实现这种平衡的是以古希腊时期为代表的“口语传统”时期，原因在于“口头传统的表现，见诸广泛传播的自由理性精神”②。在麦克卢汉的媒介理论中，口语同样占有重要地位，认为口语包含完整的感官模式和意识的延伸，在“口语时代”人们通过口语实现了身心的平衡和健全的人性。由此可以看到，口语作为人类最古老、最简单的媒介，对应着自由、互动的传播模式，蕴含着人文主义的思想内涵，在整个人类传播史上占有重要地位。

在孔子学院的语言文化传播实践中，传播从总体上还原了作为“一场对话”的本质，具有口语或类口语传播的性质。来自不同国家的人们，不论其肤色、种族、语言或文化，在以孔子学院为名的物理空间或虚拟空间里，在各类语言文化交流活动中，享有交流传递分享信息和情感体验的机会和权利。传播是人的天性，作为一种本能，每个人都有传播的需求，但同时作为一种社会属性，人对于传播的理性认识、对自身传播行为的自知与自觉并不是先天赋予的，需要后天学习和体验。因而无论对于传播者还是受传者，均需要借助孔子学院的媒介平台培育自身民主参与、自由表达和平等交流的人性化传播理念。一方面孔子学院需从传播的人文属性和价值属性出发，将双方置于平等的地位，尊重每个传播主体参与传播，表达自我，包括通过理性评论来分享和比较不同价值体系的权利，建构一个开放宽容的交流空间。另一方面，传播主体也需要在相互尊重的基础上，以参与者而非旁观者或监测者的身份，以积极解读的方式不断寻求相互对话的可能，以实现彼此间的相互理解与信任。

4.2.2　传播主体层面

数字革命既是一种技术变迁，也是一种社会文化变迁。其突出表现之一在于随着文化生产和传播手段的大众化，以往以“点”向“面”的传统广播形态和大众传媒的集中控制相对弱化，多点对多点的双向信息流通成为主要的传播形态，传播者与接受者之间的界限逐渐模糊，传播日益成为传受双方合作生

① 参见［加］英尼斯：《传播的偏向》，何道宽译，中国人民大学出版社 2003 年版，第 53 页。

② ［加］英尼斯：《帝国与传播》，何道宽译，中国人民大学出版社 2003 年版，第 179 页。

产意义并共享成果的过程。与之相对应，媒介不仅是信息流动的场所，也是一个被持续建构的空间，传受双方均在其中成为相互作用、相互影响的参与者。孔子学院媒介功能的生成与实现亦立足于此，因而应改变以往将受传者置于被动地位，由传播者施加影响的传统分析思路，将两者均视为传播主体予以关照。其中，具有跨文化的传播思维和提升媒介素养是传播主体培育的主要着眼点。

4.2.2.1 具有跨文化的传播思维

孔子学院在海外从事语言文化传播，处于不同的社会文化环境中，文化成为人们做出判断的参照和归因。这种鲜明的跨文化特征使得主体间的互动充满了未知与冒险，文化可以成为缔结友好关系的契机，也可能变成酝酿误解与冲突的隐患，文明间对话的目的之一，就是在具有不同历史与文化基础的人群间建立了解与欣赏的桥梁。

要实现“不同人群间的相互理解”，需要传播主体具备相应的素质与能力。在学术研究领域，研究者以追求有效性与得体性为目标，围绕“跨文化能力”进行了持续建构。布兰特·罗本（Brent D. Ruben）在 20 世纪 70 年代提出跨文化能力应至少包含 7 项内容[①]，随后多德（Dodd）又在总结前人的基础上列出了一个多达 20 余项的单子。许力生认为，尽管这种构建方式使跨文化能力摆脱了与特定文化或语言直接联系的局限，拓展了其构建空间，但由于试图包罗万象、面面俱到，难免显得宽泛、杂乱和零碎，并可能将跨文化能力的范畴无限扩大。[②] 此外，“跨文化能力”构建的其他局限也逐渐被研究者认识和反思，例如过于强调效率型的跨文化能力，忽视了有效人际互动的重要性；过于关注个体之间的文化互动，忽视了对群体间互动关系的思考等。[③]

与之相较，跨文化的传播思维是一个相对上位的概念，强调在作为普遍性的跨文化传播中，人们在思想意识层面承认传播的世界化和文化的多元性特征，以批判性思维审视自身文化身份，通过共享彼此共同的情感体验和价值观念，探寻共存共处的可能。面对传播越来越强的不可确定性和不可预知性，传

---

① （1）能够对人表示尊敬并对其持积极态度；（2）能够以描述性而非评价性和判断性的方式对待别人；（3）能够认识到个体之间在感知、知识、情感、见解等方面的自然差异；（4）能够从别人的角度看待和思考问题；（5）能够在不同情景中灵活地扮演不同角色；（6）能够准确地判断对方的需求并以此为根据与对方进行恰当互动；（7）能够从容不迫地应对新情况和尚不清楚的情况，并能迅速适应环境的变化。

② 参见许力生：《跨文化能力建构再认识》，《浙江大学学报》（人文社会科学版）2011 年第 5 期。

③ S. Rathje, “Intercultural Competence: The Status and Future of a Controversial Concept”, *Language and Intercultural Communication*, vol. 7, no. 4 (2007), pp. 254-266.

播主体对自身和他者文化身份的认知是重要的影响因素之一。迈克尔·赫克特(Michael L. Hecht)提出关于身份的 8 种假设：身份具有个人、社会和群体特性；身份具有持久性和变动性；身份包含情感、认知、行为和精神等因素；身份具有内容层面和解释层面的关系；身份关涉主观和赋予意义；在谈话并确定社会成员上，身份是为代码；在核心符号、意义和表现上，身份具有语义属性；身份表明有效且得体的沟通模式。① 其中每一项均与主体所处的文化背景密切相关，而跨文化传播也是传播主体在互动中寻求自身身份的动态平衡过程，这既需要充分认知自我文化身份，也需要以一种适当抽离的姿态对自身文化和他者文化进行批判性地审视与质疑。

跨文化传播思维的最终目标不仅仅是"说明和解释世界"以谋求暂时性的冲突缓和，而是从终极关怀的层面改善主体间的疏离状态，寻求与他者的和谐共处，即"对他者的体验现实，不管人们的文化有怎样的不同，把人们聚集在一起的东西要多于把人们分开的东西。把人们分开的是他们的语言、历史和生活世界。我们共同拥有的是基本的肉体和情感体验：饥饿、恐惧、痛苦、幸福、爱等。所有这些深刻的相似性，成了把人们联系在一起的基石。这种共享的情感和心理基础能够使人们有能力和机会用自己不同的世界观知识来心领神会地渗入他者的思想观念中"②。

4.2.2.2　具备一定媒介素养

媒介传播的主要产品之一是意义，人们通过不同的解读与意义再生产将世界建构为一个差异化的系统。以孔子学院为媒介，传播主体能够学习中国语言文化知识，接收到与中国相关的消息资讯，获得丰富的心理体验，加深对双方文化价值理念的体认与理解。但是，孔子学院并非人们了解中国和中国文化的唯一媒介，恰恰相反，他们对中国和中国文化的认知与理解不断受到大众传媒和其他形式媒介的冲刷与改造，处于持续变动和转换中。作为媒介化社会的标志之一，"传播与计算机技术的结合极大地扩展了'媒介'这个术语的各种可能的意义范围"③，媒介富集和媒介实践的多样化丰富了人们的信息获取渠道和编码形式，也使得相应的解码过程更为复杂多变。如果将社会历史背景等非

---

① Michael L. Hecht, "A Research Odyssey: Toward the Development of a Communication Theory of Identity", *Communication Monographs*, vol. 60, no. 1 (1993), pp. 76-82.

② E. Rothfuss, "Intersubjectivity, Intercultural Hermeneutics and the Recognition of the Other", *Erdkunde*, vol. 63, no. 2 (2009), pp. 173-188.

③ [英] 奥利费·博伊德·巴雷特、克里斯·纽博尔德：《媒介研究的进路》，汪凯、刘晓红译，新华出版社 2004 年版，第 5 页。

媒介因素纳入考察范围，则主体对信息的接收、利用和意义再生产过程将会面临更多挑战，“人们常常可以掌握关于任一既定问题的相应信息，但也许不会掌握使这些信息转换为相应社会行为的社会技巧。另一些人也可以掌握信息，但已拥有的信息、与之相反的态度或过去的经验，这些因素中的任何一个都可以作为障碍物发挥作用并阻碍转化过程”①。基于此，传播主体具有媒介素养并具备相应的媒介技能就显得更加重要。

媒介素养通常被理解为人认知和使用媒介的能力，由英国文学批评家利维斯在1933年首次提出。这一时期大众报纸刚刚普及，因而针对媒介素养的讨论很长一段时间内针对报纸、广播和电视等传统大众传媒的专业化新闻生产，通过让人们认识大众传媒的性质、种类、结构和功能，了解新闻生产的基本过程，从而培养人们甄别和判断大众媒介信息的能力。② 1992年，美国媒介素养研究中心将媒介素养定义为“人们面对媒介各种信息时的选择能力、理解能力、质疑能力、评估能力、创造和生产能力以及思辨的反应能力”③，不再将媒介局限于专业化新闻生产领域。此后随着媒介化社会的深入影响，学界对“媒介素养”的理解日趋宽泛。英国伦敦大学教授大卫·帕金翰（David Buckingham）指出，英国媒介素养教育发展的主要方向之一，是将其作为广泛民主化运动的一部分。④

在当前孔子学院的语言文化传播实践中，传播主体除了接触报纸、电视等传统大众传媒外，频繁使用网络和智能手机等新媒介对信息进行改写、传递与再生产，同时还通过人际交往参与社会互动，因而媒介素养也更加复合多元。在整体上可理解为与媒介环境互动的能力，具体包括辨识与批判能力、协调与整合能力以及理性交往、合理表达的能力。

首先，辨识与批判能力主要指主体对媒介体制和信息生产的辨别、分析和判断能力。传播政治经济学认为，文化与信息传播背后涉及复杂的权力博弈和金融逻辑。尽管当前传播技术门槛的降低和社交媒体的广泛普及在一定程度上消解了大众传媒的权威，仿佛每个人都具备参与信息生产与传输的能力和机会，但新媒体的企业属性和背后的意识形态影响依旧无法让其脱离资本和权威政治的逻辑。尼克·库尔德利指出：“我们要谨防把一切变化归于技术一种因

---

① ［英］奥利费·博伊德-巴雷特、克里斯·纽博尔德：《媒介研究的进路》，汪凯、刘晓红译，新华出版社2004年版，第48页。

② 参见芮必峰、陈夏蕊：《新传播技术呼唤新“媒介素养”》，《新闻界》2013年第14期。

③ 张玲：《媒介素养教育——一个亟待研究与发展的领域》，《现代传播》2004年第1期。

④ 参见［英］大卫·帕金翰：《英国的媒介素养教育：超越保护主义》，宋小卫译，《新闻与传播研究》2000年第2期。

素，我们所谓的'媒介'（传播基础设施）的变化总是技术、阶级、社会和政治力量交叉所产生的结果。"① 以谷歌公司（Google）为例，其市场垄断和操纵搜索结果就曾多次受到美国联邦贸易委员会和欧洲竞争事务专员的质询。②因而在媒介的接触和使用层面，传播主体需要对媒介背后的权力操作有所认知和警惕，不为表面的"民主"所迷惑。另一方面，同样在新媒介技术驱动下，对世界信息的瞬间无限获取成为每个人日常生活中的一部分，除了在数量上呈现"高饱和"状态，这些信息的内容和结构与以往相比也更加复杂和多样，需要主体在接触过程中对信息真实性进行辨识和分析。"把关人"理论认为，在以往传统大众传媒的信息生产和传输过程中，记者和编辑对信息进行筛选和取舍，担任着"把关人"的角色。但随着网络等新媒体的普及和个人化传播的兴起，传统把关人功能弱化，虚假信息和偏激论断大量出现。这就要求作为传播主体要加强"自把关"意识，不偏听偏信，为理性交流奠定基础。

其次，协调与整合能力主要指对媒介资源的组织整合能力和对媒介使用的协调能力。"信息论"创始人香农将信息视为"不确定性的消除"，并提出了"信息熵"的概念，用以描述信息系统有序的程度，简单理解即信息越集中的地方熵值越小，信息越分散的地方熵值越大，因此主体参与传播的过程也是努力减少"信息熵"的过程。在数字融合时代，主体参与传播实践的路径更加开放和多元，特别是微博和微信等社交媒体的参与，常常使围绕某一主题或某一事件的信息大量堆积，同一时间到达的信息有时相互矛盾，并在时间序列和空间分布上呈零散化的碎片状态。这也需要传播主体对信息做出判断与选择，通过筛选、组织和整合信息，使之能够还原为完整的信息环境。同时，麦克卢汉"媒介即信息"的断语也说明，可以把握媒介形式提升对信息内容的掌握。倡导新媒体时代"融合文化"的亨利·詹金斯提出，当前人们对数字鸿沟的关注正日益让位于对参与鸿沟的关注，他承认新媒体技术在美国的早期采用者"绝大多数是白人、男性、中产阶级，并且受过大学教育。这些人在使用新媒体技术方面拥有最为便利的条件，他们掌握了那些充分参与新的知识文化所需的技能"③。这也说明尽管媒介化社会以赋权的形式给予每个人参与媒体世界

① ［英］尼克·库尔德利：《媒介、社会与世界：社会理论与数字媒介实践》，何道宽译，复旦大学出版社2014年版，第12页。

② 张晓茹：《欧盟反垄断调查力压谷歌》，2013年6月13日，http：//news.xinhuanet.com/info/2013-06/13/c_132450825.htm；钱瑜、石飞月：《谷歌被指滥用市场优势地位 遭美反垄断调查》，2015年9月28日，http：//news.xinhuanet.com/fortune/2015-09/29/c_128278160.htm。

③ ［美］亨利·詹金斯：《融合文化：新媒体和旧媒体的冲突地带》，杜永明译，商务印书馆2012年版，第57页。

的权利，但若不能了解信息生产流程，掌握新信息工具的使用与维护，依旧会使人处于相对被动的地位，弱化作为传播主体的主动性与能动性。因而提升对媒介使用的协调能力，能够帮助人们在孔子学院的平台上更加自如和顺畅地进行对话交流。

最后，理性交往、合理表达的能力主要是指在人际交往以及新媒体营造的类人际交往的媒介环境中，传播主体能够保持客观、理性和平和的心态，选取合理的方式进行交际与表达。在现实层面，以孔子学院为节点，当地社会网络得到拓展，增加了传播主体人际交往的广度。在虚拟空间，人们也可以通过孔子学院的网络互动平台进行互动交流。不过，是否能够将这种可能性转化为现实，取决于传播主体是否具有相应的交际意识与表达能力。

哈贝马斯在其《交往行为理论》中指出："交往行为概念，首先把语言作为参与者与世界发生关系，相互提出可以接受和驳斥的运用要求的理解过程的一种媒体。"① 他将交往行为分为目的性行为、规范调节行为和戏剧行为，并认为其具有"真实性、公正性、真诚性"三者的特征，希望能以此为基础重建交往理性，进而实现对"公共领域"的目的。尽管这一交往模式具有一定的乌托邦色彩，但作为一种理论参照提示了主体在交往过程中应具有的平等观念和理性态度。作为旨在服务当地社区、提供公共产品的公众机构，孔子学院本身的公共性特征也力求让每一个参与者都有平等表达自身愿望和意见的权利，因而作为传播主体均应客观、冷静、平和地表述观点，以包容、开放的心态展开对话。

总而言之，传播活动归根到底是人的活动。在传播实践中，传播系统并非简单表现为传者—媒介—受众三者的简单线性关系，而是作为一个非线性系统由诸多元素和子系统组成，它们之间所发生的复杂的相互作用，导致在时间和空间上产生出各种复杂结构，使传播效果呈现多样性和差异性。其中，传播主体处于关键地位，他们贯穿于各类型的传播子系统之中，并成为其体现者。作为一个中介性的平台和组织，孔子学院媒介功能的实现很大程度上取决于传播主体的素质与能力，但同时作为一个具有教育功能的公共性机构，孔子学院也在日常教育教学和文化传播活动中对主体理念、思维、素养和技能进行潜移默化地塑造与培育。

① ［德］尤尔根·哈贝马斯：《交往行动理论·第一卷——行动的合理性和社会的合理化》，洪佩郁、蔺青译，重庆出版社 1994 年版，第 140 页。

4.2.3　传播内容层面

孔子学院在海外的发展，被认为是中国文化“走出去”的成功范例和有效模式，许琳多次指出，孔子学院是推广汉语教学，传播中国文化的重要平台，已成为中国文化走出去的重要途径。① 面对世界希望了解中国、中国发展不能离开世界的整体趋势，凝练中国文化价值，并在此基础上讲述中国故事是目前日益迫切地需要。② 换言之，目前需要尽快解决的是作为传播内容的中国文化与孔子学院这一媒介平台的适配性的问题，即什么样的文化应该、适合和能够通过孔子学院走向世界。本书认为，在加强传播内容建设以促进孔子学院媒介功能的生成与实现上，应以构造和生产中国文化意象为主体，精选、凝聚当代中国文化的价值符号，推动中华文明与世界文明的深入交流。

“意象”一般指涉客观事物在人心中形成的主观感受。在英语中，“意象”主要与“image”相对应，在汉语中，“意象”是中国古典美学和诗学的重要范畴，常指诗词作品中所描写的事物在读者心中形成的一种情境和想象。③ 对于中国文化意象，有学者将其界定为“具有符号特征、形象表现、特别又能代表中国文化意味的作品”④。文化意象与文化紧密相关，它能够凝聚人类经验和智慧，高度体现一个民族的文化精神，反映出该民族的集体无意识。⑤ 如梅兰竹菊代表君子的高洁之气，从中秋节可以联想到阖家团圆，都是中国文化意象的作用形式。从对意象的界定也可以看出，作为一种语言符号，意象本身蕴含着一定的视觉性因素，具有鲜明的形象能力。

从理论溯源上看，意象可以归入文化研究中的表征范畴。据《钱伯斯 20 世纪词典》的解释，表征具有展示形象、使用或充当象征等含义。斯图亚特·霍尔认为，表征就是将事物、概念、符号三个要素联结起来的过程。⑥ 至于表征的作用机制，罗兰·巴特（Roland Barthes）的神话理论认为，意义有两种秩序，一种是索绪尔提出的语言符号中能指与所指的关系，另一种是符号

① 参见世界汉语教学学会：《孔子学院的教与学：许琳“谈中华文化走出去”》，《世界汉语教学学会通讯》2011 年第 4 期。

② 参见藤依舒、袁媛：《第二届“文化‘走出去’：中国当代文化价值凝聚与国际传播路径”国际论坛会议综述》，《现代传播》2014 年第 8 期。

③ 参见钟晟：《基于文化意象的旅游产业与文化产业融合发展研究》，武汉大学博士学位论文，2013 年，第 28 页。

④ 胡晓明：《略论中国文化意象的生产》，《文艺理论研究》2007 年第 1 期。

⑤ 参见舒奇志：《文化意象的互文性与文化意象翻译》，《外语与外语教学》2007 年第 8 期。

⑥ 参见［美］斯图亚特·霍尔：《表征：文化表象与意指实践》，徐亮、陆兴华译，商务印书馆 2003 年版，第 19 页。

和外部现实的关系。[①] 其中第一种秩序是相对固定的，而第二种秩序则是在历史和文化之中生产出来的，是变动而多样的。卡瓦拉罗（Dani Cavallaro）认为，图像、句子和思想在本质上并非表征，表征只有得到解释才能称其为表征，并且最终要能引起广泛的联想。[②] 从中可以推导出，意象不但与具体的社会历史文化相关，同时在对意象的解释中，解释者可以对其进行阐释与联想。

因而从传播的"编码-解码"理论来看，文化意象的编码是通过隐喻或转喻等修辞手段，指向一套与文化和历史传统有关的代码系统，赋予价值意义生成与划分的想象载体以阐释空间。与之相对应的"解码"则是价值在文化意象中被提取并获得意义的过程。不过由于代码系统的普遍共享性受到特定时空的限制，意象与价值意义并非总是呈现一一对位的关系，特别是在不同文化间的交往对话中，双方的编解码活动往往伴随着一种新的价值生成与意义建构活动。在文化传播的互动交流的框架下，这就为自我与他者的认知和理解开辟了新的语义空间。

将构造与生产中国文化意象视为加强孔子学院内容建设的主体，一方面与中国语言文化本身的特点有关，另一方面也是为适应当前视觉文化蓬勃发展的媒介环境而作出的选择。作为中国文化的基础和主要载体，汉字及其书写系统源于图画和记事符号，更为接近图形象征。有研究表明，该特点使汉字使用者在心智活动中更倾向于使用类比表征和与经验有关的命题表征，与直觉、联想和实质推理等模式匹配，但同时也限制了对超验的抽象概念和命题表征以及形式推理的发展。[③] 这也从一个侧面解释了中国文化中为何具有众多表征鲜明而富有想象力的形象，能够为中国文化意象的构造与生产提供丰富的文化资源。

另一方面，这也符合"读图时代"人们的认知习惯与心理需求。目前我们已进入图像为中心的时代，视觉在文化中扮演着极其重要的角色，甚至直接成为文化的主要动因，换言之，视觉化/图像化的形式、经验和趋势成为我们主要用来解释、理解和再现世界的方式。[④] 宏观媒介环境的变迁也在逐渐改变人们对世界的认知和建构方式，"读图"的盛行即体现了印刷体的图像化正在改变人们以往抽象的文字阅读习惯。尽管很多学者对此表示出极大忧虑，但视觉图像文化普及也开辟了新的问题域和研究域，相对于其他表征形式，文化意象脱胎于语言符号，具有视觉性特征，恰能够实现视觉图像与语言文字之间的

---

① 参见陈卫星：《传播的观念》，人民出版社 2004 年版，第 138 页。

② 参见［英］卡瓦拉罗：《文化理论关键词》，张卫东等译，江苏人民出版社 2006 年版，第 142 页。

③ 参见郦全民：《论汉字的表征效应》，《中国社会科学》2015 年第 2 期。

④ 参见刘涛：《文化意象的构造与生产——视觉修辞的心理学运作机制探析》，《现代传播》2011 年第 9 期。

互补，符合现代人的认知习惯，为文化间的对话与交流提供了更多可能。

4.2.4　传播渠道层面

传播渠道是传播过程的基本要素之一，指传播者发送信息、受传者接收信息的途径和方法。[①] 在传播研究中，基于不同的理论假设，对“渠道”的具体表现形式也有不同的理解，主要包括：语言、文字、图片等承载信息符号的载体；报刊、广播、电视等输送信息的途径；人际传播、组织传播或大众传播等获取信息的方式方法等。孔子学院是展示中国文化的窗口，是中外文化沟通的桥梁，从孔子学院作为媒介的中介性特征出发，我们认为应将“传播渠道”视为传播内容在传播主体间流转的多级流程，囊括了载体、途径和方式方法等多种形式，统合于孔子学院各类语言文化传播实践中。

4.2.4.1　以图像为主要信息载体

所谓信息载体，是寄存并传播信息的物质[②]，它与信息构成一个整体，并能够附着信息进行传递。目前孔子学院的信息载体形式包括用来说明、展示的实物、模拟实物以及反映事物形象的图表、图像等，如语言文化教材、多媒体课件、展示中国风貌的图片影像以及具有中华文化元素的陈列物品等，整体上呈现出以言语和文字为主、图像和动态影像为辅的载体分配格局，以往汉语教学中“人对人，纸对纸”的单一形式被逐渐打破，不过在提升信息载体的动态性与图像化方面仍需进一步加强。

英尼斯提出，传播技术必然会产生三种结果：改变了人的兴趣结构（人们所考虑的事情），改变符号的类型（人用以思维的工具），改变社区的本质（思想起源的地方）。[③] 虽然我们并不能否认在特定文化环境下信息选择的意义，但随着当前多媒体技术和数字技术的普及，信息记录和流动方式的图像化和动态化逐步增强，也推动了一种新的传播环境逐渐成形。一方面，不论被动适应还是主动追求，图像化已成为人们生活体验中不可缺少的一部分。图画、摄影、数字图像等视觉艺术，以及电视节目、电影甚至监视录像等展现的影像，将人们围绕其中，它们用视觉语言转述世界，为人们提供了观察和认识世

---

① 参见刘建明主编：《宣传舆论学大辞典》，经济日报出版社 1993 年版，第 307 页。

② 参见甘惜分主编：《新闻学大辞典》，河南人民出版社 1993 年版，第 96 页。

③ 转引自［美］尼尔·波兹曼：《童年的消逝》，吴燕莛译，广西师范大学出版社 2004 年版，第 32 页。

界的视野。[①]

另一方面，图像独特的信息编码方式也影响了人们的思维习惯和建构世界的方式。苏珊·朗格（Susanne Katherina Langer）认为，语言文字和图像分属于两种不同的符号系统，前者属于推理性符号形式，后者属于表征性符号形式，两者在本质上具有不可能再简化的不同逻辑结构。推理性符号需要将思想的形式分解为标准的范畴，将词语安置进一个线性序列中。需要运用理性在这些已知的范畴和序列中分析、提取意义。表征性符号则具有不可分割性，它是把自己的关系结构整体"呈现"在使用者面前，让人直接去感知，而不是要求使用者按照排列顺序一个接一个地进行编辑。因而研究者认为，图像能够证明某种现实存在的真实，但是并不能证明某种意义，是"存在的证据"而非"意义的证据"[②]。马丁·杰（Martin Jay）将"世界被把握为图像"表述为"视界政体"（Scopic Regime）的形成与扩张，即社会逐渐演变成以视觉性为基础的实践和生产系统，建立了以视觉性为标准的认知和价值秩序，进而建构从主体认知到社会控制的一系列文化规则和运作准则。[③]

由此可见，图像化和动态化的技术变革带来了个体生活体验与表达形态的变化，进而影响不同群体的交互方式，并通过不断摆脱时空束缚的动力机制系统影响社会文化结构。在这一背景下，孔子学院的文化实践也需要与技术自身具备的逻辑以及人们认知世界的方式相适应。在充分考虑信息与图像化、动态化载体匹配性的前提下，积极应用视觉影像激活和启发人们的认知机制，通过生动、形象的信息编码模式展示中国语言文化的独特魅力，在图像文化强调"快乐原则"的基础上，将受众引向对中国文化价值传统的系统性认知，以及对自身文化的回视与反思。

4.2.4.2　拓展人际传播渠道

尽管孔子学院的语言文化传播实践兼及人际传播、群体传播和大众传播等多种渠道，但就当前来看，孔子学院的传播实践多通过面对面的人际交流展开。人际传播被认为是最早和最原始的人类传播形态之一。基于人的社会交往本能，哪怕是刚刚出生的孩子与母亲之间也通过触觉和嗅觉进行互动，形成最基本的社会联系。人际传播也是人建立社会关系，进行自我和外界认知的主要渠道，即如马克思所说，人的本质是人的真正的社会联系。人在实现本质的过

---

① 参见吉莉恩·萝斯：《视觉研究导论——影像的思考》，（台北）群学出版有限公司2006年版，第7页。

② 韩丛耀：《图像——一种后符号学的再发现》，南京大学出版社2008年版，第117页。

③ 转引自吴琼：《视觉性与视觉文化——视觉文化研究的谱系》，《文艺研究》2006年第1期。

程中生产、创造人的社会关系和社会本质。[①] 与其他传播形态相比，人际传播具有互动性、直接性和亲和力强的特征，因为传播主体在互动过程中能够及时得到反馈并实时调整，加之传播过程中人的面部表情、目光接触、姿势动作以及人际间距离等非语言符号可以对语言沟通起到辅助作用，人际传播被施拉姆称为“最好的传播方式”。

贝尔纳·瓦耶纳也认为，人际传播是最丰富最良好的形式，人类其他的联络形式都只是它的替代，是其为扩大传播范围而采取的手段的延伸。[②] 不过，人际传播虽具有种种优势，但也受到了一定时空范围的限制，因而若仅依靠人际传播渠道，孔子学院的语言文化传播实践一旦脱离一定的物理规则难以为继，也难以与更多的当地民众进行持久互动。针对这种情况，善用“意见领袖”，实现人际传播的多极化做法具有一定参考性。1962年罗杰斯通过对农村新事物的扩散机制研究发现，在大众传媒信息发挥影响的过程中，人际传播起着多重中介过滤的作用，形成了“多级传播”的态势，其中“意见领袖”作为“早期采用者”对新事物的普及有较大的推动作用。

以孔子学院为媒介进行中国语言文化的传播与推广，也是文化传播实践的创新形式，包含品牌、社会资源和知识、素养、技能等多个创新层次。[③] 在这一过程中若能充分利用“意见领袖”的中介与过滤作用，通过其在人际传播网络中影响他人的能力，有助于扩大和延伸孔子学院的社会网络。另外，从“意见领袖”的特征看，由于其影响“并不集中于特定的群体或阶层，而是均匀地分布于社会上任何群体和阶层中”[④]，以及“社交范围广，拥有众多信息渠道”，也可对人际传播渠道侧重于横向传播的特点做有益补充，使孔子学院的语言文化传播能够在不同阶层和社群得到延伸与扩展。

4.2.4.3 集成大众传播渠道

相对于人际传播，大众传播具有信息量大、辐射范围广和连续性强等优势。目前，孔子学院的大众传播渠道大体可分为自有渠道和专业传媒渠道两类。所谓自有渠道是指主要由孔子学院建设和维护，面向大众以传播中国语言

---

① 转引自陈力丹、陈俊妮：《传播学纲要》（第二版），中国人民大学出版社2014年版，第81页。

② 参见［法］贝尔纳·瓦耶纳：《当代新闻学》，丁英雪、连燕堂译，新华出版社1986年版，第3页。

③ 参见周汶霏、宁继鸣：《孔子学院的创新扩散机制分析》，《中国软科学》2015年第1期。

④ 刘海龙：《大众传播理论：范式与流派》，中国人民大学出版社2019年版，第173页。

文化为主要内容的方式与途径，包括《孔子学院》多语种期刊，广播孔子学院①，电视孔子学院②以及孔子学院总部/国家汉办网站，网络孔子学院以及在微博、微信等社交媒体用以发布信息、沟通交流的公众账号等。专业传媒渠道则是对孔子学院相关工作与活动进行采访报道的报纸、广播和电视等海内外专业大众传媒。

孔子学院的自有渠道主要以功能为导向进行建构。目前，教育教学、信息发布和互动交流构成了功能主体，并通过不同渠道各有侧重，形成了互补发展的传播态势。如《孔子学院》院刊以“品阅中国文化”为主题，以品鉴解读中国文化为主要内容，以多语种为主要特色，现已有包括中英、中法、中日等11个双语对照版本。该杂志面向全球逾120个国家和地区，超5000万汉语学习者发行，每期全球发行20万册左右。网络孔子学院主要建设“学习汉语，体验文化”的在线学习平台，目前在线课堂27.3万个，上载学习课件7523个，注册学员人数达50.3万余人。孔子学院总部/国家汉办网站侧重于孔子学院新闻资讯和其他政策法规等权威信息发布，每天均有相关新闻信息即时更新，并与微信“孔子学院”公众号同步。

作为面向全球汉语和中国文化爱好者的开放式渠道，孔子学院必然要面对与其他同类型媒体之间的竞争，在当前数字技术、网络信息技术和现代通信技术融合发展背景下，竞争的方式与特点也发生了相应改变。新媒体被定义为“由所有人向所有人进行的传播”，即传播者和接受者的界限模糊化，每个人都可以是信息的生产者和加工者，同时也是接受者和改造者。这使得传统大众媒体垂直、线性和相区隔的传播模式被逐渐打破。从这一视角出发，现在孔子学院自有渠道以内容独占性所形成的竞争优势有可能被新媒体双向、不确定、多角度和去中心化的特征所逐步消解。同时，不同渠道之间通过差异化形成的

---

① 指中国国际广播电台广播孔子学院。中国国际广播电台广播孔子学院于2007年12月6日，经国家汉办授权成立。广播孔子学院依托多语种、多媒体优势，秉持“用母语教汉语”理念，在肯尼亚、孟加拉国、巴基斯坦、意大利等国建立起12家广播孔子课堂，开发了《每日汉语》《实景汉语》等深受学员喜爱的多语种教材，搭建了无线广播、网络传播、互联网电视、IPTV等多媒体、多终端汉语教学平台，推出和承办了“你好，中国”等重要文化推广项目。参见韩秀：《国际台广播孔子学院成立五周年纪念大会举行》，2012年12月14日，http://china.cnr.cn/NewsFeeds/201212/t20121214_511564359.shtml。

② 指黄河电视孔子学院。黄河电视孔子学院是于2007年11月经国家广电总局和孔子学院总部批准成立，面向全球播出的电视汉语教学节目和中国文化节目。2008年12月18日，美国斯科拉（SCOLA）卫星教育电视网开始向美洲试播，全天24小时播出。节目进入美国400多家大学、7000多所中学和50多家城市有线电视网，注册学员达310多万，受众人数约有1500万。同时，通过中国电视长城平台“黄河教育文化频道”，每天播出两小时节目，覆盖美国、加拿大和拉丁美洲地区。朱慧：《“黄河电视孔子学院”在美洲试播》，2008年12月19日，http://news.qq.com/a/20081219/000199.htm。

有所偏重的传播格局也可能因缺乏通用性而失去吸引力。因而如何将以往相对分散的渠道加以整合，使其能够承载多样性服务应用的能力，是孔子学院自有渠道面临的主要挑战。

专业大众媒体对孔子学院的报道主要以“媒介事件”驱动。所谓“媒介事件”主要指经过大众媒介传播的事件，它是事件本身的虚化影像，并与媒介人物一起构成了媒介环境最主要的两个因素。① 奥运会、世博会以及其他各类事先经过策划或突发的经大众媒介报道传播的事件均可视为媒介事件。孔子学院被中外媒体报道的媒介事件以庆典型事件为主，具体包括孔子学院/课堂揭牌仪式、中外政要或著名人士到访孔子学院、全球“孔子学院日”，全球孔子学院大会以及各地孔子学院组织举办的文化活动等。根据传播的“把关人”理论，编辑、记者等大众媒体从业人员对信息具有筛选和过滤的权力，他们基于个人经验、看法、兴趣和预存立场等因素对事件的性质与价值进行判断，进而作出是否报道以及如何报道的决定。因而，如何与大众媒体形成良好的合作关系，了解并能及时契合其传播偏好，是孔子学院通过专业大众媒体扩大影响，提升传播可持续性的重要环节。在这样的情况下，通过有针对性的策划与组织聚合媒体资源，高效回应媒体需求是较为通行的做法，可以促成大众传播的规模效应，充分发挥大众传媒的渠道优势。

4.3 孔子学院媒介功能实现的原则

孔子学院媒介功能实质是形成一个多元主体参与对话的开放场域，维系、加强、改变或建构新的主体间关系，实现意义的共有、共存和共享。在学理上，它体现为回归传播即互动，传播即关系的价值本质；在实践中，规则是人与人之间交往和有效合作的先决条件，因而需不断凝聚共识，以孔子学院的理念、价值和程序共识为原则，保证孔子学院发展的稳定性和持续性，为各参与主体实现交往对话奠定基础。

4.3.1 理念共识

孔子学院媒介功能的实现，应以求同存异、平等交流为理念共识。孔子学院中外合作的运营模式，和“植根本土，服务当地”的建设发展策略决定了

① 参见李彬：《传播学引论》，新华出版社1993年版，第151页。

“差异”广泛影响着各参与主体的交往，并作为一种常态嵌入各类语言文化传播实践。在组织内部，孔子学院采取中外合作的办学模式：中外方以结对子的方式建立合作关系，共同参与教学设施、设备和师资等资源的调配；管理上以外方为主，中方为辅为原则，双方各派一名院长共同管理。在组织外部，孔子学院一般作为合办方的附属机构存在，如作为大学下设的学院，或服务于当地社区的专门机构，具有外方性质，因而必须遵守当地法律规范，适应当地社会文化环境，满足多样化的社会需求。这些都促使孔子学院任何一项职能的履行，都需要建立在合理应对中外差异的基础上。差异的普遍存在往往会让交往行为变得困难重重，引起关系的失谐甚至剧烈冲突，特别是在参与主体日趋多元和参与格局不均衡化的背景下，孔子学院的媒介功能实现成为一个高度分化和高度不确定性的复杂系统。也正是意识到自身属性、功能和传播模式的特殊性，“合作共享，融合发展”成为孔子学院设立以来主要的发展理念。融入和服务所在大学与社区成为连续多届全球孔子学院大会主题。刘延东在第十届大会上再次强调，孔子学院的特色就是植根本土、服务民众，逐步实现孔子学院的本土化。

倡导在“存异”的前提下“求同”，各参与主体平等交流，是孔子学院实现媒介功能的基本原则，也是在具体传播实践中的必然选择。人类文化是否存在共性，学者们已经给了答案：乔治·默多克自 1949 年起开始从世界各地的民族志资料中总结人类共有的文化要素，从他们建立的“人类关系区域档案库”中可以看到，虽然人类不同文化的实践是多种多样的，但涉及的文化要素则大致相同。[①] 该调查再次说明生物学上的人类有着共同的起源，文化上的差别只是相对的，是对不同自然和社会环境适应的结果。因而在关注差异的同时，能体察到共性的存在，克服因差异带来的焦虑或其他消极情绪，是人们对待差异的正确态度，也是进行文化交流与交往的起点。关系传播认为，交流者并非要解决差异，而需要接受差异，并以其为依据认识关系中存在的同一性与差异性的永恒张力。[②] 以此为原则，每一个进入孔子学院媒介环境的主体均应认识到，人们都不可避免地受到所在社会生活、历史背景、地缘环境以及人种和民族特质等诸多方面的影响，不同文化的内涵与差异都将在其互动方式上有所反映。认可孔子学院的共同愿景是建立一种能穿越差异的互动方式，使各参与主体结成相对稳定的互动关系。

---

① 参见孙英春：《跨文化传播学》，北京大学出版社 2015 年版，第 159 页。

② 参见王怡红：《关系传播理论的逻辑解释——兼论人际交流领域的主要对象问题》，《新闻与传播研究》2006 年第 2 期。

该原则也体现在孔子学院语言文化传播实践的各个层面，成为孔子学院全球传播体系共享的传播观念和文化态度。许琳认为："多元文化，元和元总有对不上的时候，总得有碰撞和摩擦。我们有时候是过于担心了，就怕摩擦起电，会着火，所以都隔着，都离得很远。这种情况下，我们把办孔子学院比作搭桥，让大家可以经常在桥上见见面，又能随时退回到自己的地盘。这桥一搭好，大家就都跑到桥上来了，再一看，原来很多方面都是可以融合的，不是原先想象的那样。"① 各海外孔子学院举办的形式多样的文化活动对此亦有体现。都柏林大学孔子学院与爱尔兰银行共同举办"经商在中国：跨文化的挑战"专题讲座②；格拉茨大学孔院作为当地唯一华人团体，参加格拉茨商会举行的以文化融合为主题的活动，并组织出版《文化空间》一书，对中奥关于文化空间的理解进行比较。③

4.3.2　价值共识

孔子学院媒介功能的发挥应以追求多元文化对话为价值共识。文化对话主要指文化间在承认他者合法性的基础上，自觉、系统的互动交流活动。它是个体间的平等交流意识在宏观层面的自然延伸，也是不同个体、组织和群体间达成理解与宽容，促进协同与合作的重要手段。人类的文明发展历程说明，每一种文化都不能仅靠内部力量实现更新和发展，只有将自身融入整个人类文明的发展中，保持与其他文化持续性的交流与对话，才能获得不断超越的动力。从历史上看，中华传统文化中的演化与进步，也得益于与其他文化形态的交流与对话，如汉代之后作为异质文化的佛教文化被引入中国，与中国儒家和道家文化的交流互渗影响了中国文化传统的演进；近代以来，严复引进自由、民主思潮，对中国的社会文化生活亦产生重大影响。因而孔子学院倡导重视文化对话的价值理念，既符合文化发展的一般规律，也与中华文化自身特质具有内在的一致性。

从全球范围看，多元文化间的对话与意义共享也是解决当前世界主要问题的可行路径。在全球化的深刻影响下，国际恐怖主义问题、难民问题、生态保护问题、文化遗产传承与保护问题等作为当前人类共同面对的主要问题，需要

---

①《文化的困境，在于不知不觉——独家对话国家汉办主任、孔子学院总干事许琳》，《解放日报》2014 年 9 月 19 日。

②　参见孔子学院总部：《都柏林大学孔子学院》，《第十届孔子学院大会交流材料（欧洲）》，2015 年，第 8 页。

③　参见孔子学院总部：《格拉茨大学孔子学院》，《第十届孔子学院大会交流材料（欧洲）》，2015 年，第 34 页。

通过不同文化间的对话与协同谋求合理解决与处置。189 个国家签署于 2000 年 9 月的《联合国千年宣言》指出：人类拥有不同的信仰、语言和文化，人与人之间需要互相尊重。不应害怕和压制社会内部及社会之间的差异，应将其作为人类共有的宝贵财产来爱护，积极促进不同文明间的和平与对话。世界各国需要以多边方式共同承担全球经济、社会发展、国际和平与安全面临的威胁。

在实现文化对话的方式方面，按照巴赫金的对话理论，对话是人们在某种情境下通过言说进行信息交换的过程。它一方面要求说话人期望听到对方的观点，并且根据这种期望来调整自己的传播内容和方式；另一方面，听话人也通过积极回应、评价或自我评说的方式参与对话。从个体的互动推至文化间的交流，万俊人认为实现文化对话需要具备以下条件：一是需要持有善良的对话愿望和开放的心态，否则对话便无从谈起；二是要建立不同话语相互理解和互译的语境以及展开对话的公共论坛；三是文化对话依赖于独立、平等、尊重、理解和宽容的道德基础；四是文化对话取决于不同文化体系本身是否具有完整性与连续性。[①] 以此为参照，孔子学院的设立旨在提供一个展开文化对话的开放空间，不断发掘能够促进文化间相互理解的共同话题，开创促进多元文化对话的新模式；强化文化对话的价值理念，不断推动对话的深入和拓展。

4.3.3 程序共识

孔子学院媒介功能的发挥应以开放办院、互利共享为程序共识。它主要指基于孔子学院建设的开放性与包容性，在利益分配和资源配置上能够通过合理的制度化安排惠及各参与主体，从而实现整体利益最大化。对于孔子学院的发展而言，这是吸引和凝聚多元参与主体的有效手段，也是孔子学院持续发挥媒介功能的基本保障。

坚持开门办学、开放发展是孔子学院建设的主要思路，通过对参与主体和办院机制开放的制度化安排，奠定了孔子学院参与国际交流合作的基础，也为其成为多元文化对话开放空间创造了条件。2014 年 9 月，习近平在致全球孔子学院建立十周年暨首个全球“孔子学院日”的贺信中提到，孔子学院“属于中国，也属于世界”，肯定和强调了孔子学院的开放性理念。[②] 在孔子学院建设中，强调中外合作，吸收多元主体参与也是其自设立以来的主要发展方

---

① 参见万俊人：《寻求普世伦理》，商务印书馆 2001 年版，第 565—568 页。

② 参见霍小光、刘奕湛：《习近平：孔子学院属于中国，也属于世界》，2014 年 9 月 27 日，http://news.xinhuanet.com/politics/2014-09/27/c_1112652079.htm。

针。在首届孔子学院大会上，时任教育部部长周济在总结讲话中提出，孔子学院建设需要通过“中国和外国同事们的共同努力”，“在合作双方互信、双赢的基础上，推动双方更加紧密地合作”[①]。在第十届全球孔子学院大会上，刘延东再次强调，“共建”是孔子学院高水平发展的关键词之一，应进一步“创新体制机制，建立健全规章制度，严格准入和退出机制，充分发挥理事会协商和决策作用，不断提升治理能力和治理水平，确保孔子学院持续健康发展”。海外孔子学院也不断践行和深化中外共同参与决策的管理机制。法国布列塔尼孔子学院每年举办一次全体成员代表大会和数次理事会，同时为了加强与当地大学的联系，尊重理事会规定，历届理事会主席均来自布列塔尼欧洲大学。[②]塞浦路斯大学孔子学院将教学管理与质量监控各环节统一纳入塞浦路斯教学质量管理体系。[③]日内瓦孔子学院的会计制度全部公开，所有孔子学院的工作人员都可以看到收入支出情况。[④]

互利共享是在开门办院基础上，各参与主体共同享有孔子学院的各类资源、成果，最终实现整体协调。孔子学院是一个基于共有理念和共同利益的文化对话合作平台，来自各参与主体对自身文化在全球文化中地位的理性思考，也来自对自身价值实现的真实诉求。在这些诉求中，既包括对孔子学院语言与文化资源的共有共享，也包括对孔子学院信息服务系统的共同参与；既包括个体层面个人价值的实现，也包括组织与机构层面整体利益的获得；既包括对共同利益的认同，也包括对身份认同和归属感的培育。因而互利共享原则的基础性目标是通过合理的制度化安排，实现对物质和信息资源的系统内合理配置，建构孔子学院共有、共建、共管、共享的国际交流合作体系。远景目标是各参与主体共同开展长期、稳定和有效的文化合作以达成理解而非隔膜，传播而非限制，协调而非冲突的目标，建构相互尊重与理解的文化共享空间。

目前，互利共享原则基本以非制度的默会规则体现在孔子学院的传播实践和区域合作中。第十届孔子学院大会院长论坛也专门设立“孔子学院之间资源共享”专题，与会各方在认同共享原则的前提下，就如何在孔子学院网络内部形成资源流动与输送的长效机制进行经验共享和专题讨论。该专题也得到

---

① 《周济部长在孔子学院大会上的总结讲话》，2006年7月7日，http：//www. moe. edu. cn/publicfiles/business/htmlfiles/moe/moe_1444/200703/17046. html。

② 参见孔子学院总部：《布列塔尼孔子学院》，《第十届孔子学院大会交流材料（欧洲）》，2015年，第496页。

③ 参见孔子学院总部：《塞浦路斯大学孔子学院》，《第十届孔子学院大会交流材料（欧洲）》，2015年，第805页。

④ 参见孔子学院总部：《日内瓦孔子学院》，《第十届孔子学院大会交流材料（欧洲）》，2015年，第782页。

了各孔子学院院长的积极回应，并对该原则达成一定共识，认为通过资源分享、整合，可以改变各孔子学院各自为政的局面，产生燎原之势，达到事半功倍的效果；在资源共享大的框架下，体现语言教学一贯性以及文化传播、文化活动的普遍性，从而树立孔子学院共同的品牌。①

4.4 孔子学院媒介功能实现的路径

承前所述，孔子学院媒介功能的实现，需将已现雏形的孔子学院全球传播网络融入所在的社会结构与文化环境，实现多元主体的对接与联通，使孔子学院成为一种促进文化交流与共享的环境式存在，推动多元文化交融由理念转换为文化交往行为，进而成为一种文化现实。以此为导向，孔子学院可从专业化、差异化和产业化三条具体路径，加强孔子学院与当地社会结构的关联性，进一步实现媒介功能。

4.4.1 专业化路径

孔子学院的专业化属于组织专业化范畴，指组织实现存在和发展所需要的基本专业能力和条件。根据孔梓对孔子学院社会资本功能的研究，社会资源、社会资本和社会信任构成了一个可相互促进和转化的良性循环，即社会资源能够转换为社会资本，社会资本有助于增强社会信任，社会信任能够进一步促进社会资源的积累。在该过程中，专业化能够直接提升孔子学院筹措和管理社会资源的能力，催化社会资源向社会资本的转化，进而推动孔子学院获得社会信任。在整体上，该循环同样正向作用于孔子学院语言文化传播实践，促进孔子学院传播系统融入当地社会，进而有助于孔子学院媒介功能的实现。

在具体实施路径方面，各海外孔子学院类型、发展阶段及所处社会文化环境的差异，决定了其专业化的路径和取向必然是多样的。本文根据郑文哲、夏凤提出的专业化路径的“三环模式”，以传播者专业化、传播机制规范化和传播方式科学化为三个主要维度，给出孔子学院专业化的具体实施路径（图4-1），结合实例进行分析。

---

① 国家汉办/孔子学院总部：《第十届孔子学院大会：孔子学院之间资源共享（第一场）》，2015年12月6日，http：//conference. hanban. org/？ q=node/645。

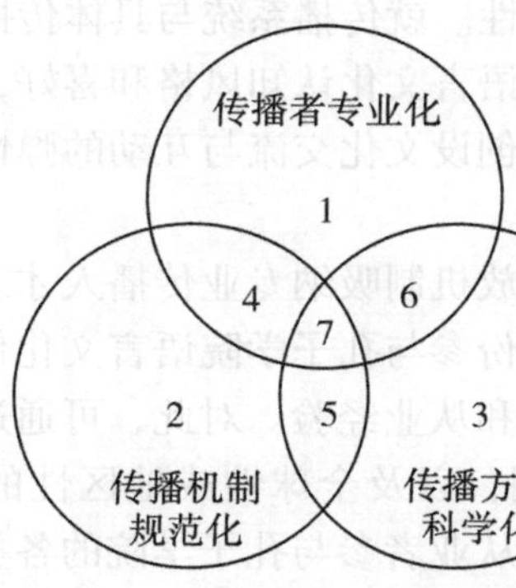

图 4-1　孔子学院专业化的三环模式

分区一：孔子学院师资专业化。孔子学院教师是中国语言文化的主要传播者，孔子学院师资专业化既是孔子学院语言文化传播本身的要求，也是当前国际汉语教师职业发展的主要趋势，是孔子学院专业化最直接的方式和途径。在中外语言合作交流中心建立以前，孔子学院师资专业化发展主要依托孔子学院总部进行，通过设立“汉语国际教育专业硕士学位”，开展孔子学院教师和志愿者选拔、培训，推广《国际汉语教师证书》考试等方式，提高孔子学院教师的专业性。不过，基于语言文化传播的复杂性与多元性，孔子学院师资的专业化不仅需掌握专业知识与技能，还需具备一定的文化素养、理性品质和实践智慧，如何将两者统筹协调于孔子学院教师专业化范畴内，是需要进一步探索的问题。

分区二：孔子学院制度规范化。制度规范化包含自身制度建设和融入当地社会文化体制两方面。在自身制度建设上，以各海外孔子学院和中外方合办机构为主体，根据协议内容和责任分工建立较为完善的制度规范，包含教育教学管理、财务管理、人事管理和项目管理等各个方面。在融入当地社会文化体制上，主要体现为推动汉语进入所在国国民教育体系，孔子学院进入所属外方机构的质量评价体系，按照国际惯例接受第三方审计和监督等。

分区三：孔子学院语言文化传播策略的科学化。传播方式与传播策略的科学化主要体现在传播系统内部各要素的协调及匹配具体传播情境。就传播系统内部而言，在以受众需求为中心的基础上，将多样化的语言文化内容以适宜的渠道和形式加以呈现和阐释，是系统内部各要素协调的重点。以中国文化的传播为例，针对海外大众化、普及性和实用性文化需求，文化体验是目前海外孔子学院采用的文化传播方式。通过增加课堂文化体验环节，开设文化体验课程，建设、运营中华文化体验中心等形式，突出特定文化内容直观、有趣和互动性强的特点，具有一定合理性。就传播系统与具体传播情境的匹配而言，了解特定教学对象和当地民众的语言文化认知风格和喜好，知晓语言文化禁忌与默会规则，利用相应社会资源创设文化交流与互动的弹性空间，是孔子学院传播策略科学化的表现。

分区四：运用孔子学院开放机制吸纳专业传播人才。孔子学院教师和管理人员多以教育者和管理者的身份参与孔子学院语言文化传播实践，相对缺乏传播领域的知识背景、专业能力和从业经验。对此，可通过合理运用孔子学院在办学、用人等方面的开放机制，以及全球性或地区性的制度化交流渠道，吸纳、延请文化传播领域专家或从业者参与孔子学院的各类传播实践，通过直接参与、分享经验、提供咨询和指导等多种形式促进孔子学院媒介功能的专业化。例如邀请具有外交或媒体从业经验的知名人士加入孔子学院理事会或作为特聘顾问，参与孔子学院决策；邀请莫言等具有成功中外交流经验的作家、艺术家或其他领域专家学者在全球孔子大会等重要场合分享传播经验，提出对策建议；邀请传播领域的专家学者、外交工作者或媒体从业者参与孔子学院院长、教师培养培训，教授文化传播或跨文化交际等相关课程等。

分区五：吸纳专业媒体机构进入孔子学院合作体系。广播台、电视台、出版机构和网络运营机构等专业大众传媒，具有理念、人员、渠道设备和运作模式等多方面优势，利用孔子学院合作办学和项目合作等形式，将专业传媒机构纳入孔子学院合作范畴，实现外部传播资源向内部传播优势的转化，是孔子学院媒介功能专业化的可行路径。广播孔子学院、电视孔子学院和出版特色孔子学院的相继建立，网络孔子学院运营稳定，均可视为该路径下的成功尝试。另外，各海外孔子学院也通过与当地传媒机构建立合作关系、为传媒提供报道素材、传媒以媒体报道的形式展示各类语言文化传播实践，扩大孔子学院在当地影响，实现双方共赢，是该路径下较为理想的合作模式。

分区六：在孔子学院体系内设置专业化机构和岗位。随着孔子学院传播网络的拓展和网络内地区差异的增大，孔子学院媒介功能的复合性与多元性显著提升。对此，在孔子学院体系内部设置专业化机构和岗位，调研受众需求，协调传播资源，举办相关领域专业培训，进行传播实践指导，是适应该发展趋势的可行路径。从孔子学院既有实践看，建设汉语国际推广基地，建立孔子学院海外地区中心，设立孔子学院核心教师岗位，均可视为此路径下的积极尝试。

分区七：各种具体路径的综合形态。在孔子学院具体实践中，根据传播实际，进行多样化的路径尝试和合理组合是与实际最为相符的发展形态。这也使得孔子学院专业化呈现多种具体路径交叉的综合形态，包括积极发挥孔子学院教师与管理者的传播主体作用，利用孔子学院在办学机制、合作机制和运营机制的开放性与灵活性，吸纳多元主体参与孔子学院的文化交流与文化合作，激发当地社会文化环境的有利因素等多种具体策略。

整体而言，目前孔子学院的专业化发展主要以孔子学院总部倡导与统筹，各海外孔子学院具体实施人员专家化、制度规范化和方式科学化三条具体路径，即几乎所有海外孔子学院均在不同程度上采用了前三个分区的专业化路径。在此基础上，如何认识、分析和合理利用自身特点和地区差异，以多路径结合的方式深化专业化发展，实现整个传播系统的协调，是孔子学院需要继续探索和实践的方向。

4.4.2　差异化路径

差异化是孔子学院特色发展基础上的一种整体战略。目前孔子学院特色已初显成效，例如开设特色课程，举办品牌文化活动，建设特色孔子学院等。不过，鉴于全球范围内持续升温的汉语热和中国文化热，以及多元文化交流与融合的发展趋势，需要孔子学院进一步提升特色发展水平，实现整体的差异化战略，以应对同类机构竞争和不断变化的受众需求。

作为一种企业取得竞争优势的整体战略，差异化战略概念由哈佛大学商学院教授迈克尔·波特（Michael E. Porter）提出。他认为，差异化战略是通过产品或服务差异化，使企业与竞争对手的产品产生具有区别性的与众不同的特点，产生全产业范围内的独特效果。[①] 尽管孔子学院作为非营利机构并不以获得利润为目标，但作为汉语国际教育领域的知名品牌和参与多元文化交流的专业机构，以产品和服务的形式作用于特定受众群体，并通过创设有利于多元文化交流与融合的中间环境，发挥其作为媒介的独特影响，与其他同类机构形成竞合关系，具有实施差异化战略的条件与需求。孔子学院对该战略的应用更多是在理念层面将其作为一种引导和激励自身发展的战略措施，并不需要完全照搬企业的差异化方式，而是结合实际制定有选择和重点的差异化战略。根据已有差异化战略研究成果和实践经验，孔子学院的差异化应包含以下基本路径：

一是进行环境扫描。所谓环境扫描是对孔子学院所处环境的整体审视，主要目标是全面评估孔子学院当前情况，发现可能产生影响的环境变化。环境扫描包含外部环境监测和内部环境分析两个主要部分，对孔子学院而言，外部环境监测具体包括：经济全球化与文化世界化的整体发展态势，所受政策规制及政策变动，传播技术革新，当地法律法规与政策制度的变动以及当地文化环境

① Peter R. Dickson and James L. Ginter, “Market Segmentation, Product Differentiation and Marketing Strategy”, *Journal of Marketing*, vol. 51, no. 9 (1987), pp. 1-10.

的整体变化等；内部环境分析涉及孔子学院的物质资源、社会资源和文化资源等多个方面，具体包括办学空间、基础设施、教材与教学设备、学员人数、师资数量的统计，对已有社会网络，以及孔子学院的声誉、品牌和形象等内容的描述等。孔子学院年度报告和孔子学院大会交流材料在一定程度上起到了环境扫描的功能，但多集中在能够以数字或报表显示的孔子学院有形资产，对包括声望、形象和社会关系网络在内的无形资产关注度不足。

二是细分受众需求。如前文所述，受众需求是孔子学院设立的动力，也是其不断发展的驱力。自孔子学院设立以来，一直采取大众化、普及性和实用性的语言文化传播策略，以满足海外民众学习汉语、了解中国文化的愿望，兼顾最广泛层面的需要。随着孔子学院进入内涵式发展阶段，受众需求之间的差异逐渐显现并被进一步激发，他们不再是一个面目不清的庞大群体，而是在具体传播情境中参与交流互动，有着个性化语言文化需求的独特个体，每个人都基于自身认知、情感和社会互动的需要，对孔子学院的语言文化传播怀有不同的期待。因而在对受众信息进行数据化管理的基础上，对需求进行精细区分并使其得到最大限度满足，是实现孔子学院差异化的基础。

三是产品与服务差异化。产品与服务的差异化主要体现在孔子学院开设的语言文化课程、举办的文化活动、提供的教育文化信息以及开展的语言文化交流等多个层面。目前孔子学院的特色化发展模式主要集中在产品和服务的差异化方面，包含特色课程、特色活动和特色孔子学院多种形式，也收到了较为显著的成效。但需要注意的是，这些产品和服务特色的形成往往基于文化内容的差异，而基于当地社会机构和受众需求的产品与服务的差异化相对薄弱。

四是目标定位的差异化。基于孔子学院植根当地的发展理念，在产品与服务差异化的基础上，其发展目标也应遵循因地制宜策略，培育有别于其他同类机构的核心能力。目前各海外孔子学院围绕汉语教学、师资培训、汉学研究和文化传播等领域形成了以某一功能为核心，其他功能为辅助的发展模式，呈现差异化发展的雏形。在此基础上，对各孔子学院的角色定位和发展目标定位也应与核心功能、相关课程和文化活动相匹配，形成具有相互联系、相互推动的策略体系，形成独具特色的传播优势。

综上所述，孔子学院的差异化路径既是传播系统内外部协调一致的过程，也是孔子学院不断学习、发展的过程。在该过程中，孔子学院总体呈现为动态的非均衡状态，任何差异都是相对的，并处于持续变化的状态。因而在充分认识传播系统内外部环境的易变性的基础上，不断地维护、培养和开发孔子学院的特色，积极适应受众需求变化，是实现孔子学院持久竞争优势的根本路径。

4.4.3　产业化路径

产业化是孔子学院实现独立发展，弱化“官方色彩”，获得社会信任和认同的根本路径。目前，孔子学院在吸收社会力量办学、市场化运营方面做了一些有益尝试，但尚未触动孔子学院产业化发展的根本，即文化资源和资本的产业化运作。我们认为，这需要在国家层面形成政策规制，加快相关文化资源的产业化发展与资本化转换，实现全面的产业化发展。

一般认为，“文化产业”脱胎于文化批判理论，在以法兰克福学派为主的早期研究中，具有强烈的批判含义，意在表明商业资本与文化结合后通过批量化和标准化生产文化产品，麻痹和愚化大众思想。不过随着世界市场经济全球化的进程大大加快，文化产业作为文化市场长期发展的结果和具有潜力的新型产业受到各国重视。2000年，《中共中央关于制定“十五”计划的建议》中首次提到“文化产业”，并明确提出应从完善文化产业政策，加强文化市场建设和管理等途径推动相关文化产业发展。① 近几年来，通过可持续的合理化建构和不间断的体制机制改革和政策调整，中国的文化产业有了长足发展，但在产业形态、结构和政策等方面与发达国家仍有较大差距。

从目前传播实践看，缺乏对文化资源的原创性开发和生产是制约文化产业发展和孔子学院媒介功能发挥的主要因素之一。由于政策法规滞后和管理力量不足等原因，整个业态显示出产能有余而创意不足的特征，大量低水平复制甚至侵权盗版的产品充斥市场，而对中国文化和民族文化精神内涵的开掘，增强产品内容形式和运作流程的独立性与创造性方面均相对薄弱，降低了文化产品的原生价值。文化产业以文化内容的创造为核心，《创意经济》的作者约翰·霍金斯（John Howkins）认为“信息社会”已经不能够满足当今社会需要，他承认人们需要信息，但更需要创意，它代表着活跃的思想、智慧和对信息的不断挑战，代表着创新、质疑和好辩精神。因而将文化传统的传承与文化创意的开发相结合，推动相关创意产业的发展，是支持中国文化意象的构造与生产的有效措施之一。

研究表明，创意产业的核心与源头是文化，文化与技术、资本是基本要素。② 有学者预测，文化创意产业的发展将出现两种不同的可能性：一是以“创意社群”为核心动力，依托雄厚的经济基础和科技创新能力，挖掘尽可能

① 参见李河、张晓明：《当代中国文化政策十年》，《中国社会科学院院报》2008年5月8日。

② 参见贺寿昌：《关于创意产业的理论思考》，《戏剧艺术》（《上海戏剧学院学报》）2006年第3期。

多的文化创意资源，聚合和演化现代服务业，并以此形成主导优势；二是以“人文积累”为核心动力，依托人文地理优势，挖掘尽可能多的文化资源，发展出具有文化内涵的行业优势。[①] 从中不难看出，前者是文化与技术的结合，后者与文化和资本的结合相对应。从构造与生产中国文化意象来看，对于前者而言，推动文化产业与信息产业的互动是可实现的路径之一。信息产业一般指以信息技术作为基础，以信息为资源所进行的开发与应用。当前，信息技术改变了以往文化资源的开发、生产、处理、传递和存储方式，推动了包括网络游戏产业、动漫产业和数字内容产业等一批新型文化创意产业的发展，培育了以青年和青少年为主体的巨大消费市场。如果能将中国文化资源与之有机结合，既有助于更新文化资源的载体与呈现方式，也能够吸引广大未成年人关注中国文化的传承与发展，为文化的海外传播奠定基础并提供助力。

对于文化与资本的结合，则需要加快中国文化资源向文化资本的转换与运作。“文化资本”由法国社会学家布迪厄（Pierre Bourdieu）提出，他将资本划分为经济资本、社会资本和文化资本三类，又将文化资本分为物化资本、体化资本和机构资本三方面。[②] 澳大利亚经济学家大卫·索罗斯比（David Throsby）将这一概念引入文化产业领域，认为文化资本是贡献文化价值的资产，即文化资本是嵌入财产中的文化价值存量，可形成一定时间内的货物、服务或商品，可以存在于有形的和无形的形式中。[③] 通过文化价值存量这一中介，他将文化资本与经济学中的商品概念相联系，并以文化价值的有形与无形将文化资本区分为文化资产和文化资源。牛宏宝针对索罗斯比未能解决的文化价值与经济价值的对等性问题，从资本起源的资源配置的制度层面分析文化资本的形成机制，认为文化成为经济主体可操控的文化资本，是知识产权制度安排的结果，并进一步指出“现代产权制度是将文化创造铸造成文化资本的经济制度架构和基础，只有这样形塑出来的文化-知识财产，才是一种真正的资本，具有一般资本所具有的排他性、有限性、可交易性、可分割性和可操作性特点”[④]。

由此可以得出，要实现中国文化资源的资本化，一方面要鼓励原创，加强人才的培养。文化产业以创意为龙头，以内容为核心，文化资源通过创造性转换才能成为文化资本，在整个产业链中创意具有核心价值。而创意的产生得益

---

① 参见刘轶：《创意社群与人文积累：文化创意产业发展的两种可能性》，《戏剧艺术》（《上海戏剧学院学报》）2006 年第 3 期。

② 参见马晓乐、宁继鸣：《孔子学院的文化功能与社会价值》，《山东社会科学》2015 年第 8 期。

③ D. Throsby，“Cultural Capital”，*Journal of Cultural Economics*，vol. 23，no. 1-2（1999）.

④ 牛宏宝：《文化资本与文化（创意）产业》，《中国人民大学学报》2010 年第 1 期。

于从业人员能力、水平和素养的提升，以及对中国文化传统的理解与体认。另一方面要加强对文化资源的开发、利用与保护。除了对文物、遗址和有意义的文化实体采取切实的保护措施外，还应该避免对文化资源的掠夺式、庸俗化开发，以及机械式模仿重复的低水平操作减损其文化价值，失去文化本身的吸引力与生命力。最后，应着力保护知识产权，加强制度保障。我们应认识到文化创造虽具有精神价值、审美价值、社会价值等诸多价值，但并不能直接转换为文化资本，需要科学、完善的文化产权制度加以规范和约束，以明确权利归属，建构转换的基本路径。因而需要通过相应的法律和政策规制，在社会上形成尊重创意、尊重知识产权的良好风气。

第5章　孔子学院媒介定位的维护

如果说上一章是从传播关系论的视角，对以孔子学院为媒介的宏观传播系统进行整体性建构，以期建立多元参与主体的互动协调机制。本章则以海外孔子学院为具体对象，基于媒介环境研究的生态性视野，着眼于孔子学院与多元社会环境的融合，探讨优化孔子学院媒介定位的具体维护措施。本书认为，夯实基础、创设空间、形成联结和实现融合是孔子学院自身媒介环境与宏观环境协调的基本逻辑。以此参照，应从孔子学院的组织基础、技术支撑、生存土壤和发展形态等方面进行结构调试和改进，维护孔子学院媒介定位，促进孔子学院融合发展。

5.1　组织制度化建设

孔子学院设立和发展目标之一是把不同种族、不同社会形态、不同文化的人在认知和情感上联结起来，构成一个具体多样的人文世界。因而孔子学院媒介环境的建构需以人及其存在为中心，在承认传受双方主体性地位的基础上，通过组织制度化建设，使其交往互动更加自如顺畅。

孔子学院的组织制度化作为一项系统工程，主要包括组织规范制度化、组织结构制度化和组织行为制度化三个层面。从静态分析上，三者是影响组织制度化作用与形态的主要因素；在动态上，它是外部规范逐步被主体内化，同时主体在协调与共享中对规范进行调整和改善的双向互动过程。

5.1.1　组织制度化内涵

在分析制度化以前，需要解释一下作为其基础的“制度”。作为一个涵盖面广、包容度强的综合性概念，制度伴随人类社会诞生，应用于多个领域。不同于一般认识中将制度等同于“各种具体的规则、规范、程序和活动方式”

的狭义理解，本书认为制度具有颇为宽泛的所指，与系统和体制属同一层次，是人类社会明示与默会规则的集合。凡勃伦将制度与人类社会互动与发展相联系，视其为思想习惯和生活方式本身。他认为：制度必须随着环境发生变化，因为其本质是对环境刺激发生反应的习惯方式。制度发展也是社会的发展，实质上是个人或社会对相关关系或作用的一般思维习惯……今天的制度，即当前公认的生活方式。[①]“制度”也是普通媒介学重点论述与应用的概念之一，德布雷将其视为精神创造的具体化，包括“仪式、教义、象征符号、法律和规则”等形式，并且提出在媒介学眼中“精神世界没有身后世界，它只是其制度的总和”[②]。

与之相对应，“制度化”在德布雷眼中是社会关系系统在实践过程中形成、长期化和接受的过程，“这个社会关系系统可能是多样性的，比如说可以是一个组织，一个社会角色，甚至是一套价值和规范”。他以马克思主义作品与实践的关系为例，指出“作品的整体统一是一个行动上的无限：是全体文本使用者综合的和连续的活动。分离马克思的推论实践和他的制度化历史就是忘记了正是后者使前者成为一个系统，或者说是陈述的语料库”[③]。这与艾森斯塔德（Shmuel N. Eisenstadt）从综合性视角对制度化的界定相类似，他将制度化视为一种将各类规范、思想和结构结晶化的过程；它们由处在社会中不同结构位置的人们之间的交互产生，同时也形塑着交互的关键维度。[④]由此也可以看出，如果说媒介是人类抽象观念转化为具体行动的中介化过程，制度化则是媒介功能发挥的重要条件，它可用于分析观念—媒介—行动三者的因果作用，其发展程度也是传播系统是否具有活力的表征之一。

因而要使孔子学院的媒介功能得以生成和发展，制度化是不可忽视的影响因素。另外，在对制度与制度化进行宽泛理解的基础上，孔子学院的制度化发展不应仅被视为规范和约束其关系和行为的外在强制性力量，而应围绕作为传播主体性因素的组织内部建构展开。其中，作为主体性因素的传播双方处于关键地位，因为归根到底传播活动是人的活动，它贯穿于各类型的传播子系统之中，并成为它们的体现者。换言之，一切要素和系统的功能都要通过人来实

---

① 参见［美］凡勃伦：《有闲阶级论：关于制度的经济研究》，李华夏译，中央编译出版社 2012 年版，第 138 页。

② ［法］雷吉斯·德布雷：《普通媒介学教程》，陈卫星、王杨译，清华大学出版社 2014 年版，第 21 页。

③ ［法］雷吉斯·德布雷：《普通媒介学教程》，陈卫星、王杨译，清华大学出版社 2014 年版，第 62 页。

④ H. Israel and S. N. Eisenstadt, *Essays on Comparative Institutions*, New York: John Wiley & Sons, 1965, p. 22.

现。因而，任何规则和程序只有被人的认知行动赋予意义之后，外部规制才具有影响主体自身发展机构的威力，进而影响系统全局。由此，我们认为孔子学院的制度化不仅包括从外部建立一整套规则体系来保证内部组织的持续发展，还包括个体、组织，或是群体整个的传播活动从特殊、不固定状态向被普遍认可的固化模式转化的过程。它既是孔子学院整体组织发展和成熟的过程，也是整个传播系统规范化、有序化的变迁过程。

5.1.2 组织规范制度化

《辞海》中对规范的界定主要有两类含义：一是作为名词，指“约定俗成或明文规定的标准”，二是作为动词，指“（使）合乎规范”。本文所论述的规范是就第一类含义而言的，即人们依据一定的主客观条件而制订出来用以规范个体、团体和群体的制度或章程，具体包括法律、法令、章程、条例等多种形式。

孔子学院自设立以来，政府、教育部、国家汉办及海外孔子学院先后制定了一系列规章制度以保证其海外运营和教育教学工作的正常开展。在国家层面，孔子学院制度建设主要以政策文件的形式予以体现。孔子学院计划的酝酿首先出现在国务院批准的《汉语桥工程（2003—2007）》五年规划的文献上，这是中国政府第一次制定并实施的面向世界的汉语推广计划。[①] 此后建设发展孔子学院屡次在国家层级的政府文件或政府公报中被提及，2011 年中国共产党第十七届中央委员会第六次全体会议通过的《中共中央关于深化文化体制改革推动社会主义文化大发展大繁荣若干重大问题的决定》中提出“加强海外孔子学院建设”，2012 年发布的《国家中长期教育改革和发展规划纲要（2010—2020 年）》把孔子学院建设和国际汉语教育作为该纲要的重要任务。国家汉办/孔子学院总部作为孔子学院的最高管理机构，除《孔子学院章程》和《孔子学院发展规划（2012—2020）》纲领性文件外，先后制定了《孔子学院基本办学标准》（2008）、《孔子学院总部资金管理办法》（2008）、《国家汉办/孔子学院总部外派汉语教师管理办法（试行）》（2012）和《国家汉办/孔子学院总部外派汉语教师年度考核办法（试行）》（2012）等管理规章制度，以及着眼于教学的《国际汉语教师标准》（2012）和《国际汉语教学通用课程大纲》（2013）。海外各孔子学院也根据所在地不同的社会、历史和人文特点以及相关法律建制，因地制宜地制定了关于劳务管理、教学管理和财务管理等规章制度与实施细则。尽管目前孔子学院已基本建立起了层次分明的制度

① 参见宁继鸣：《汉语国际推广：关于孔子学院的经济学分析与建议》，山东大学博士学位论文，2006 年，第 2—3 页。

体系框架，并逐步细化相关条例，但从发挥孔子学院媒介功能的角度看，尚处在成长阶段的孔子学院在组织规范的规范性、稳固性和持续性方面还未达到“制度化”的水平，或仅处于制度化发展的初步阶段。

近年来，中国国家领导人，各国政要以及孔子学院主要负责人对孔子学院作为中国语言文化传播媒介的描述与评价并不鲜见。2015 年 10 月中国国家主席习近平在出席全英孔子学院和孔子课堂年会开幕式时谈及孔子学院的发展，评价道：“多年来，孔子学院和孔子课堂的教职员工为介绍中华文化、沟通人民心灵、搭建友谊桥梁倾注了大量热情和心血，取得了可喜的成绩。”[①] 其中“介绍文化”“沟通心灵”“搭建桥梁”的表述，是对孔子学院的媒介功能较为精准的提炼。爱尔兰驻华大使康宝乐认为，“汉办的开创性贡献，正是在世界范围内开展文化交流，帮助各个国家和民族之间建立并维持长久和平”[②]，肯定了孔子学院媒介功能对世界的意义和贡献。在全球孔子学院大会、孔子学院揭牌仪式等重要场合，孔子学院是“中国文化走出去的示范与窗口”，是“中国同世界各国交流的桥梁与纽带”等近似话语表述也被屡次提及。

尽管如此，目前对孔子学院媒介功能的清晰表述和明确定位尚处于缺位阶段，这将直接影响国家层面对孔子学院的战略定位和总体规划，也将影响孔子学院总部/国家汉办和各孔子学院及其合办单位具体语言文化传播实践的展开，同时为孔子学院进一步参与国际合作和协作带来了困难。在国家层面，2012 年，中国共产党第十八次全国代表大会报告提出，要让中华文化走出去迈出更大步伐，增强中华文化的国际影响力。[③] 2015 年，十八届五中全会强调，实现“十三五”规划发展目标应遵循“创新、协调、绿色、开放、共享”五大发展理念，其中对“开放”具体论述为“必须丰富对外开放内涵，提高对外开放水平，协同推进战略互信、经贸合作、人文交流，努力形成深度融合的互利合作格局”[④]。其中“增强中华文化国际影响力”“促进中华文化走出去”“推进人文交流”等发展目标均显示出与孔子学院媒介功能极强的关联性。因而进一步明确孔子学院的媒介性质与定位，将有助于进一步释放孔子学院的传播能量，更好地配合国家外宣与外交战略。

---

① 《习近平主席在全英孔子学院和孔子课堂年会上的重要讲话》，2015 年 10 月 23 日，http://www.hanban.edu.cn/article/2015-10/23/content_619837.htm。

② 《爱尔兰驻华大使康宝乐：孔子学院是世界和平的建设者》，2015 年 10 月 16 日，http://www.hanban.edu.cn/article/2015-10/16/content_619031.htm。

③ 参见《胡锦涛在中国共产党第十八次全国代表大会上的报告》，2012 年 11 月 17 日，http://news.xinhuanet.com/18cpcnc/2012-11/17/c_113711665.htm。

④ 《中国共产党第十八届中央委员会第五次全体会议公报》，2015 年 10 月 29 日，http://news.xinhuanet.com/fortune/2015-10/29/c_1116983078.htm。

在国际层面，作为现代化的产物，文化、民族、国家“三位一体”的结合趋势日趋显著，文化合作是民族国家参与国际合作的基础，也是推动国际社会发展的重要力量。正如保罗·谢弗所谈到的，“从更多的国际合作和协作中获取的利益难以计数，特别是基于关爱、共享、平等、利他主义和互惠原则之上的。在艺术、科学、媒体、教育、交流、医药和商业等方面的无数例子中，国际合作带来的结果是其他方式所不能替代的。这是拥有不同文化背景和经验从而拥有非常不同的世界观、价值观、理想和信仰的人民和国家聚集在一起所产生的创造能力协同作用的结果。”① 目前孔子学院参与国际协作的方式主要遵循以教育为主体带动其他相关领域合作的思路，若能对孔子学院在文化交流与沟通方面的功能予以更加灵活的定位和宽泛的描述，则可以进一步拓展对话与合作的领域与方向，在更大范围内推动不同文化、群体和个体之间的交流。

因此，我们认为，以生成孔子学院媒介功能为目标，判断孔子学院组织规范制度化的要求主要有三个方面：一是在顶层设计和指导思想上对孔子学院媒介功能进行清晰定位和明确描述。2011 年中国共产党第十七届六中全会通过的《中共中央关于深化文化体制改革 推动社会主义文化大发展大繁荣若干重大问题的决定》中明确提出“加强中国文化中心和孔子学院建设”，表明国家层面对孔子学院作为“提升中华文化国际影响力”主要途径的认可与重视。

二是在政策规划层面，对孔子学院媒介功能合理规制，与教育等其他功能有效衔接。十七届六中全会“加强孔子学院建设”的提出，作为重要的政策信号，提示相关部门应在政策制定层面及时将这一指导性原则细化为有针对性和操作性的制度。目前《孔子学院发展规划（2012—2020）》是孔子学院近期发展主要参照的规划性文件，该发展规划针对孔子学院主要职能和现有积淀在发展目标、主要任务、重点项目和保障措施等方面切实提出了近期发展目标，但就长远发展来看，需将孔子学院教育功能与媒介功能进一步衔接，以避免宏观政策规划在核心逻辑上存在多元导向，从而形成难以系统整合的局面。

三是在具体制度规范制定过程中应由“约束性导向”转变为“鼓励性导向”，建构鼓励发展的制度框架。目前从孔子学院总部制定的制度规范到各孔子学院制定的规章细则，整个管理体制暗含了诸多约束性机制，由此孔子学院在申办、注册和资源供给等方面受到限制。在这一制度环境下，既表现出孔子学院运行管理规范化的优势，也存在缺乏活力、对孔子学院总部依附性强的特征。因而应形成鼓励发展的新型制度框架，在保证基本要求不变的基础上形成宽松的制度环境，为孔子学院功能拓展与各孔子学院的自主性、创新性发展提

① ［加］保罗·谢弗：《文化引导未来》，许春山等译，社会科学文献出版社 2008 年版，第 235 页。

供空间与可能。

5.1.3　组织结构制度化

制度化作为一种状态或属性变量，其最终结果是追求组织内行动者集体意义的共享和为某一目标共同努力的行为。这不仅需要外部组织规范的保障，也需要组织内部各行动者认知和行为层面的协同一致。孔子学院组织结构的制度化，即通过对组织层级和结构维度的制度化安排，使各行动者（传播主体）能够内化共识，在认知层面上形成共同体意识，便于各类语言文化传播活动的有序进行，为重构功能定位奠定基础。

孔子学院的组织架构主要参照《孔子学院（课堂）章程》建立，并根据社会需求、孔子学院发展以及语言文化传播实践的具体需要不断进行优化调整。目前根据职能的不同，孔子学院可大体分为孔子学院总部、海外孔子学院、中外方承办机构和资源储备机构四大部分，其中孔子学院总部负责对全球孔子学院的管理和指导工作，职能范围主要涵盖孔子学院的审批设置，指导评估和师资派遣等方面，侧重于从整体上对孔子学院的语言文化传播活动进行统筹安排和资源配置。海外孔子学院是在世界各地传播中国语言文化的空间实体和物理平台，通过对具体媒介环境的建构，孔子学院相关主体（包括中外方院长、教师、学生乃至社区有关人员）的互动与协同是语言文化传播实践能否顺利实施的关键。中外方承办机构主要以中外高校为主，通过师资派遣等资源调配和协同治理，构成了海外孔子学院传播实践的支持系统。资源储备机构以汉语国际推广基地为代表，以加强传播内容建设和传播主体培养为目标，涉及课程研发、师资培训和教材出版等领域，为孔子学院的可持续发展提供人力、物力等资源储备。

在整体上，孔子学院已建立了权责相对分明、层次相对明晰的组织架构，基本能够胜任当前开展汉语教学和文化传播的需要。但就实现孔子学院媒介功能而言，还需通过制度化的方式进一步加强主体性建构，以加强语言文化传播的持续性和再生产功能。就具体目标而言，一方面，有效回应对孔子学院的传播主体性期待。孔子学院教师（包括中方院长和志愿者）主要从事中国语言文化传播工作，既具有教育者身份，也需具备传播主体意识。这一理念已得到广泛认同，孔子学院总部总干事许琳在接受媒体采访时多次谈到，孔子学院的院长和教师应做“美丽的中国名片”“真实的中国读本”和“可爱的民间大使”[1]，是否具备中华文化传播与跨文化交际能力成为孔子学院院长、教师选拔考核的主要项目之一。不过在传播主体性发挥的层面上，仍需要进一步强化认知，凝聚共识，将其作为全体行动者共同的战略目标和理念，并将其贯穿于孔子学院结构框架中，形成资源支持、协作治理和统筹管理多层面联动效应。另一方面，有效回应提升孔子学院自主性的要求。自主性是孔子学院独立于其他机构组织和行为方式的程度，主要表现为传播主体所具备的能力，自主包括自主权、自主活动、自主机制、自主结构和自主文化等要素。长期以来，海外孔子学院不同程度地存在着过于依赖孔子学院总部的现象[2]，根源之一在于简单将自身目标与孔子学院总部的需求与利益相重叠。因而要提升孔子学院的自主性，需各孔子学院能够系统表达自身目标并切实推进，这也需要在全体行动者的认知层面形成共识，进而提升内部协调、沟通和合作的能力。

在具体优化策略上，首先，将维护孔子学院媒介定位作为全局性发展目标之一并形成集体共识。通过对其目标、理念和策略的合理划分，贯彻于孔子学院的整体组织架构中，形成从统筹管理到资源储备，再到支持系统一以贯之地加以体现。特别对于海外孔子学院院长和教师，其传播意识的强化和传播理念的塑造需贯穿于选拔、派遣和海外工作的各个方面，并给予相应资源支持。

其次，围绕强化孔子学院媒介定位，建立多元主体合作的参与机制。孔子学院总部的管理具有由上到下、强调标准化与统一性的特征，但如前所述，孔子学院媒介功能的发挥以多层级传播网络建构为基础，必然涉及多元利益主体的协调与互动。孔子学院的组织结构也需做出相应调整，在保持现有孔子学院总部的统筹管理外，需建立强调横向联结的平等、双向、互动和协同的合作参与网络，并着重发挥中外合办方作为海外孔子学院支持系统的协作治理功能，增强组织结构的灵活性与适应性。

最后，构建孔子学院共同体，提升传播主体的自主性。孔子学院组织结构的制度化不仅依靠从外部对组织层级和机构框架进行调整，也需要从内部建立牢固的情感联结，增强每一个参与者的归属感和信任感。所谓共同体反映的是一种共生主义的发展模式，即在孔子学院内，各结构层级间和各行动者间既存在着荣损与共、利益相连的连带效应，也围绕孔子学院的核心价值传递情感，彼此交流合作，在共同目标实现的过程中也促进个人的成长与发展。从作用机理看，建构多层级的传播网络，发挥孔子学院传播中国语言文化的媒介功用，

---

① 刘汉俊、翁淮南：《孔子学院：中国文化“走出去”的成功范例——访国务院参事、国家汉办主任、孔子学院总部总干事许琳》，《党建》2011 年第 11 期。

② 参见孔梓：《孔子学院社会资本研究》，山东大学博士学位论文，2015 年，第 172 页。

将孔子学院的发展理念和共同愿景公开化，经过协商与整合寻求共同利益是建立孔子学院共同体的基础，此外，积极发挥制度精神的引领作用，将其与个体发展目标有机融合，进而提升参与者作为传播主体的自主性。

5.1.4　组织行为制度化

组织行为是将组织人格化的一种研究视角，一般被认为是组织内个体与群体行为的集合。媒介功能作为孔子学院功能的一种新提法和新观念，需要孔子学院在实践过程中做出相应调整。因而本书主要从组织创新的视角，将实现媒介功能作为孔子学院组织实践目标，论述如何通过制度化安排激发孔子学院相应的创新行为。

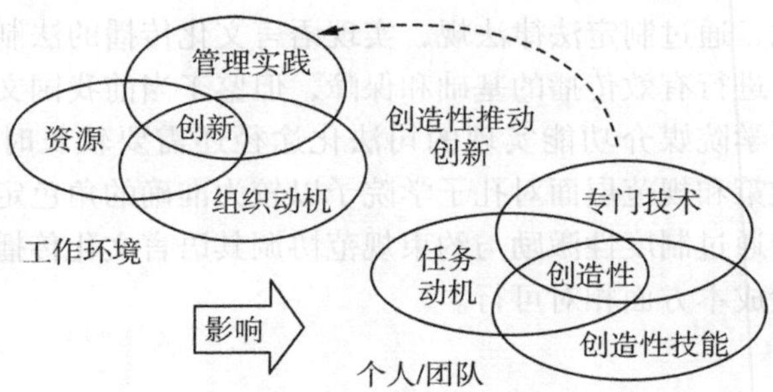

图 5-1　组织环境、个人/团队创造性与创新的关系①

根据阿玛贝尔（Amabile）所描述的组织环境、个人/团队创造性与组织创新之间的关系，组织环境中创新氛围与个人/团队的创造性具有相互影响、互相推动的关系。其中创造性并非个人/团体先天具备的个性化特征，而是技术、动机和技能相互作用，以及外部环境影响产生的结果，因而所有具有正常能力的人都可以在组织中取得创新性的成就。受到创造性思维的推动，组织通过管理、资源和动机的调整将创造性的思维成果转变为具有现实效益的创新行为。阿玛贝尔（Amabile）认为，组织环境包含创新的激励物和障碍物两种成分，前者包括管理激励、工作团队支持、充足的信息和财物支援以及有挑战性的任务等，后者则包括工作负担、压力等。

由此可见，在组织行为层面孔子学院媒介功能的实现需要从个人/团队培养和组织环境改造两方面进行制度化安排。对于个人/团队而言，在强化“孔

① T. M. Amabile, “Motivating Creativity in Organizations: On Doing What You Love and Loving What You Do”, *California Management Review*, vol. 40, no. 1 (1997).

子学院是传播中国语言文化，促进文化对话交往的媒介”这一集体共识外，应加强对各类传播主体的传播意识涵化、媒介素养提升和传播技能培训。作为传播主体自身也应积极参与各类传播实践，激发创新意识，用新的言说方式对中国语言文化加以表达和呈现。

在组织环境层面，一方面需加强汉语国际推广基地等资源储备机构对相应传播资源的研发与生产，提供充足的资源支持，另一方面，孔子学院总部也应在管理实践层面进一步提升对语言文化教学和文化活动组织等相关实践创意的支持力度，通过定期召开各层级的孔子学院会议加强传播经验共享。另外，中外合办机构既是个人/团队层面的参与者，也是组织环境层面的实践者，因而既需要积极发挥对资源环境和传播环境的贴近性优势，也需及时传递相关资讯，降低创新行为的风险性。

从长远考虑，通过制定法律法规，实现语言文化传播的法制化是孔子学院发挥媒介功能，进行有效传播的基础和保障，但鉴于当前我国文化立法尚处于探索阶段，孔子学院媒介功能实现的司法化途径还需要较长时间的积淀和酝酿。因而，在政策和规范层面对孔子学院予以较为准确的角色定位，并形成相应的制度文本，通过制度性激励与约束规范协调其语言文化传播行为，在耗费时间成本和经验成本方面相对可行。

5.2 数字网络技术运用

“数网化”包含数字化与网络化两个相对独立又交织的概念。数字化是以数字符号构建计算机模型并转换成计算机模拟信号的过程；网络化则是基于计算机网络技术信息交互通道的演进，涵盖互联网、物联网及正在酝酿衍生的其他技术形态。物质世界传播实践的丰富性以及技术对人类传播活动的深刻影响，要求人们不断超越以往的传播思维和传播模式，以适应由此带来的人类行为方式和社会运行模式的改变。

孔子学院媒介功能的生成与发挥亦离不开对传播新媒体和新技术的倚重与利用，在当前以数字化和网络化为主要标志的媒介变革背景下，孔子学院应以其为技术支撑，积极适应和融入新媒介技术发展趋势，通过移动互联网技术的产品创新、拓展在线服务网络、构建语言文化传播数据库、将互联网+与中国语言文化传播进一步结合等措施，努力提高对不断变化着的媒介环境的适配能力。

5.2.1　互联网移动技术运用

互联网研究机构 KPCB 在 2015 年 5 月发表的《2015 互联网趋势报告》显示，从 1995—2014 年互联网发展的 20 年间，互联网普及率从 0.6%（3500 万人）增加至 39%（28 亿人），但更为引人注目的是，得益于手机等移动终端的便携性和价格低廉等优势，2014 年移动电话普及率达到 73%（52 亿部），几乎是互联网的两倍，其中智能手机占 60%。① 在中国，截至 2015 年 12 月，手机网民达 6.2 亿人，其中使用手机上网的网民由 2014 年的 85.8%提高至 90.1%。手机也成为带动网民规模增长的主要技术设备。② 除了极高的渗透率，移动互联网也塑造了人们全新的社会生活形态。据调查，在 12—24 岁的美国年轻人中，87%的人手机从不离身，80%的人醒来的第一件事就是看手机，78%的人每天使用超过 2 小时，60%的人相信今后 5 年所有事情都可以通过移动设备完成。③

尽管以上数据无法覆盖所有互联网用户，但全球范围内移动互联网的迅速发展和普及已成为不争的事实，并深刻影响着包括语言文化传播在内的各类传播形态的目标、结构、渠道和手段，进而形成对媒介环境的整体变革。孔子学院主要以“改良”的方式，通过与其他移动网络平台嫁接以增加传播的移动性。较为通行的做法是借助微信、Facebook 或微博等社交平台，通过设立公众平台官方账号的形式定期发布孔子学院课程和活动信息，并与关注此页面的受众进行在线互动。其他包括网络孔子学院、孔子学院总部和各海外孔子学院网站仍旧主要面对 PC 端提供信息、教学资源共享和在线学习等服务。

针对互联网技术日益普及、媒体用户的上网设备向手机端集中的变化趋势，孔子学院需加快对基于移动互联网技术的产品研发与创新，以适应不断变化着的媒介环境和受众媒介使用偏好。腾讯公司董事会主席兼首席执行官马化腾认为，移动互联网并非仅是在互联网前添加“移动”二字，移动互联网远不止是对互联网的延伸，而是“一个颠覆”④。从麦克卢汉“媒介即人的延伸”

---

① 参见 KPCB：《2015 年全球互联网趋势报告》，2015 年 5 月 28 日，http：//36kr.com/p/533356.html。

② 参见 CNNIC：《第 37 次中国互联网络发展状况统计报告》，2016 年 1 月 22 日，http：//cnnic.net.cn/hlwfzyj/hlwxzbg/hlwtjbg/201601/t20160122_53271.htm。

③ 参见 KPCB：《2015 年全球互联网趋势报告》，2015 年 5 月 28 日，http：//36kr.com/p/533356.html。

④ 马化腾：《移动互联网的未来空间》，2013 年 11 月 15 日，http：//news.xinhuanet.com/fortune/2013-11/15/c_125710600.htm。

的观点来看，手机等移动终端以其便携性和全时在线的特征确实成为人体器官的延伸，赋予了人全新的媒介环境体验，必然也会带来从感知能力到认知方式的整体变革。因而，孔子学院的产品创新也应转换以往将传统互联网的内容简单转换到移动终端上的传统路径，应充分发挥移动终端便携性与连通性的特征，使之与孔子学院的语言文化传播实践深入融合。

目前，对用户来说，内容、社交和生活服务是移动互联网的三个核心诉求。[①] 以此为参照，首先，孔子学院应积极研发面向手持终端，以 App 软件为代表的移动服务。作为一种新的媒体应用方式和媒体交互环境，App 软件具有极强的兼容性与延展性，由于能够有效整合传统媒体和新媒体的应用和服务，被称为“新媒体时代的界碑”[②]。在当前 App 软件研发技术较为成熟的条件下，将其作为孔子学院语言文化传播实践新的通道与入口，并与网络孔子学院等已有平台进行对接，是较为稳妥和可行的产品创新路径。

其次，在已有平台移动网络化的基础上增设社交入口，满足受众交往诉求，提升传播渠道的兼容性。如前文所述，不同于一般信息传播模式，人际传播渠道更适用于语言与文化传播形态，社交入口的增设将会为虚拟空间的类人际交流提供更多契机与可能。另外，社交媒体的兴起，使得个性化的、基于人际交往的入口成为互联网的基础入口，它也将兼容内容与服务入口[③]，进而整体提升传播渠道的兼容性。

最后，优化以网络孔子学院为主要平台的在线教育服务功能。作为由国家汉办和孔子学院总部主办的教育类综合网站，网络孔子学院目前提供中、英、法等 7 个语种界面，以满足不同国家汉语和中国文化学习者的需要。2014 年 5 月，以学习汉语、体验文化两大功能为主干的在线课堂正式上线，形成了提供专业汉语学习服务为主，网络社区交流和在线考试自测为辅，资讯、媒体等功能以超链接形式与其他网站相嫁接的整体架构。尽管网络孔子学院自上线来经历多次改版与调整，但目前在线教育服务功能依然面向 PC 端为主，即如网站首页所介绍的“您只需要拥有一台电脑、摄像头、耳机和麦克风，即可随时随地与教师进行远程实时互动教学”。因而应加快汉语在线教育服务与移动互联网技术的深入融合，增设手机等移动终端的教育服务入口，消除教育资源孤岛的现象。

---

① 参见彭兰：《从老三网融合到新三网融合：新技术推动下三网融合的重定向》，《国际新闻界》2014 年第 12 期。

② 王建磊：《App：认识新媒体的一个崭新视角》，《新闻记者》2011 年第 11 期。

③ 参见彭兰：《从老三网融合到新三网融合：新技术推动下三网融合的重定向》，《国际新闻界》2014 年第 12 期。

5.2.2　数据网络建设

数字化发展促使数据本身成为一种新的资源，数据的价值被包括教育和传媒在内的各个行业高度关注。“大数据”概念最早出现在 20 世纪 80 年代阿尔文·托夫勒（Alvin Toffler）的《第三次浪潮》一书中，称其为“第三次浪潮的华彩乐章”。2008 年 9 月，Nature 杂志发表了封面专栏文章 Big Data：Science in the Petabyte Era，指出数据在数学、物理、生物、工程以及社会经济等领域扮演重要角色，“大数据”开始得到世界关注。2012 年 3 月，奥巴马政府宣布投入 2 亿多美元启动“大数据发展和研究计划”（Big Data Research and Development Initiative），将大数据概念应用于证券、通信、公共管理、教育部门等众多领域。[①] 有学者指出，大数据所带来的不仅是数据处理方式的改变，更多是思维范式的变革，其所代表的是数据第一性、直接用数据说话、从数据直接到价值的认知方式。

孔子学院的全球布点，基本实现了人力与物力等传播资源的全球化流通与配置，但相对于有形资源，基于孔子学院网络的信息交流与信息共享尚存在较大发展空间。基于经济生活、政治生活、历史背景、地缘环境以及人种和民族等诸多方面既有的差异和多样性，各地孔子学院一方面积累了适用于一定地区或文化框架的传播经验，包括受众的语言学习特征、知识背景、文化习俗、思维方式以及孔子学院自身的管理评估制度等信息，对相同或类似的情境下的语言文化传播具有参考价值和借鉴意义。另一方面，就孔子学院网络整体而言，由于信息主体自身的意识与能力以及相关的经济技术条件的限制等原因，也在一定程度上存在着信息供给不均衡、信息渠道不顺畅、信息资源利用效率低的问题。定期召开全球性或地区性的孔子学院会议、各孔子学院提交书面报告或参与座谈等，是实现信息交流与共享的主要方式，无论在频度、广度或是信息容量等方面都难以满足孔子学院日益增长和多样化的信息需求。鉴于此，应加快建构基于大数据的全球孔子学院信息交流和信息共享网络，通过建立数据仓库，进行数据挖掘、分析等技术手段，进一步体现孔子学院作为语言文化传播媒介的中介与窗口功能。

首先，各海外孔子学院重视信息资源的战略价值，自觉加强对信息资源的开发与利用。由于受到传统数据管理和分析方式的影响，孔子学院对资源的开发利用尚停留在对数字等结构化数据的采集和储存方面。在年度报告中，各海外孔子学院多以各类统计表格的形式留存和提交孔子学院相关数据，具体内容

---

① 参见党明辉、杜俊飞：《中国大数据研究学术进展分析》，《中国网络传播研究》2013 年第 0 期。

包括开办各类汉语教学班次、注册学员人数、举办文化活动场次、参与人数以及经费支出情况等。这些数据经孔子学院总部汇总后，在历年《孔子学院年度报告》中得以体现。相对于结构化统计数据，对教学场景、文化活动现场的实录，对学员需求的调查访谈，以及文化传播活动整体运作过程等半结构化、非结构化数据对孔子学院的发展也有重要的参考价值。因而应注意对该类数据的采集与存储，并通过规范相应的数据管理制度和操作流程予以保障。

其次，孔子学院应本着共建共享的原则，鼓励孔子学院合办高校发挥信息网络构建的协调与支持作用。作为孔子学院的主要建设力量，中外高校特别是一些知名大学通过建设数据库、研发数据处理技术等方式，占有相对丰富的信息资源。“现代汉语语料库”“HSK 动态作文语料库”等对孔子学院海外汉语教学具有一定辅助与参考价值。在文化传播方面，2014 年 3 月，由北京外国语大学主办的“中国文化海外传播动态数据库”平台系统发布，该平台能够通过收集和分析中国文化海外传播数据，总结中国文化向外部世界传播的基本情况、规律、经验和方法等。若能够将这些独立的关系型数据库加以技术连接，辅助海外孔子学院的语言文化传播，既可以提升这些数据库的使用效率和扩展能力，也将有助于孔子学院网络的信息共享。

最后，孔子学院可通过多种形式调动各种社会力量参与数据处理和信息网络构建。尽管大数据中隐藏着巨大的机会和价值，但若要解决数据持久储存和海量数据管理等问题，无论从基础设施铺设、数据处理或是数据应用层面，均需要投入大量人力物力资源进行建设和维护。孔子学院作为从事语言文化传播的非营利机构，机构职能和性质均决定其对大数据技术的采用只限于应用层面。因而合理利用国家层面的战略规划和政策，争取相关部门的支持，同时运用市场杠杆，筛选具有一定资质的企业或其他组织机构参与孔子学院相关数据的处理分析，是较为稳妥的大数据介入和处理方式。

5.2.3 虚拟与实体协同

孔子学院主要涵盖以海外孔子学院为主体的实体交流平台和以网络孔子学院为主体的网络交流平台两大基础性结构。在孔子学院的语言文化传播实践中，两者虽有一定交集，但仍然处于相对松散而非正式的状态，难以充分体现实体与虚拟之间的互补优势。对此，应基于从 Web2.0 到 Web3.0 的发展视角，从功能整合的层面实现两大主要模块的协调与融合。

2005 年，Web3.0 概念被提出，与 Web1.0 和 Web2.0 相比，Web3.0 以

"以人为本"为突出特征[①]，体现了互联网更加人性化与智能化的发展方向。[②]语义网与物联网是Web3.0的核心概念。语义网作为一种智能网络，将知识表示为层状结构，以便于计算机实现智能化检索、机器学习、推理和自主代理等功能。它使互联网不再仅是信息仓库和信息搬运工，而成为信息更智慧的阐释和管理者。[③]物联网则通过改造终端，借助红外感应器、射频识别、全球定位系统等传感设备，按协议将任何物品与互联网相连接，进行信息交换，实现智能识别、定位、跟踪、监控和管理。[④]这预示着终端将实现双向传输，在显示信息的同时收集用户信息并捕捉其特征，从而完成智能化、个性化的信息推送。这也意味着将实体与网络进一步整合的可能。

从Web2.0到Web3.0体现了互联网发展的个性化、智能化、开放化与协作化的发展趋势，鉴于网络对人类社会生活的深刻影响，这一改变将不仅作用于互联网产业内部，还将辐射到社会文化环境的各个层面，甚至引发人们思维方式和价值判断的相应改变。对此，孔子学院应从被动适应转变为主动参与，通过对技术、网络、资源、人才等支撑要素的改造，实现平台衔接和功能延展。

第一，尊重受众需求，提供个性化语言文化信息服务。无论是孔子学院实体平台还是虚拟平台，自主性与开放性均是其标志性特征。海外孔子学院开门办学，网络孔子学院倡导"随时随地，轻松方便"的学习理念，均是其具体表现。在Web2.0时代，个体已成为构成网络世界的基本单元，成为信息网络与意义网络的建构者，在Web3.0时代，对个体的数据化生成将更加精准，所呈现的需求将更加精细和多样。为凸显受众的自主性地位，孔子学院一方面需继续加强硬件基础设施的铺设，特别对于部分海外艰苦地区的孔子学院，可通过孔子学院总部、中外合办高校和包括当地中资机构在内的社会力量三条路径筹措资金和资源，增加对多媒体教学设备、互联网、移动通信网及其他软硬件设施的投入。另一方面，推行定制式信息服务。通过生成个性化信息界面、提供或依托网络推送个性化资源、推荐个性化信息等方式，鼓励受众基于自身特点设定所需服务，实现受众与孔子学院的个性化互动。

第二，创新互动机制，将信息告知与互动体验相结合。Web2.0时代，以

---

① 参见田梅：《基于Web3.0的信息共享空间构建》，《现代情报》2016年第4期。

② 参见余燕芳、葛正鹏：《终身学习平台建设的理念与架构——从Web2.0到Web3.0》，《电化教育研究》2014年第8期。

③ 参见彭兰：《"连接"的演进——互联网进化的基本逻辑》，《国际新闻界》2013年第12期。

④ 参见高钢：《物联网和Web3.0：技术革命与社会变革的交叠演进》，《国际新闻界》2010年第2期。

媒介形态多元、个体传播能力显著增强和广泛的网际协同为主要特征。[①] 这一强调“人与人连接”的信息流动模式在Web3.0时代并不会被弱化。孔子学院作为中外文化交流的平台，主体间互动是一种常态化存在，通过创新机制营造有益于互动的时空情境，则有助于形成良性循环，将实体平台与虚拟平台的能量交换变得顺畅。目前，无论在实体平台还是虚拟平台，都存在互动体验资源分布不均的状况，部分课程、活动、网站依旧遵循以往一对多的线性传播模式，缺乏信息的双向流通。针对这一问题，在保持实体平台人际传播互动优势的同时，应积极发挥网络虚拟平台互动形式丰富的长项，依据当前的实际情况，按“1+N”的模式构建互动体验平台。“1”即一个中心，涵盖课程、文化活动、文化主题等不同体量的多种模块，“N”即多种互动平台，包括官方微博、官方微信、App、手机报、论坛、博客、游戏等多种形式。

第三，打通资源管道，构建个人化语言文化信息平台。Web3.0的一个重大发展就是对于信息的有效过滤与整合，根据用户的不同需求，对信息进行筛选、过滤、聚合，为用户与用户、用户与机器的交流提供了更加智能化的平台。同时，随着移动互联网的发展以及高速宽带的普及，Web3.0环境下的互联网就是一个大型的数据库，可以通过各种终端设备接入网络，网络连接无所不在，Web3.0为用户提供了无所不在的交互共享体验。通过个人化信息的上载、聚会、整合，以及个性化的信息推送，Web3.0在技术上实现了受众细分和精确传播。对孔子学院而言，这将有助于其克服受众数量多、规模大、需求多样的问题，实现传播的精准对位。海外各国民众是孔子学院的主要受众群，由于地理环境和技术上的限制，海外民众在很长一段时间都是作为一个面目模糊的群体存在，其作为一个特殊个体的语言文化需求难以被细致描述和准确满足。Web3.0带来的技术革新，特别是信息共享模式的改变，可以为孔子学院建构受众个体化语言文化信息平台，为实现精准传播提供助力。在操作层面，可发挥海外孔子学院实体平台的贴近性特征，收集受众兴趣、爱好、学习特点、专业领域等各方面信息，技术平台在对信息进行聚合、迁移的基础上进行信息平台集中效验并分类存储，建构受众个人信息模型。网络孔子学院发挥自身便捷性、灵活性和社区性特征，在精确分众的基础上使每一个参与孔子学院的主体都能够得到个性化、自主、高效的语言文化信息服务。

---

① 参见高钢：《物联网和Web3.0：技术革命与社会变革的交叠演进》，《国际新闻界》2010年第2期。

5.3　本土化策略延伸

孔子学院作为通过中外合作办学方式在海外设立的传播中国语言文化的媒介平台，独特的机构性质和运营模式决定了其必须积极适应当地的政治、经济和社会环境，依托所在地区和社区开展语言文化传播实践。传播与社会有天然紧密的内在联系，施拉姆认为："传播是社会得以形成的工具。传播（communication）一词与社区（community）一词有共同的词根，这绝非偶然。没有传播，就不会有社区。同样，没有社区，也不会有传播。"① 传播具有凝聚社区的功能，媒介的接近性和便用性是实现这一功能的前提。因而从传播连接社会的角度，孔子学院媒介功能的实现也必须采用相应的本土化策略，以服务当地、建立良好的社区关系为基础不断拓展生存空间。

服务社区、融入当地是孔子学院设立以来的目标之一。2012年第七届全球孔子学院大会即以"促进孔子学院融入大学和社区"为题，就如何通过提高办学质量、丰富教学内容，使孔子学院能够"由大城市向其他地区延伸，由校园向社会推广，更加适应大学和社区的需要"②。这一问题进行了探讨。美国中田纳西州立大学校长西德尼·尼克斐（Sidney McPhee）在谈及孔子学院在当地的发展时也提道：孔子学院通过组织交流互访和文艺演出等形式，"丰富了美国社区民众的文化体验，促进了我们对中国的了解"③。但另一方面，一些社区民众依然对孔子学院存有误解甚至敌意，将其误以为是宣传共产主义的"洗脑"工具。④

孔子学院的当地化发展大体分为三个层面：一是个体层面，从媒介为传播主体提供信息服务的角度，探索孔子学院应具备的条件。二是社会组织层面，探讨孔子学院与社区中其他相关组织机构的协同与合作问题。三是心理与情感层面，从参与构建群体认同和社区共识的视角，探寻孔子学院进一步融入当地

---

①［美］威尔伯·施拉姆、威廉·波特：《传播学概论》，何道宽译，中国人民大学出版社2010年版，第10页。

②《刘延东在第七届全球孔子学院大会开幕式上指出　办好孔子学院　为增进中外了解友谊架起沟通之桥》，2012年12月16日，http：//news.xinhuanet.com/2012-12/16/c_114044652.htm。

③［美］西德尼·尼克斐：《孔子学院为美国学校和社区带来令人瞩目的变化》，《世界教育信息》2014年第1期。

④ 参见《美一社区居民反对建孔子学院》，《海外华文教育动态》2010年第2期。

的策略与方法。

5.3.1 信息网络的本土化

社区对媒介的倚重首先在于对信息流通与共享的要求，具体呈现为微观层面个体信息获取、人际间信息交流和协商行动等一系列参与过程。在这一过程中，个人对信息的主动寻求和媒介的信息供给形成了对位的信息通道，随之形成的意见与表达机制能够有助于化解社区内部的冲突与矛盾，媒介也会相应地被进一步了解与重视。

在理论方面，基于社区独特的传播情境，美国传播学者鲍尔-洛基奇（Sandra Ball-Rokeach）从社会生态学的视角和系统性的观念出发，提出基于“传播机体论”的“置于沟通行为背景之中的轶闻传播系统”。“传播机体论”关注不同社会环境中的传播基础设施，并考察其与邻里关系和社群关系强弱的相关性，“它有力地联结了个人生活环境中所有可获得的传播资源，而这些资源对个体在充满变动和冲突的社会环境中实现理解、定向和休闲的目标具有重要意义。”①。“轶闻传播系统”作为社区居民、组织和小群体共同参与的关于社区的传播活动②，其中个体或组织作为轶闻传播者，他们互相联系和沟通的方式，强烈影响着特定区域内传播机体的生机和活力③，也影响培育社区归属感和集体效能以及实现公民参与行为。④

基于以上理论，孔子学院作为社区媒介组织的一员，既是社区居民可利用的传播资源，也是社区“轶闻传播系统”的建构者之一。在信息提供方面，作为中观传播网络的节点，孔子学院能够连接个体和宏观媒介系统。当占据传播主导的大众传媒在某些特定资讯的提供上出现缺位或不足时，孔子学院作为备选信息渠道之一可以通过对相关信息的补充、转换和进一步阐释，协助个体达成对媒介的“理解、定向和娱乐”等目标。同时，作为社区内一员和社区自我管理的参与者，孔子学院是社区“轶闻传播系统”的参与者与建构者，能够通过该系统获得有关本社区的各类轶闻、讯息，了解不同个体的“传播行为背景”，推动建立相应的人际传播网络，强化个体对其作为信息渠道的认

---

① 参见［美］鲍尔-洛基奇、郑朱泳：《从“媒介系统依赖”到“传播机体”——“媒介系统依赖论”发展回顾及新概念》，王斌编译，《国际新闻界》2004年第2期。

② 参见王斌、王锦屏：《信息获取、邻里交流与社区行动：一项关于社区居民媒介使用的探索性研究》，《新闻与传播研究》2014年第12期。

③ 参见［美］鲍尔·洛基奇、郑朱泳：《从“媒介系统依赖”到“传播机体”——“媒介系统依赖论”发展回顾及新概念》，王斌编译，《国际新闻界》2004年第2期。

④ 参见王晨燕：《鲍尔·洛基奇的传播基础结构理论探略》，《现代传播》2008年第2期。

同和依赖感。

由此可见，基于孔子学院语言教学和文化传播的基本职能，适当拓宽其参与社区事务的范围，着重提升其作为个体提供信息服务的水平和能力，积极参与当地社区的传播系统建构，是孔子学院融入社区，实现媒介功能的基本思路。在具体措施上：一是积极响应社区居民的信息目标与需求。尽管中国综合国力持续快速增长，国际影响力进一步提升，但很多普通外国民众对中国的认识仍然存有偏差。孔子学院的存在能够自动吸引一部分对中国怀有好感、对中国文化抱有好奇的社区民众，对于其他民众则应从其切身的信息需求入手，发挥信息交流和对话交往的平台功能，满足其获取社区信息的意愿，培养亲近感与信任感。二是合理利用已有资源，推动社区人际交流网络构建。将社区内的媒介资源集合成为"轶闻传播系统"，旨在说明尽管获取信息、达成目标是社区居民使用媒介的重点，但通过谈论一些社区内流传的轶事甚至家庭琐事获得彼此交流的机会，加深彼此之间的联系和友谊，也是社区居民媒介依赖感的一种体现。因而，若能合理利用孔子学院所具有的空间和实体资源，通过开放教学空间、图书馆和提供相应设备等手段，促进所在社区居民知识和思想的交流，拓展人际关系网络的平台，将有助于增强孔子学院与社区成员之间的联系，进而建立相互依赖和信任的关系。

5.3.2　资源网络的本土化

"轶闻传播系统"构成了社区传播基础结构的核心部分，但传播系统的正常运作还有赖于所在社区的物理结构、族群多样化程度、公共空间和资源等诸多因素的影响。鲍尔·洛基奇认为，"传播行动环境"是"存在于传播行为周围的所特有的情况和条件的总和"，包含了激励和阻碍传播的各种因素。其中，开放程度是主要的影响因素之一，因为开放的环境可以鼓励人们与他人沟通，而闭塞的环境则会阻碍人的互相交往"①。

相对于个人，社区内的组织机构因拥有一定技术或占有一定资源，既是传播系统的主要参与者，也是传播环境的主要建构者。要促成一个开放的、鼓励交流沟通的传播环境，需要彼此间互惠合作，使社区内的传播资源得到合理有效的配置。但另一方面，因具有各自特定的目标和明确的边界，这些组织机构为谋求更好发展，有时会为占有某种稀缺资源产生激烈竞争，在一定程度上降低了合作的可能性。因而，如何与社区内其他组织机构展开良性互动，是影响社区传播基础结构的重要因素，也是一个组织能否最大限度利用社区信息渠道

① 王晨燕：《鲍尔·洛基奇的传播基础结构理论探略》，《现代传播》2008 年第 2 期。

和传播资源，得到社区接纳与认可的重要问题。

对于孔子学院而言，通过提升相互间亲和性，构建社区内协作性网络，形成与其他组织机构社会资源的互通与共享，是其在组织层面加强社区融入性的主要思路。“亲和性”是达尔格伦（Dahlgren）提出的市民文化模型六大要素之一。他认为“亲和性”是指有限的“具有共性和相互信任的感觉”，是“在多样化的后现代社会民众之间，产生的最小限度的关于他们属于同一个社会的感觉，即使他们之间有差异，并且他们必须处理这些差异。这种感觉可以在邻里、民族国家甚至是全球范围内产生”[①]。作为“适度的、最低程度的门槛”，具有亲和性的社会关系能够在组织机构间产生“认可互动和沟通的必要性的共同感觉”，为协作奠定基础。另一方面，作为社区内的常设化存在，包括孔子学院在内的组织机构需有效规避试图独占某项资源或渠道带来的高成本和高风险，因而通过适当提升自身开放性，实现对社区资源的互通和共享，并通过对潜在资源的开发和挖掘结成协作性网络，是社区内组织机构间竞合关系较为妥善的处理方式。

在具体操作层面，一方面，应适当规划部分可开放资源，参与社区内传播资源配置。通过对教室、图书馆和多媒体设备使用权对社区内某些群体或社团组织适度让渡，有利于孔子学院与其建立常态化的互动关系，为此后的协商与合作奠定基础，也可增强整个社区传播系统的动态和活力。自 2014 年以来，孔子学院定期举行的“开放日”活动，既是通过展示教学空间、文化资源和工作人员面貌的方式消除“神秘感”，也是提升孔子学院开放性的有益尝试。另一方面，应适当参与社区事务，加强与其他机构组织间的相互交往。社区事务是连接社区内个体、组织机构和专业传媒机构的纽带，也为不同主体间的交流协商和共同运作提供了可能。通过对社区事务有选择性地适当参与，孔子学院能够在更大范围内与其他组织机构产生交集，建立联系，既有利于孔子学院形成具有更广阔包容性的实践逻辑，也便于组织机构在共同行动中增进了解，分享理念，促成合作。

5.3.3 观念意识的本土化

基于生存和发展的需要，孔子学院需要通过对基础能源、设施、人力和市场的分享与协作，与社区内个体与组织机构结成牢固的利益共同体。同时，由于天然的地缘性联系和形成良好互动的主观愿望，孔子学院也需要与社区形成

① 转引自［英］安吉拉·克拉克：《全球传播与跨国公共空间》，金然译，浙江大学出版社 2015 年版，第 162 页。

稳固的情感共同体，以缔结和维系良好的社区关系。这样一方面有助于获取社区对孔子学院的了解、理解和支持，为其创造一个稳定、有序的生存和发展环境；同时通过履行孔子学院对社区的责任和义务，经由社会关系的辐射效应，由点及面地扩大其在目标公众和社会中的影响。

在社区环境内，孔子学院的语言文化实践活动是一种信息传播，也是一种关系传播。所谓关系是指建立在传播双方相互作用的基础上各自对对方行为的一组期望。[①] 关系传播是以建立人际关系为基础的交往模式或理论环境。[②] 在现代社区的概念下，组织实际上具有人格化的特征，被视为特殊的社区居民，因而孔子学院同社区内其他主体的交往过程与人际间的互动相仿。关系动机理论认为，关系的核心驱动力是情感，它是所有行动的基础和结果，既作为影响因素也作为工具影响关系发展，而情感可视为关系维持的结果。[③]

因而对孔子学院而言，挖掘自身与社区公众所共有的潜在的情感内涵，以共同促进社区作为统一的有机体存在和发展为目标，积极创造自身与社区公众的理念共识、发展共识和价值共识，是实现孔子学院属地化发展的可行路径。基于此，首先，孔子学院应积极履行和承担社区责任和义务。共同的责任和义务一般是在社区已有共识的基础上发展起来，被社区公众普遍认可和接受的明示规则或默认约定。通过对这些责任义务的自觉承担和积极履行，表现出孔子学院对已有共识的尊重与认同，有助于得到社区其他主体的接纳，塑造社区公众形象。

其次，孔子学院应热心支持和参与社区公益事业。社区公益事业通常是为促进社区发展和进步的公共福利活动，可惠及社区公众，具有共享性、社会性和福利性的特点，是实现社区共存共荣的重要手段。对此类活动的热心支持和积极参与，能够进一步拉近孔子学院与社区公众的距离，树立其积极向上和关爱社区的良好形象，进一步夯实孔子学院的生存基础。

最后，孔子学院应积极设置、引导和管理社区议题。社区议题是社区公众普遍关心的焦点事件或核心话题，是社区共识产生和凝聚的土壤。通过策划和实施面向社区的语言文化活动，设置相应的社区议题，可以在吸引社区公众注意的基础上扩大孔子学院的影响，产生联动效应。同时，对于某些与语言文化相关的公众议题，孔子学院也可积极参与和推动讨论，并利用自身在传播理念

---

① 参见［美］斯蒂文·小约翰：《传播理论》，陈德民、叶晓辉译，中国社会科学出版社1999年版，第451页。

② 参见王怡红：《关系传播理论的逻辑解释——兼论人际交流研究的主要对象问题》，《新闻与传播研究》2006年第2期。

③ 参见张鹏、易雯：《传播在公共关系中的应有之义》，《东南传播》2010年第3期。

和资源上的优势积极对社区公众进行引导，发挥意见领袖作用。

总体而言，孔子学院的本土化策略旨在形成以孔子学院、社区公众和社区环境三方为核心构成的能够进行资源配置的多级网络。通过对环境资源的合理分配与共享，孔子学院与社区公众形成建立在关系传播基础上的持久、良性互动，进而形成相互信任的协同合作机制。这一合作机制可作为具有生产力性质的资源要素再次投入到社区环境中，形成有益于孔子学院和社区共同发展的良性循环。

5.4 发展形态融合

生态理论作为媒介环境学的一个重要理论视角，提示媒介存在与发展将不断与生态环境的实质形态趋同，即不断向生态化方向演进。生态化是社会长期自然演化过程的基本轨迹与真实属性，也是媒介存在和发展的高级形态，是媒介功能从单一到复合、从简单到复杂、遵循规律与能动改进有机统一、相辅相成的过程与结果。

作为当代语言文化传播的媒介，孔子学院创设了文化交流与对话的中间环境和开放场域，并逐渐形成了独具特色的传播模式和具有延展性的传播网络。在经历了实体化和平台化两个主要发展阶段后，生态化和有机化将成为其发展轨迹上的下一个重要节点。形成国际文化共同体，活化市场运作机制，实行多维评价体系等具体手段，有助于孔子学院从主体、资源和制度层面进行深层整合，促使各组织模块能够进一步聚集、交织与融合，进而在整体上构成具有生命形态的有机整体。

5.4.1 文化共同体的培育

“共同体”概念由德国社会学家斐迪南·滕尼斯（Fedinand Tönnies）提出。他认为，共同体主要以血缘、感情和伦理为纽带自然生成，以亲属、邻里和友谊为基本形式。此后，随着“共同体”概念被应用于更广泛的研究领域，其含义突破了血缘关系和地缘关系的“初级群体”限制，成为“内生于社会关系的契约共同体”，即基于特定目的聚合的群体、组织团体。相应的，“文化共同体”则主要指以共同或相似文化理念（背景）作为基础，拥有同一关注点，共同谋求解决一组问题，或为同一主题投入热情的群体。从群体关系上理解，其成员在共同追求的领域中通过持续不断的相互作用而发展自己的知识和专长，同时在约束规则范围内实现自主和独立。从社会组织的角度切入，文化共同体又可以理解为一个平等、多元、民主而开放式的交流环境。

在这个意义上，孔子学院的语言文化传播实践是一种宽泛的传播活动，是分享社会经验和意义的活动，也是创造文化共同体的活动。通过孔子学院所搭建的语言文化学习平台和交流平台，不同文化背景的人们能够相互对话，彼此学习，理解各自在变化语境中的共同责任和命运。孔子学院也随之成为基于共有文化理念和共同利益的文化对话合作平台，体现了当代社会人们对公共理性和共享的价值秩序的真实诉求。刘延东在第十届孔子学院大会上展望孔子学院发展前景时即提出，“要将孔子学院建设成为更富魅力的国际教育文化共同体。”

基于当代共同体的建构性特征，研究者们普遍认为：一个边界清晰的社区、组织或团体，并不一定能形成共同体。就文化共同体而言，文化整体依赖于传播的建构，即文化形成、延续均受其影响，经验、知识、技术和思想作为文化的内容会通过传播得到补充、发展、遗失和恢复。因而，孔子学院国际文化共同体的形成，需依赖于其语言文化传播的建构活动，以设立共同目标、构筑信赖关系与营造归属感为三条基本的建构路径。

首先，在全球视野下制定层级分明的目标体系，倡导建立一种全球共有的文化生态意识。当前全球文化变迁呈现出既高度分化又高度整合的趋势：一方面，文化全球化与区域文化或地区文化之间的较量越来越突出，每个生活在其中的个体都感受到传统与现代、全球与本土的混杂带来的冲击与挑战；另一方面，以孔子学院为代表的全球语言文化传播媒介为不同文化间的吸收、借鉴提供了渠道与平台，促进了多元文化合作和整合，也使文化的发展获得了更为开阔的空间。在享受多元文化交流带来的红利的同时，人们也需要建立一种共有的文化意识，即一种普遍联系的、整体的和生态的文化思维方式，将个体或自身文化的发展与作为整体的人类相联系。以此为总体目标和远期愿景，孔子学院需对此进行进一步的分层阐释，遵从平等尊重的交往原则，依托语言文化传播实践促成文化对话与文化合作。孔子学院总部需依托国家政策和资源支持，利用国家层级经济、科技和市场运作的强大功能系统，扩大语言文化传播的广度，提升人文交流的层次；海外各孔子学院通过各类语言文化传播实践，合理运用文化传统的优势，满足海外公众的多元文化需求，为文化共同体奠定组织根基；国内外合办机构和支持机构在现代市场需求和技术发展的背景下，将文化传统的资源优势转化为产业优势，积极参与国际文化产业分工，努力成为重要的“内容提供者”。

其次，加强相关各方作为孔子学院一员的身份认同，建立相互信赖的协同关系。伊兹欧尼（Amitai Etzioni）认为，共同体由两个基本要素组合而成：①

它是一群个体内部情感-满溢（Affect-Laden）的关系，这种关系总是彼此相互交织和加固（而不是纯粹的一对一或者链条式的个体关系）；②它是对一组共享的价值、规范和意义，以及一个共享的历史和身份认同的一定程度的承诺，简言之，是对一个特定文化的一定程度的承诺。[①] 说明认同作为共同体形成的基本要素，在一定程度上揭示了共同体的本质。孔子学院作为一个文化交流、对话与合作的公共平台，其成员认同感来自文化稳定的内部结构，包括对制度、规范和观念的认同与信赖。因而孔子学院一方面需加强对政策法律、合作协议、管理制度、运作规范以及制度性安排的合理规划和严格执行，不断提高其规范化程度、透明度和社会参与性。另一方面，孔子学院的传播理念，包括对多元文化的理解是对自身在全球文化地位中的理性思考成果，应保持稳定性与一贯性，并与合作各方保持一致，使之成为指导共同体内部文化关系的最基本的准则。

最后，建立长效联结机制，增强孔子学院成员归属感，强化情感纽带。归属感即是个体属于某一群体的情感体验，它体现了共同体内部个体对他人的信赖和安全感，是强化共同体联结的情感纽带。相较于血缘、地缘等天然的联结关系，孔子学院文化共同体的形成需不断拓展和巩固其社会网络，强化社会关系的情感共鸣。在具体操作层面，一方面，以“学缘”强化学员归属感，通过建立各层级校友会联络机制，将毕业和在学学员纳入全球校友网络，通过定期举行校友活动增进交流，维系情感。另一方面，以“业缘”强化中外合办方、孔子学院院长、教师和相关工作人员的归属感，通过强化专业素质、责任意识和奉献精神，形成向心力和凝聚力。

5.4.2 市场机制的运用

“生态化”所要着力解决的是人持续提升的生产力水平和有限的资源存量之间的矛盾。方法之一是用生态的理念和发展生产力，充分发挥资源利用效率，以求得人类与客观环境共同持续发展。对于孔子学院而言，在经历了快速发展期之后进入内涵式发展阶段，资源存量的增长相应放缓，但对资源供给的数量和质量提出了更高的要求。作为在全球范围内配置汉语言文化资源的平台，政府干预、市场调节和组织自治是推动孔子学院资源调配的主要力量，三种力量的不同配置形成孔子学院在不同发展阶段的资源利用特色。在数量快速增长期，国家引导和政府统筹的形式，使孔子学院在较短时间内获得了发展所

---

① 参见周濂：《政治社会、多元共同体与幸福生活》，《华东师范大学学报》（哲学社会科学版）2009 年第 5 期。

需的政策、经费和人力物力支持，快速成为汉语国际教育的重要品牌；在平台发展期，通过形成多层级传播网络和实施“本土化”发展策略，提升了资源利用效率，开拓了新的资源获取渠道。

在后平台发展阶段，孔子学院则需更多依赖市场的调节作用，形成以市场为驱动的服务质量提升和传播效果优化的催化机制。从经济学的角度，市场的基本要素包括供应者和需求者两个方面，两者应形成相互培育、共同发展的良性互动关系。随着孔子学院媒介属性进一步显现，作为多元文化传播平台的承载力持续提升。相应地，作为需求方，以各国民众为代表的受众群体也在这一过程中逐步理性和成熟。两者参与能力的提升，共同增强市场的调控资源能力。作为检验孔子学院传播效果的基本来源，市场能够既检验也约束孔子学院的办学水平和服务质量，是进一步提高资源利用率，深化传播实践的催化剂和原动力。基于此，应进一步倚重市场调节机制指导孔子学院的语言文化传播活动，使其感受到市场的竞争压力和自由发展的动力。

一方面，强化市场反馈机制，合理规避意识形态差异。在传播学中，反馈主要指由受众向传播者的信息回流过程，是检验传播效果，改善传播行为的标准和动力。对孔子学院而言，强化市场反馈机制主要指实时搜集、分析、总结受众反馈，发现其与传播预期之间的偏差，找到产生原因，为孔子学院调整传播策略、修正传播行为提供依据，使传播实践朝预定目标和方向发展。通过建立市场反馈机制，孔子学院能够充分利用市场信息资源，深入、全面了解市场需求，通过市场检验、测量媒介功能成效和社会认可程度。同时，强化市场反馈和导向作用可以在一定程度上以商业逻辑化解因意识形态差异而产生的对立情绪，进而借由拓展文化产品市场加强中国语言文化全球影响，创造改善他国对中国认知的可能。承前所述，作为一个国际性的语言文化交流平台，过于倚重国家行为和政府资源，长远来看对孔子学院的语言文化传播实践有诸多不利之处，既会造成操作空间的狭窄与局限，也不易于获得来自外部的资源与情感支持，甚至容易被误读为具有隐蔽的意识形态输出和霸权主义倾向。市场反馈机制的确立，使得孔子学院的传播行为更加切合现实，进入社会基层和民众的日常生活而发生效用，以一种包容和多元的姿态寻求文化间的尊重、信任和理解。

另一方面，引入市场问责机制，构建外部监督体系。《韦伯词典》将“问责”解释为“处于解释和负责任的状态”，并将其划分为三个层次：一是进行事实陈述；二是进行解释；三是进行辩护。[①] 孔子学院引入市场问责制，主要

① 参见张艳敏：《苏格兰教育问责制的政策与实践》，《中外教育分析报告》2005年第40期。

是指孔子学院对外界采取负责任的态度和行为，接受相关机构对其建设和运营情况的监督和考查。自孔子学院设立以来，内部问责机制一直存在，通过孔子学院总部对各孔子学院直接进行监督指导，各海外孔子学院提交年度项目实施方案和预决算由总部审议等多种形式，形成了稳定、高效的监督管理机制。与之相对，外部问责多通过发布《孔子学院年度报告》和大众媒体报道的形式体现，尚未形成有效机制。2015 年，开办三年以上孔子学院的所在大学开展全面事业和财务审计，很多学校通过第三方审计，公开发布孔子学院运行情况，收到了很好的社会反响，也为外部监督体系的建构奠定了基础。[①] 以此为契机，可进一步将第三方审计与公共发布制度化与常态化，并通过设立网络互动平台等渠道接受国内外公众监督，形成由国内国外两个方面，学员、媒体、专业机构和公众多个层次的外部监督体系。

5.4.3 评价体系的建构

“生态化”发展强调的是以一种注重全面联系、突出整体价值、强调动态过程和追求持续发展的眼光评价事物。鉴于孔子学院的发展态势和其作为语言文化传播媒介的基本属性，我们认为应建立多维评价体系，突出评价指标的科学性、生态性和发展性。

一是建立多维评价内容，适应孔子学院的特色化发展趋势。随着特色孔子学院和示范孔子学院的相继建立，孔子学院特色化、个性化和多元化的发展趋势日趋明晰。加之海外语言文化传播环境复杂，不同地域和社会文化环境下受众需求差异很大，因而需要制定与之相适应的多样化评价内容。在汉语言文化教学方面，应在考虑该建立与投入运营的时间、教学与服务的目标与内容、地理位置、学员构成及特征等因素的基础上，针对课堂教学质量和教学效果进行过程性综合评价。在中华文化传播与推广方面，在以举办文化活动场次、参与人数和媒体报道数量等统计数据为基本参考变量外，对活动的经常性、连续性和与孔子学院自身特色的契合性，以及目标受众群的反馈等方面进行综合考查。在跨文化交际层面，主要考察孔子学院的社会网络拓展情况，如与当地华人团体、汉学家及其他社会知名人士等各阶层群体的交往与互动情况等。

二是引入多维评价主体，综合多种社会因素进行整体评价。参与主体的多样性是孔子学院作为语言文化传播媒介的特征之一，他们既是孔子学院平台的利用者，也是孔子学院媒介功能的体验者，相应的也具有对孔子学院功能发挥做出评价的资格。同时，多元评价主体的引入能够综合各影响孔子学院发展的

---

① 参见国家汉办/孔子学院总部：《孔子学院 2015 年度报告》，2015 年，第 2 页。

社会因素，提高评价体系的整体性与科学性。对孔子学院教师进行评价时，可改变以往由中外方院长和项目官员等管理者为主进行的绩效考评方式，充分尊重学生作为教学活动主体的发言权，同时结合专家点评、同行互评和教师自评等形式，使评价科学客观、真实有效。评价孔子学院工作情况，进一步淡化由孔子学院总部主导的评价模式，综合学员代表、中外合办机构、当地政府教育部门、项目合作机构、社区内了解孔子学院工作的知名人士等多种社会因素进行评价。

三是实施多维评价方法，建立过程评价量表与渠道。孔子学院的媒介定位维护和媒介功能发挥是个复杂的系统工程，故此，在评价方法的确定与实施过程中应以相应的传播理论和媒介理论为指导，充分考虑评价指标的科学性和合理性，突出评价方式的多样性和人性化。在对孔子学院教师进行评价时，除采取常用的教学质量评价以外，通过问卷调查、学员访谈、区域或国际教学竞赛等多种手段，依据具体情况有机结合，帮助教师意识到工作中的问题和不足，以便及时改进和完善。另外，对孔子学院的整体评价可结合工作状态评价、教育质量分析报告、专业认证与评价、在册及毕业学员调研及社会调研等多种形式，形成综合性评价结果。

参考文献

一、中文文献

（一）中文著作

1. 陈力丹、陈俊妮：《传播学纲要》（第二版），中国人民大学出版社 2014 年版。

2. 陈卫星：《传播的观念》，人民出版社 2004 年版。

3. 程贵孙：《平台经济学——平台竞争的理论与实践》，上海交通大学出版社 2007 年版。

4. 段鹏、王永滨主编：《创新与发展：关于中国传播能力的建设与思考》，中国传媒大学出版社 2014 年版。

5. 郭庆光：《传播学教程》（第二版），中国人民大学出版社 1999 年版。

6. 韩丛耀：《图像——一种后符号学的再发现》，南京大学出版社 2008 年版。

7. 江桂英：《中国英语教育：语言经济学的视角》，厦门大学出版社 2010 年版。

8. 金炳华：《哲学大辞典》（修订本），上海辞书出版社 2002 年版。

9. 李彬：《传播学引论》，新华出版社 1993 年版。

10. 李明伟：《知媒者生存——媒介环境学纵论》，北京大学出版社 2010 年版。

11. 李曦珍：《理解麦克卢汉：当代西方媒介技术哲学研究》，人民出版社 2014 年版。

12. 李欣人：《反思与重构：西方传播理论的人学解读》，高等教育出版社 2011 年版。

13. 李雪涛：《误解的对话：德国汉学家的中国记忆》，新星出版社 2014 年版。

14. 李幼蒸：《结构与意义——人文科学跨学科认识论研究》，中国社会科学出版社 1996 年版。

15. 刘海龙：《宣传：观念、话语及其正当化》，中国大百科全书出版社 2013 年版。

16. 刘昶等编：《互联网思维的传播学逻辑》，中国传媒大学出版社 2015 年版。

17. 罗钢、刘象愚主编：《文化研究读本》，中国社会科学出版社 2000 年版。

18. 邵培仁：《传播学》，高等教育出版社 2000 年版。

19. 申凡：《传播媒介与社会发展：媒介功能理论研究》，人民出版社 2009 年版。

20. 宋林飞：《西方社会学理论》，南京大学出版社 1997 年版。

21. 苏国勋、刘小枫主编：《社会理论的诸理论》，上海三联书店 2005 年版。

22. 石义彬：《批判视野下的西方传播思想》，商务印书馆 2014 年版。

23. 孙英春：《跨文化传播学》，北京大学出版社 2015 年版。

24. 万俊人：《寻求普世伦理》，商务印书馆 2001 年版。

25. 王冰：《北美媒介环境学的理论想象》，光明日报出版社 2010 年版。

26. 袁贵仁：《价值学引论》，北京师范大学出版社 1991 年版。

27. 王岳川编：《媒介哲学》，河南大学出版社 2004 年版。

28. 张咏华：《媒介分析：传播技术深化的解读》，复旦大学出版社 2002 年版。

29. 郑杭生编：《社会学概论新修》，中国人民大学出版社 1994 年版。

30. 孔子学院总部：《2014 亚洲孔子学院优秀案例集》，2014 年。

31. 孔子学院总部：《第十届孔子学院大会交流材料》，2015 年。

32. 孔子学院总部：《国家汉办年度报告 2006》，2006 年。

33. 孔子学院总部：《孔子学院年度发展报告 2014》，2014 年。

34. 孔子学院总部：《孔子学院年度发展报告 2015》，2015 年。

（二）译著

35. ［德］尤尔根·哈贝马斯：《交往行动理论·第一卷——行动的合理性和社会的合理化》，洪佩郁、蔺青译，重庆出版社 1994 年版。

36. ［德］尤尔根·哈贝马斯：《作为“意识形态”的技术与科学》，李黎等译，学林出版社 1999 年版。

37. ［德］海德格尔著，孙周兴编：《海德格尔选集》上卷，三联书店1995年版。

38. ［德］威廉·冯·洪堡特：《洪堡特语言哲学文集》，姚小平编译，湖南教育出版社2001年版。

39. ［德］霍尔斯特：《哈贝马斯传》，章国锋译，东方出版中心2000年版。

40. ［德］魏格豪斯：《法兰克福学派：历史、理论及政治影响》，孟登迎等译，上海人民出版社2010年版。

41. ［德］斯宾格勒：《技术与时间：爱比米修斯的过失》，裴程译，译林出版社1999年版。

42. ［德］康德：《纯粹理性批判》，邓晓芒译，人民出版社2004年版。

43. ［法］阿芒·马特拉：《世界传播与文化霸权思想与战略的历史》，陈卫星译，中央编译出版社2005年版。

44. ［法］贝尔纳·米耶热：《传播思想》，陈蕴敏译，江苏人民出版社2008年版。

45. ［法］多米尼克·吴尔敦：《拯救传播》，刘昶、盖莲香译，中国传媒大学出版社2012年版。

46. ［法］多米尼克·吴尔敦：《信息不等于传播》，宋嘉宁译，中国传媒大学出版社2012年版。

47. ［法］多尼米克·吴尔敦：《另类世界化：基于传播学的思考》，尹明明、贾燕京译，中国传媒大学出版社2013年版。

48. ［法］加布里埃尔·塔尔德著，［美］特里·N. 克拉克编：《传播与社会影响》，何道宽译，中国人民大学出版社2005年版。

49. ［法］雷吉斯·德布雷：《普通媒介学教程》，陈卫星、王杨译，清华大学出版社2014年版。

50. ［法］雷吉斯·德布雷：《媒介学引论》，刘文玲译，中国传媒大学出版社2014年版。

51. ［加］埃里克·麦克卢汉等编：《麦克卢汉精粹》，何道宽译，南京大学出版社2000年版。

52. ［加］保罗·谢弗：《文化引导未来》，许春山等译，社会科学文献出版社2008年版。

53. ［加］菲利普·马尔尚：《麦克卢汉：媒介及信使》，何道宽译，中国人民大学出版社2003年版。

54. ［加］哈罗德·英尼斯：《传播的偏向》，何道宽译，中国人民大学出版社 2003 年版。

55. ［加］哈罗德·英尼斯：《帝国与传播》，何道宽译，中国人民大学出版社 2003 年版。

56. ［加］罗伯特·罗根：《第六种语言：网络时代的新传播词汇》，林圭译，台湾蓝鲸出版社 2001 年版。

57. ［加］马歇尔·麦克卢汉：《机器新娘——工业人的民俗》，何道宽译，中国人民大学出版社 2000 年版。

58. ［加］马歇尔·麦克卢汉：《理解媒介——论人的延伸》，何道宽译，商务印书馆 2000 年版。

59. ［加］斯蒂芬妮·麦克卢汉等编：《麦克卢汉如是说：理解我》，何道宽译，中国人民大学出版社 2006 年版。

60. ［美］爱德华·W. 萨义德：《东方学》，王宇根译，三联书店 2007 年版。

61. ［美］奥利费·博伊德·巴雷特、克里斯·纽博尔德：《媒介研究的进路》，汪凯、刘晓红译，新华出版社 2004 年版。

62. ［美］查尔斯·霍顿·库利：《人类本性与社会秩序》，包凡一、王源译，华夏出版社 1999 年版。

63. ［美］丹尼尔·C. 哈林、［意］保罗·曼奇尼：《比较媒介体制：媒介与政治的三种模式》，陈娟等译，中国人民大学出版社 2012 年版。

64. ［美］丹尼尔·贝尔：《资本主义文化矛盾》，赵一凡等译，生活·读书·新知三联书店 1989 年版。

65. ［美］丹尼尔·布尔斯廷：《发现者——人类探索世界和自我的历史》，严撷英等译，上海译文出版社 1992 年版。

66. ［美］丹尼尔·戴扬、伊莱休·卡茨：《媒介事件》，麻争旗译，北京广播学院出版社 2000 年版。

67. ［美］凡勃伦：《有闲阶级论：关于制度的经济研究》，李华夏译，中央编译出版社 2012 年版。

68. ［美］亨利·詹金斯：《融合文化：新媒体和旧媒体的冲突地带》，杜永明译，商务印书馆 2012 年版。

69. ［美］吉尔伯特·罗兹曼：《中国的现代化》，国家社科基金“比较现代化”课题组译，江苏人民出版社 2010 年版。

70. ［美］劳伦斯·格罗斯伯格等著：《媒介建构：流行文化中的大众媒介》，祁林译，南京大学出版社 2014 年版。

71. ［美］林文刚：《媒介环境学思想沿革与多维视野》，何道宽译，北京大学出版社 2007 年版。

72. ［美］刘易斯·芒福德：《城市发展史》，宋俊岭等译，中国建筑工业出版社 2005 年版。

73. ［美］刘易斯·芒福德：《技术与文明》，陈允明等译，中国建筑工业出版社 2009 年版。

74. ［美］尼尔·波兹曼：《童年的消逝》，吴燕莛译，广西师范大学出版社 2004 年版。

75. ［美］尼尔·波兹曼：《娱乐至死》，章艳译，广西师范大学出版社 2004 年版。

76. ［美］乔纳森·特纳：《社会学理论的结构》，邱泽奇等译，华夏出版社 2001 年版。

77. ［美］塞缪尔·亨廷顿：《文明的冲突与世界秩序的重建》（修订版），周琪等译，新华出版社 2009 年版。

78. ［美］施拉姆：《传播学概论》，陈亮等译，新华出版社 1984 年版。

79. ［美］罗纳德·斯蒂尔：《李普曼传》，于滨等译，中信出版社 2008 年版。

80. ［美］斯图亚特·霍尔：《表征：文化表象与意指实践》，徐亮、陆兴华译，商务印书馆 2003 年版。

81. ［美］伊丽莎白·艾森斯坦：《作为变革动因的印刷机：早期近代欧洲的历史》，何道宽译，北京大学出版社 2010 年版。

82. ［美］约翰·费斯克：《解读大众文化》，杨全强译，南京大学出版社 2001 年版。

83. ［美］詹姆斯·W. 凯瑞：《作为文化的传播》，丁未译，华夏出版社 2005 年版。

84. ［瑞］皮亚杰：《结构主义》，倪连生、王琳译，商务印书馆 1984 年版。

85. ［苏］尼古拉·伊万诺维奇·布哈林：《历史唯物主义理论》，李光谟等译，人民出版社 1988 年版。

86. ［英］安东尼·吉登斯：《社会的构成》，李康、李猛译，三联书店 1998 年版。

87. ［英］安吉拉·克拉克：《全球传播与跨国公共空间》，金然译，浙江大学出版社 2015 年版。

88. ［英］戴维·莫利、凯文·罗宾斯：《认同的空间——全球媒介、电子世界景观与文化边界》，司艳译，南京大学出版社 2001 年版。

89. ［英］丹尼斯·麦奎尔、斯文·温德尔：《大众传播模式论》，朱建华、武伟译，上海译文出版社1985年版。

90. ［英］雷蒙·威廉斯：《关键词：文化与社会的词汇》，刘建基译，生活·读书·新知三联书店2005年版。

91. ［英］马尔科姆·卢瑟福：《经济学中的制度：老制度主义和新制度主义》，中国社会科学出版社1999年版。

92. ［英］尼克·库尔德利：《媒介、社会与世界：社会理论与数字媒介事件》，何道宽译，复旦大学出版社2014年版。

93. ［英］尼克·史蒂文森：《认识媒介文化》，王文斌译，商务印书馆2001年版。

94. ［英］帕特里克·贝尔特：《二十世纪社会理论》，瞿铁鹏译，译文出版社2002年版。

95. ［意］利玛窦、金尼阁：《利玛窦中国札记》，何高济等译，中华书局1997年版。

96. ［意］卡瓦拉罗：《文化理论关键词》，张卫东等译，凤凰出版集团·江苏人民出版社2006年版。

97. 《马克思恩格斯全集》第1卷，人民出版社2012年版。

98. 《马克思恩格斯选集》第1、3卷，人民出版社1995年版。

（三）期刊论文

99. 安然、魏先鹏、许萌萌、刘程：《海内外对孔子学院研究的现状分析》，《学术研究》2014年第11期。

100. 安然、魏先鹏：《孔子学院跨文化传播模式研究》，《对外传播》2015年第1期。

101. 陈力丹：《传播学的三大学派》，《东南传播》2015年第6期。

102. 陈彤旭：《互联网时代的媒介环境与青少年发展》，《中国青年政治学院学报》2001年第1期。

103. 陈翔：《回顾与批判：检阅媒介功能理论》，《西南民族大学学报》（人文社科版）2004年第11期。

104. 陈翔：《媒介整合社会：建构媒介功能新理论》，《西南民族大学学报》（人文社科版）2004年第4期。

105. 陈雅丽、邱新有：《孔子学院的西渐之道——佛教与基督教东传的启示》，《江西师范大学学报》（哲学社会科学版）2011年第4期。

106. 程也：《孔子学院的使命：有朋在远方——专访国家汉办主任、孔子学院总干事许琳》,《社会观察》2010 年第 10 期。

107. 单波、王冰:《西方媒介生态理论的发展及其理论价值与问题》,《新闻与传播研究》2013 年第 3 期。

108. 田梅:《基于 Web3.0 的信息共享空间构建》,《现代情报》2016 年第 4 期。

109. 董璐:《孔子学院与歌德学院:不同理念下的跨文化传播》,《国际关系学院学报》2011 年第 4 期。

110. 杜维明:《文化多元、文化间对话与和谐》,《中外法学》2010 年第 3 期。

111. 樊钉:《孔子学院对公共外交的启示》,《浙江师范大学学报》(社会科学版)2013 年第 6 期。

112. 范龙:《“媒介即讯息”:麦克卢汉对媒介本质的现象学直观》,《浙江大学学报》(人文社会科学版)2008 年第 3 期。

113. 方光耀:《中国文化艺术的魅力——扬州大学师生艺术团赴美国孔子学院“三巡”演出侧记与思考》,《扬州大学学报》(人文社会科学版)2013 年第 2 期。

114. 高钢:《物联网和 Web3.0:技术革命与社会变革的交叠演进》,《国际新闻界》2010 年第 2 期。

115. 顾肃:《孔子学院在海外面临新考验》,《社会观察》2015 年第 9 期。

116. 郭尚兴:《论中国典籍英译的几个基本问题》,《安阳师范学院学报》2010 年第 2 期。

117. 韩震:《论国家认同、民族认同及文化认同——一种基于历史哲学的分析思考》,《北京师范大学学报》(社会科学版)2010 年第 1 期。

118. 何道宽:《“天书”能读——麦克卢汉的当代诠释》,《四川外国语学院学报》2003 年第 1 期。

119. 何道宽:《加拿大传播学派的双星:英尼斯与麦克卢汉》,《深圳大学学报》(人文社会科学版)2002 年第 5 期。

120. 何道宽:《麦克卢汉的遗产——超越现代思维定势的后现代思维》,《深圳大学学报》(人文社会科学版)1999 年第 4 期。

121. 何道宽:《媒介革命与学习革命——麦克卢汉媒介理论批评》,《深圳大学学报》(人文社会科学版)2000 年第 5 期。

122. 何道宽:《媒介环境学:从边缘到庙堂》,《新闻与传播研究》2015 年第 3 期。

123. 何道宽:《媒介即文化——麦克卢汉媒介理论批评》,《现代传播》

2000 年第 6 期。

124. 贺寿昌：《关于创意产业的理论思考》，《戏剧艺术》2006 年第 3 期。

125. 胡晓明：《略论中国文化意象的生产》，《文艺理论研究》2007 年第 1 期。

126. 黄鹤、吴廷俊：《教育传播学新探》，《现代传播》2003 年第 1 期。

127. 季海宏：《皮尔斯符号学和国内外研究现状》，《俄罗斯文艺》2014 年第 2 期。

128. 孔令华：《论媒介文化研究的两条路径——法兰克福学派与英国文化研究学派媒介文化观差异之比较》，《新闻与传播研究》2005 年第 1 期。

129. 孔子学院总部：《创新孔子学院日文化品牌》，《孔子学院》2016 年第 1 期。

130. 刘汉俊、翁淮南：《孔子学院：中国文化走出去的成功范例——访国务院参事、国家汉办主任、孔子学院总部总干事许琳》，《党建》2011 年第 11 期。

131. 《孔子学院总部第四届理事会成员名单》，《孔子学院》2015 年第 1 期。

132. 雷启立、常冬：《跨文化传播的困境与可能——以孔子学院在全球的发展为例》，《杭州师范大学学报》（社会科学版）2009 年第 4 期。

133. 李彬：《奇文共欣赏 疑义相与析——麦克卢汉媒介观之新探》，《郑州大学学报》（哲学社会科学版）1991 年第 4 期。

134. 李常青：《中国传统节日传播理念创新论》，《新闻界》2011 年第 6 期。

135. 李慧凤、蔡旭昶：《"共同体"概念的演变、应用与公民社会》，《学术月刊》2016 年第 6 期。

136. 李健、金占明：《战略联盟内部企业竞合关系研究》，《科学学与科学技术管理》2008 年第 6 期。

137. 李敬巍、时真妹：《从解构到重构——生态后现代主义批评的双重维度》，《外语与外语教学》2011 年第 1 期。

138. 李万青：《孔子学院文化传播活动现状分析——以国家汉办官网报道为例》，《人文天下》2015 年第 10 期。

139. 李彦：《孔子学院在"东学西渐"中的传播模式》，《社会科学论坛》2011 年第 2 期。

140. 李洋、王辉：《利益相关者理论的动态发展与启示》，《现代财经》2004 年第 7 期。

141. 李宇明：《孔子学院：架起语言文化互信互鉴互惠之桥》，《中国高等教育》2014 年第 23 期。

142. 李宇明：《孔子学院语言教育一议》，《语言教学与研究》2014 年第 4 期。

143. 李宇明：《认识语言的经济学属性》，《语言文字应用》2012 年第 8 期。

144. 郦全民：《论汉字的表征效应》，《中国社会科学》2015 年第 2 期。

145. 刘海龙：《中国语境下“传播”概念的演变和意义》，《新闻与传播研究》2014 年第 6 期。

146. 刘汉俊、翁淮南：《孔子学院：中国文化“走出去”的成功范例——访国务院参事、国家汉办主任、孔子学院总部总干事许琳》，《党建》2011 年第 11 期。

147. 刘涛：《文化意象的构造与生产——视觉修辞的心理学运作机制探析》，《现代传播》2011 年第 9 期。

148. 刘延东：《面向未来 携手合作 共同谱写孔子学院发展新篇章——在第六届孔子学院大会开幕式上的主旨演讲》，《世界教育信息》2012 年第 Z1 期。

149. 刘延东：《适应需求 融合发展 为促进世界文明多元多彩贡献力量——在第十届孔子学院大会开幕式上的主旨演讲》，《孔子学院》2016 年第 1 期。

150. 刘延东：《携手促进孔子学院事业发展 共同谱写中外人文交流的新篇章——在第八届全球孔子学院大会开幕式上的主旨演讲》，《孔子学院》2014 年第 1 期。

151. 刘轶：《创意社群与人文积累：文化创意产业发展的两种可能性》，《戏剧艺术》2006 年第 3 期。

152. 芦学璋、郭永玉、李静：《社会阶层与亲社会行为：回报预期的调节作用》，《心理科学》2014 年第 5 期。

153. 逯宇：《马斯洛需求理论和马克思社会发展三阶段论的比较》，《经济与社会发展》2007 年第 8 期。

154. 马费成、张勤：《国外知识管理研究热点——基于词频的统计分析》，《情报学报》2006 年第 2 期。

155. 马晓乐、宁继鸣：《孔子学院的文化功能与社会价值》，《山东社会科学》2015 年第 8 期。

156. 宁继鸣、孔梓：《社会资源的聚集与扩散——关于孔子学院社会功能的分析》,《理论导刊》2012 年第 12 期。

157. 宁继鸣、马晓乐:《文化理解与价值诉求——基于〈中华文化与传播〉课程的关切》,《世界汉语教学学会通讯》2011 年第 4 期。

158. 宁继鸣:《语言国际推广:全球公共产品和国家公共产品的二重性》,《文史哲》2008 年第 3 期。

159. 牛宏宝:《文化资本与文化(创意)产业》,《中国人民大学学报》2010 年第 1 期。

160. 秦亚青:《第三种文化:国际关系研究中科学与人文的契合》,《世界经济与政治》2004 年第 1 期。

161. 芮必峰、陈夏蕊:《新传播技术呼唤新"媒介素养"》,《新闻界》2013 年第 14 期。

162. 芮必峰:《人类社会与人际传播——试论米德和库利对传播研究的贡献》,《新闻与传播研究》1995 年第 2 期。

163. 商娜红、刘婷:《北美媒介环境学派:范式、理论及反思》,《新闻大学》2013 年第 1 期。

164. 邵培仁:《论媒介生态系统的构成、规划与管理》,《新闻与信息传播研究》2008 年第 1 期。

165. 史安斌、廖鲽尔:《"数据新闻学"的发展路径与前景》,《新闻与写作》2014 年第 2 期。

166. 世界汉语教学学会:《孔子学院的教与学:许琳"谈中华文化走出去"》,《世界汉语教学学会通讯》2011 年第 4 期。

167. 舒奇志:《文化意象的互文性与文化意象翻译》,《外语与外语教学》2007 年第 8 期。

168. 汤哲远:《全球化视野下孔子学院建设的时代意蕴》,《北京教育》(高教版)2007 年第 1 期。

169. 藤依舒、袁媛:《第二届"文化'走出去':中国当代文化价值凝聚与国际传播路径"国际论坛会议综述》,《现代传播》2014 年第 8 期。

170. 汪霞:《从生态后现代主义的视角理解课程》,《教育理论与实践》2004 年第 10 期。

171. 王安中、刘雪、龙明霞:《中国传统节日文化媒介呈现的实证分析——以〈中国青年报〉为例》,《新闻与传播研究》2008 年第 2 期。

172. 王斌、王锦屏:《信息获取、邻里交流与社区行动:一项关于社区居民媒介使用的探索性研究》,《新闻与传播研究》2014 年第 12 期。

173. 王晨燕:《鲍尔·洛基奇的传播基础结构理论探略》,《现代传播》

2008 年第 2 期。

174. 王刚：《战略联盟内部成员间信任机制的建立和培育》，《经济论坛》2012 年第 2 期。

175. 王建磊：《App：认识新媒体的一个崭新视角》，《新闻记者》2011 年第 11 期。

176. 王鹊：《新媒介环境下音乐教学模式转变的路径选择》，《中国教育学刊》2014 年第 11 期。

177. 王孝哲：《论人的利益及利益追求》，《江汉论坛》2010 年第 7 期。

178. 王怡红：《传播学发展 30 年历史阶段考察》，《新闻与传播研究》2009 年第 5 期。

179. 王怡红：《关系传播理论的逻辑解释——兼论人际交流领域的主要对象问题》，《新闻与传播研究》2006 年第 2 期。

180. 王易桅：《孔子学院与公共外交三步走》，《公共外交季刊》2014 年第 6 期。

181. 王治河：《斯普瑞特奈克和她的生态后现代主义》，《国外社会科学》1997 年第 6 期。

182. 吴晓萍：《中国形象的提升：来自孔子学院教学的启示——基于麻省大学波士顿分校和布莱恩特大学孔子学院问卷的实证分析》，《外交评论》2011 年第 1 期。

183. 吴杨、陈文华、顾彩玉：《第比利斯自由大学孔子学院》，《第十届孔子学院大会交流材料（亚洲）》，2015 年。

184. 吴瑛：《对孔子学院中国文化传播战略的反思》，《学术论坛》2009 年第 7 期。

185. 吴瑛：《文化传播：从天主教耶稣会到孔子学院》，《现代传播》2009 年第 3 期。

186. 吴勇毅：《孔子学院与国际汉语教育的公共外交价值》，《新疆师范大学学报》（哲学社会科学版）2012 年第 4 期。

187. 夏建辉：《关于中华文化“走出去”的思考》，《孔子堂》2015 年第 2 期。

188. 徐波、王强：《语言国际推广的经济属性与利益形成——以英国文化协会的英语国际推广活动为例》，《外国语文》2014 年第 2 期。

189. 许海：《“资本积累”与转型社会中的媒介功能》，《江淮论坛》2011 年第 1 期。

190. 许力生：《跨文化能力建构再认识》，《浙江大学学报》（人文社会科学版）2011 年第 5 期。

191. 薛捷：《非竞争性战略联盟：一种创新的战略联盟形式》，《科技管理研究》2009 年第 5 期。

192. 颜光华、李建伟：《从人类需求理论视角对“注意力经济”的探究》，《财经研究》2000 年第 9 期。

193. 颜景逸：《论新媒体框架下的媒介功能扩展》，《国外社会科学》2013 年第 3 期。

194. 杨耕：《从必然王国向自由王国的转变与从片面的人向全面的人的发展》，《中国高校社会科学》2013 年第 4 期。

195. 殷晓蓉：《美国传播学受众研究的一个重要转折——关于“使用与满足说”的深层探讨》，《中州学刊》1999 年第 5 期。

196. 殷晓蓉：《麦克卢汉对美国传播学的冲击及其现代文化意义》，《复旦学报》1999 年第 2 期。

197. 于淼：《从孔子学院看汉语言文化推广的模式与效果》，《武汉大学学报》（哲学社会科学版）2010 年第 6 期。

198. 余燕芳、葛正鹏：《终身学习平台建设的理念与架构——从 Web2. 0 到 Web3. 0》，《电化教育研究》2014 年第 8 期。

199. 袁文丽：《在对话中传播在传播中对话——巴赫金对话理论的传播学意义》，《山西大学学报》（哲学社会科学版）2008 年第 6 期。

200. 张广生：《媒介与文明：英尼斯传播理论的政治视野》，《中国人民大学学报》2007 年第 3 期。

201. 张国良、陈青文、姚君喜：《沟通与和谐：汉语全球传播的渠道与策略研究》，《现代传播》2011 年第 7 期。

202. 张娟：《从“请进来”到“走出去”——访国家汉办国际推广领导小组办公室主任许琳》，《今日中国》（中文版）2006 年第 6 期。

203. 张玲：《媒介素养教育——一个亟待研究与发展的领域》，《现代传播》2004 年第 1 期。

204. 张鹏、易雯：《传播在公共关系中的应有之义》，《东南传播》2010 年第 3 期。

205. 张艳红：《大众媒介功能反思——以基督教原罪说为视角》，《暨南学报》（哲学社会科学版）2011 年第 5 期。

206. 张艳敏：《苏格兰教育问责制的政策与实践》，《中外教育分析报告》2005 年第 40 期。

207. 张咏华：《新形势下对麦克卢汉媒介理论的再认识》，《现代传播》

2000 年第 1 期。

208. 张振宇、张西子：《自“名”而“动”由“人”及“物”——中国古代“媒介”的意义变迁》，《国际新闻界》2011 年第 5 期。

209. 赵跃：《孔子学院传播网络的构建与运行机制分析》，《东岳论丛》2014 年第 2 期。

210. 周濂：《政治社会、多元共同体与幸福生活》，《华东师范大学学报》（哲学社会科学版）2009 年第 5 期。

211. 周璐铭：《孔子学院十年发展统计、成果分析与战略建议》，《西南交通大学学报》（社会科学版）2015 年第 1 期。

212. 周宁：《隐藏了欲望与恐怖的梦乡——二十世纪西方的中国形象》，《华文文学》2008 年第 3 期。

213. 周汶霏、宁继鸣：《孔子学院的创新扩散机制分析》，《中国软科学》2015 年第 1 期。

214. 周宇豪：《文化软实力传播过程中的输出性与渗透性研究——以孔子学院为例》，《现代传播》2013 年第 5 期。

215. 朱志刚：《论思想政治教育的文化整合功能》，《理论学刊》2007 年第 11 期。

216. ［英］大卫·帕金翰：《英国的媒介素养教育：超越保护主义》，宋小卫译，《新闻与传播研究》2000 年第 2 期。

217. ［法］雷吉斯·德布雷：《传媒学的创立、内涵及意义——雷吉斯·德布雷一席谈》，马肇远译，《国际新闻界》1997 年第 2 期。

218. ［美］西德尼·尼克斐：《孔子学院为美国学校和社区带来令人瞩目的变化》，《世界教育信息》2014 年第 1 期。

219. ［美］鲍尔·洛基奇、郑朱泳：《从“媒介系统依赖”到“传播机体”——“媒介系统依赖论”发展回顾及新概念》，王斌编译，《国际新闻界》2004 年第 2 期。

220. 陈晓洁：《媒介环境学视阈下文学与媒介之关系研究》，山东大学博士学位论文，2012 年。

221. 黄旦：《媒介观念与媒介素养研究：20 世纪西方媒介素养研究综述》，“传播与中国”复旦论坛（2007）：媒介素养与公民素养论文集，2007 年。

222. 孔梓：《孔子学院社会资本研究》，山东大学博士学位论文，2015 年。

223. 李明伟：《媒介形态理论研究》，中国社会科学院博士学位论文，2008 年。

224. 李晓云：《尼尔·波兹曼的媒介生态学研究》，四川大学博士学位论文，2007年。

225. 宁继鸣：《汉语国际推广：关于孔子学院的经济学分析与建议》，山东大学博士学位论文，2006年。

226. 张冠文：《互联网交往形态的演化——媒介环境学的技术文化史视角》，山东大学博士学位论文，2013年。

227. 赵跃：《孔子学院教育功能研究》，山东大学博士学位论文，2014年。

228. 钟晟：《基于文化意象的旅游产业与文化产业融合发展研究》，武汉大学博士学位论文，2013年。

（四）报纸

229. 蔡侗辰：《孔子学院大会在京闭幕》，《光明日报》2006年7月8日。

230. 陈至立：《对外汉语推广和中外文化交流的成功实践——写在孔子学院创建10周年之际》，《人民日报》2014年12月19日。

231. 柴葳：《孔子学院给外国大学带来了什么》，《中国教育报》2008年12月17日。

232. 符绍强：《不断提高孔子学院发展水平》，《人民日报》2015年11月26日。

233. 高靓：《外国大学校长谈孔子学院》，《中国教育报》2010年3月24日。

234. 郭扶庚：《孔子学院：给世界一个温暖积极的中国》，《光明日报》2007年4月10日。

235. 管克江：《孔子学院，德中文化交流的重要平台》，《人民日报》2014年7月2日。

236. 黄金鲁克、杨桂青：《孔子学院：当世界与中国在这里相遇》，《中国教育报》2013年12月13日。

237. 孙巍、何德功：《日本早稻田大学将设立孔子学院》，《人民日报》2007年4月13日。

238. 孙少峰、陶一萍：《孔子学院遍地开花 华侨华人功不可没》，《人民日报》（海外版）2014年5月21日。

239. 田延辉：《孔子学院：从文化之窗到心灵之桥》，《光明日报》2014年9月28日。

240. 田园：《德国第十七家孔子学院成立 默克尔揭幕称赞》，《光明日报》2016年9月1日。

244. 王水平：《希伯来大学有了孔子学院》，《光明日报》2014年5月

22 日。

242. 吴杨等：《孔子学院也“下海”：汉语国际推广是文化产品》，《人民日报》（海外版）2011 年 6 月 10 日。

243. 吴兢：《孔子学院：中国文化拥抱世界》，《人民日报》2012 年 1 月 8 日。

244. 王啸：《孔子学院“花开”全球》，《人民日报》（海外版）2008 年 12 月 16 日。

245. 王顺箐：《以孔子学院为媒介，促进海外旅游市场开发》，《中国旅游报》2014 年 3 月 12 日。

246. 温宪：《“一个互利共赢的故事”》，《人民日报》2014 年 5 月 19 日。

247. 温宪等：《国外人士谈孔子学院：友谊平台 梦想纽带》，《人民日报》2014 年 10 月 15 日。

248. 夏静：《美国人为何欢迎孔子学院》，《光明日报》2008 年 5 月 8 日。

249. 许琳、王一：《文化的困境，在于不知不觉——独家对话国家汉办主任、孔子学院总干事许琳》，《解放日报》2014 年 9 月 19 日。

250. 杨桂青：《打开了解中国文化的那扇窗》，《中国教育报》2014 年 9 月 28 日。

251. 周朗：《孔子学院魅力何来》，《人民日报》2014 年 9 月 12 日。

252. 周戎：《孔子学院助力中国对外文化传播》，《光明日报》2008 年 12 月 5 日。

253. 《写在 10 年之际——中国大学校长眼中的孔子学院》，《光明日报》2014 年 9 月 27 日。

（五）网络文献

254. 《爱尔兰驻华大使康宝乐：孔子学院是世界和平的建设者》，2015 年 10 月 16 日，http：//www. hanban. edu. cn/article/2015-10/16/content_619031. htm。

255. CNNIC：《第 37 次中国互联网络发展状况统计报告》，2016 年 1 月 22 日，http：//cnnic. net. cn/hlwfzyj/hlwxzbg/hlwtjbg/201601/t20160122_53271. htm。

256. KPCB：《2015 年全球互联网趋势报告》，2015 年 5 月 28 日，http：//36kr. com/p/533356. html。

257. 川登喜皇家大学素攀孔子学院素攀孔子学院：《素攀孔子学院举办“在泰汉语教学中国媒体报道行”》，2014 年 11 月 15 日，http：//www. hanban. edu. cn/article/2014-11/15/content_561603. htm。

258. 德永健、张蔚然：《孔子学院首个海外地区中心在美成立》，2013 年

11 月 21 日，https：//www. chinanews. com/cul/2013/11-21/5530451. shtml。

259. 董少校：《第十届全球孔子学院大会闭幕》，2015 年 12 月 8 日，http：//www. moe. edu. cn/jyb_xwfb/s5145/201512/t20151208_223846. html。

260.《俄罗斯孔子学院“中国文化体验中心”举行揭牌仪式》，2015 年 1 月 20 日，http：//www. hanban. edu. cn/article/2015-11/20/content_624552. htm。

261. 国家汉办/孔子学院总部：《关注当代中国：伦敦孔子学院“访英中国学学人论坛”打造中英学者交流平台》，2016 年 3 月 21 日，http：//www. hanban. edu. cn/article/2016-03/21/content_634730. htm。

262. 国家汉办驻泰国代表处：《普吉孔子学院中国特色文化培训课程圆满结课》，2015 年 12 月 17 日，http：//www. hanbanthai. org/kongzixueyuan/ciphuket/news/2015-12-28/5132. html。

263. 霍小光、刘奕湛：《习近平：孔子学院属于中国也属于世界》，2014 年 9 月 27 日，http：//news. xinhuanet. com/politics/2014-09/27/c_1112652079。

264. 范超：《加拿大卡尔顿大学孔子学院融入大学和社区受欢迎》，2013 年 2 月 8 日，http：//www. chinanews. com/hwjy/2013/02-08/4559692. shtml。

265. 李从军：《构建国际舆论新秩序》，2011 年 6 月 7 日，http：//www. gz. xinhuanet. com/zfpd/2011-06/07/content_22953269. htm。

266. 联合国教科文组织：《我们期待的未来：文化在可持续发展中扮演的角色》，http：//www. unesco. org/new/zh/culture/themes/culture-and-development/the-future-we-want-the-role-of-culture/。

267. 联合国教科文组织：《重塑文化政策》，2016 年 6 月 21 日，https：//zh. unesco. org/news/lian-he-guo-jiao-ke-wen-zu-zhi-chong-su-wen-hua-zheng-ce-quan-qiu-bao-gao-zai-ou-zhou-yi-hui-fa。

268. 林风：《汉语列入俄罗斯“高考”：中俄文明的新对话》，2015 年 8 月 3 日，http：//news. xinhuanet. com/asia/2015-08/03/c_128086144. htm。

269. 林峰：《汉语教学再度亮相摩洛哥国际语言节》，2012 年 9 月 30 日，http：//news. xinhuanet. com/world/2012-09/30/c_113262310. htm。

270. 刘延东：《迈向孔子学院的新 10 年——在第九届孔子学院大会开幕式上的主旨演讲》，2014 年 12 月 7 日，http：//kydh. xmu. edu. cn/NewShow. aspx？id=bc2e050d-d4c7-425f-a348-f983cb4a94e9。

271. 马化腾：《移动互联网的未来空间》，2013 年 11 月 15 日，http：//news. xinhuanet. com/fortune/2013-11/15/c_125710600. htm。

272. 毛通文：《以孔子学院为平台的国际化之路——厦门大学国际化的新探索》，2014 年 10 月 23 日，http：//www. xmuci. com/training/201409/gy/

2203. html。

273. 祁星、支林飞：《“百万强”项目——增进美中人文交流的大手笔》，2015 年 10 月 4 日，http：//www. gov. cn/xinwen/2015-10/04/content_2942551. htm。

274. 饶爱民：《李克强同英国孔子学院学生亲切交流》，2011 年 1 月 13 日，http：//news. xinhuanet. com/world/2011-01/13/c_12974402. htm。

275. 厦门大学孔子学院办公室：《理解为本，本立而道生——英国南安普敦大学孔子学院“了解当代中国”项目》，2016 年 5 月 11 日，http：//www. xmuci. com/news/confucius/3571. html。

276. 《撒马尔罕孔子学院举行校际合作项目推进会》，2016 年 6 月 6 日，http：//www. hanban. edu. cn/article/2016-06/06/content_646304. htm。

277. 山东大学孔子学院工作办公室：《中华美食迎千客，龙腾狮跃闹新春——布列塔尼孔子学院猴年迎春活动之中国美食街》，2016 年 2 月 8 日，http：//www. cie. sdu. edu. cn/getNewsDetail3. site？newsId = 86c8e5f4 - 8ecf - 4fcc -a014-1d3f5024e872。

278. 圣基里尔·麦托迪大学孔子学院：《孔子学院与马其顿国家媒体合作宣传孔子学院和中国文化》，2014 年 2 月 18 日，http：//www. hanban. edu. cn/article/2014-02/18/content_524898. htm。

279. 盛楚宜：《吴蛮〈丝路古韵〉音乐会悉尼成功举行》，2016 年 7 月 3 日，http：//australia. people. com. cn/n1/2016/0703/c364496-28519784. html。

280. 王其冰、李弘：《专访：孔子学院潜力巨大——对话德国汉学家阿克曼》，2013 年 6 月 13 日，http：//news. xinhuanet. com/world/2013-06/13/c_116133839. htm。

281. 王修君：《哈国学者：孔子学院为青年了解中国打开机会之门》，2014 年 10 月 18 日，http：//www. chinaqw. com/hwjy/2014/10-18/22169. shtml。

282. 新《〈汉语桥〉收视创新高》，2014 年 8 月 8 日，http：//news. sina. com. cn/c/2014-08-08/071030651188. shtml。

283. 《习近平：孔子学院是认识中国的重要平台》，2015 年 10 月 23 日，http：//news. xinhuanet. com/mrdx/2015-10/23/c_134742285. htm。

284. 《习近平主席在全英孔子学院和孔子课堂年会上的重要讲话》，2015 年 10 月 23 日，http：//www. hanban. edu. cn/article/2015-10/23/content_619837. htm。

285. 王丙飞：《安哥拉首家孔子学院举行奠基仪式》，2015 年 2 月 7 日，http：//news. xinhuanet. com/overseas/2015-02/07/c_1114291816. htm。

286. 《中共中央关于深化文化体制改革　推动社会主义文化大发展大繁荣若干重大问题的决定》，2011 年 10 月 25 日，http：//news. xinhuanet. com/

politics/2011-10/25/c_122197737. htm。

287. 徐剑梅、唐志强：《习近平同德国汉学家、孔子学院师生代表座谈》，2014 年 3 月 29 日，http：//politics. people. com. cn/n/2014/0329/c1024-24772378. html。

288. 许琳文、韩业庭采访整理：《构建对外话语体系要学会换位思考》，2014 年 3 月 13 日，http：//news. gmw. cn/2014-03/13/content_10661159. htm。

289. 赵振江：《前歌德学院总院长怎么评价孔子学院?》，2014 年 12 月 4 日，http：//m. thepaper. cn/newsDetail_forward_1283120。

290. 邹莉莎编译：《英国拨巨额专款鼓励汉语学习招聘汉语教师》，2015 年 9 月 24 日，http：//edu. sina. com. cn/a/2015-09-24/1046263595. shtml。

二、外文文献

（一）外文著作

1. D. L. Altheide, *An Ecology of Communication: Cultural Formats of Control*, New York: Transaction Publishers, 1995.

2. R. Debray, *Manifestes Médiologiques*, Paris: Éditions Gallimard, 1994.

3. R. Debray, *Media Manifestos: On the Technological Transmission of Cultural Forms*, London: Verso Books, 1996.

4. T. Flew, *New Media: An Introduction*, Melbourne: Oxford University Press, 2007.

5. H. Israel and S. N. Eisenstadt, *Essays on Comparative Institutions*, New York: John Wiley & Sons, 1965.

6. Jaron Lanier, *You Are Not a Gadget: A Manifesto*, New York: Knopf, 2014.

7. M. Madianou and D. Miller, *Migration and New Media: Transnational Families and Polymedia*, London: Routledge, 2013.

8. H. M. McLuhan, *Understanding Me: Lectures and Interviews*, Toronto: McClelland & Stewart, 2010.

9. M. Marshall, E. Mcluhan and F. Zingrone, *Essential McLuhan*, London: Routledge, 1997.

10. W. J. T. Mitchell, *Picture Theory: Essays on Verbal and Visual Representation*, Chicago: University of Chicago Press, 1995.

11. L. Mumford, *Technics and Civilization*, Chicago: University of Chicago Press, 2010.

12. M. L. Marshall and *F. Quentin*, *The Medium is the Massage*: *An Inventory of Effects*, New York: Penguin Books, 1967.

13. J. Stamps, *Unthinking Modernity*: *Innis*, *McLuhan*, *and the Frankfurt School*, Montreal: McGill-Queen's Press-MQUP, 2001.

14. N. Wiener, *Cybernétique et Société*, Paris: Union Générale d'Editions, 1971.

（二）外文期刊

15. I. Angus, "The Materiality of Expression: Harold Innis' Communication Theory and the Discursive Turn in the Human Sciences", *Canadian Journal of Communication*, vol. 23 (1998).

16. S. Canagarajah, "Codemeshing in Academic Writing: Identifying Teachable Strategies of Translanguaging", *Modern Language Journal*, vol. 95, no. 3 (2011).

17. Peter R. Dickson and James L. Ginter, "Market Segmentation, Product Differentiation, and Marketing Strategy", *Journal of Marketing*, vol. 51, no. 2 (1987).

18. S. Ding and R. A. Saunders, "Talking Up China: An Analysis of China's Rising Cultural Power and Global Promotion of the Chinese Language", *East Asia*, vol. 23, no. 2 (2006).

19. J. Gil, "China's Cultural Projection: A Discussion of the Confucius Institutes", *China*: *An International Journal*, vol. 13, no. 1 (2015).

20. G. Hedlund, "A Model of Knowledge Management and the N-form Corporation", *Strategic Management Journal*, vol. 15 (1994).

21. F. Hartig, "Communicating China to the World: Confucius Institutes and China's Strategic Narratives", *Politics*, vol. 35, no. 3-4 (2015).

22. Michael L. Hecht, "2002—A Research Odyssey: Toward the Development of a Communication Theory of Identity", *Communications Monographs*, vol. 60, no. 1 (1993).

23. A. Lahtinen, "China's Soft Power: Challenges of Confucianism and Confucius Institutes", *Journal of Comparative Asian Development*, vol. 14 (2015).

24. J. Marschak, "Economics of Language", *Behavioral Science*, vol. 10, no. 2 (1965).

25. B. Miège, "Cours de Médiologie Générale (Régis Debray)", *Réseaux*, *Communication-Technologie-Société*, vol. 10, no. 51 (1992).

26. B. Miège, "Le Communicationnel et le Social: Déficits Récurrents et Nécessaires

(Re) -positionnements Théoriques", *Loisir et Société/Society and Leisure*, vol. 21, no. 1 (1998).

27. N. Postman, "Teaching as a Conserving Activity", *Instructor*, vol. 89, no. 4 (1979).

28. S. Rathje, " Intercultural Competence: The Status and Future of a Controversial Concept", *Language and Intercultural Communication*, vol. 7, no. 4 (2007).

29. J. Servaes, "The Chinese Dream Shattered between Hard and Soft Power?", *Media, Culture & Society*, vol. 38, no. 3 (2016).

30. R. Silverstone and Roger, " Complicity and Collusion in the Mediation of Everyday Life", *New literary history*, vol. 33, no. 4 (2002).

31. P. Thaler, "The Legacy of Neil Postman, and the Coming of Age of Media Ecology", *The Review of Communication*, vol. 6, no. 4 (2006).

32. D. Throsby, " Cultural Capital", *Journal of Cultural Economics*, vol. 23, no. 3 (1999).

后 记

本书由我2016年在山东大学完成的博士论文改写而成。于我而言，博士论文的写作过程就像一场马拉松，有起跑时的雀跃与兴奋，也有中后程的踌躇、迷茫和苦撑，以及冲刺时的喜悦与畅快。幸运的是，这并非一段孤独的旅程，在前有良师益友的引导与帮助，在旁有家人朋友的鼓励与支持，一路走来虽因不断意识到自己的无知怯懦而感到挫败羞愧，但从不觉孤单和无助。

感谢我的导师宁继鸣教授。自我硕士研究生进入师门以来，老师一直给予我极大的宽容和爱护，悉心教导我如何为学为人。不夸张地说，老师是我最尊敬和最信赖的长者，不断用自己思想的火花点亮我的学术研究之路，用如父亲般的关爱呵护我的成长。感谢马晓乐教授对我的指导与关怀。在我的个人成长中，马老师一直关心我的工作与生活，时时给予我指引和动力，以敏锐的学术思维、正直的为人品格和无私的奉献精神为我树立了现代女性的榜样。

感谢赵金铭教授、周洪波编审、朱瑞平教授、傅永军教授、郭艳茹教授、李欣人教授、张艳华教授、王小舒教授、刘振前教授、马广海教授等专家学者在论文开题、预答辩和答辩期间的悉心指导。感谢黄春柳博士让我有幸了解雷吉斯·德布雷的媒介学思想，获得论文突破的理论动力。

感谢我的朋友和家人在我求学、工作和论文写作期间的关心、帮助与陪伴。

媒介是我始终喜欢和感兴趣的研究主题。本书所记录的，是一个不太成熟的起点，我希望自己有勇气和毅力继续走下去。

矫雅楠

2020年12月于济南